今町通史論考

養水を守った湖北の農村

辻 藤吾

文理閣

江戸後期、今村の絵師
中谷求馬の作品

長浜曳山、青海山の舞台正面

四季花弁図（青海山、舞台障子腰襖の絵）

右の菊絵横に‘住吉求馬正之’の署名あり。中央は牡丹・菖蒲、左は桔梗・芒など。いずれも金箔上に描いてあり、補修が問題になろう。

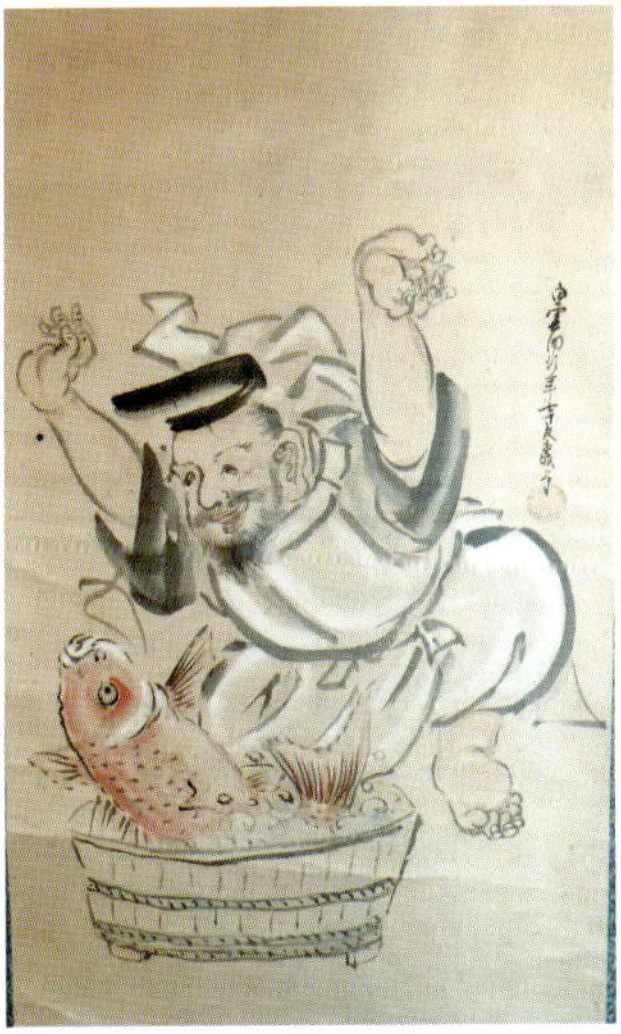

恵比寿天と鯛　白雲洞七十九歳筆の署名あり。
高齢での作品。制作に余り時間をかけなかったせいか、墨による小汚点あるも躍動感溢れる作品。
（個人蔵）

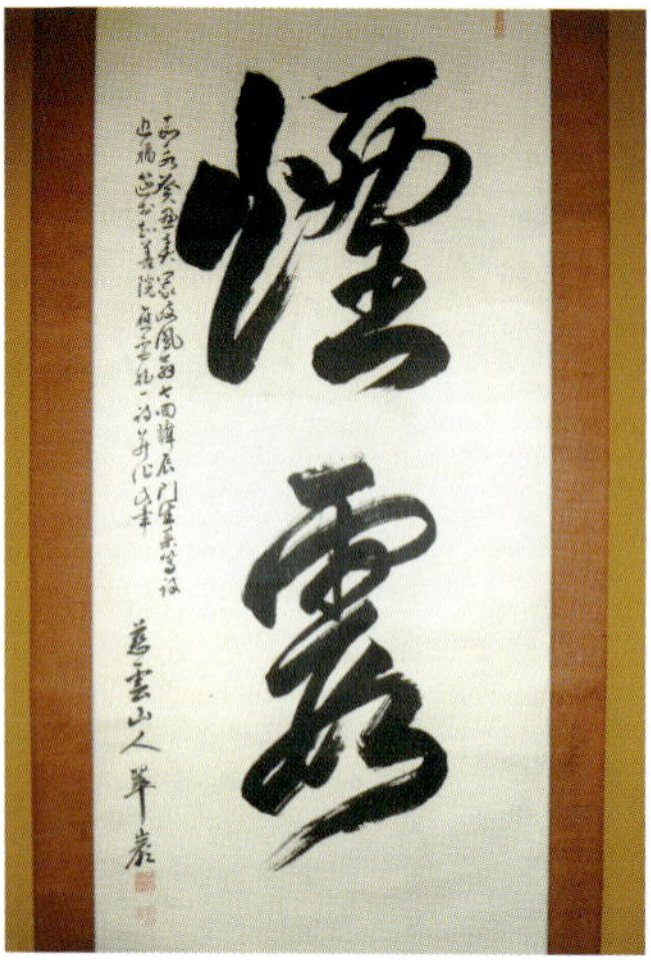

嘉永六年、知善院で山縣岐鳳七回忌法要時の書
煙霞　　僧圓海（大田翠巌）筆（個人蔵）

翠巌書屋全三巻

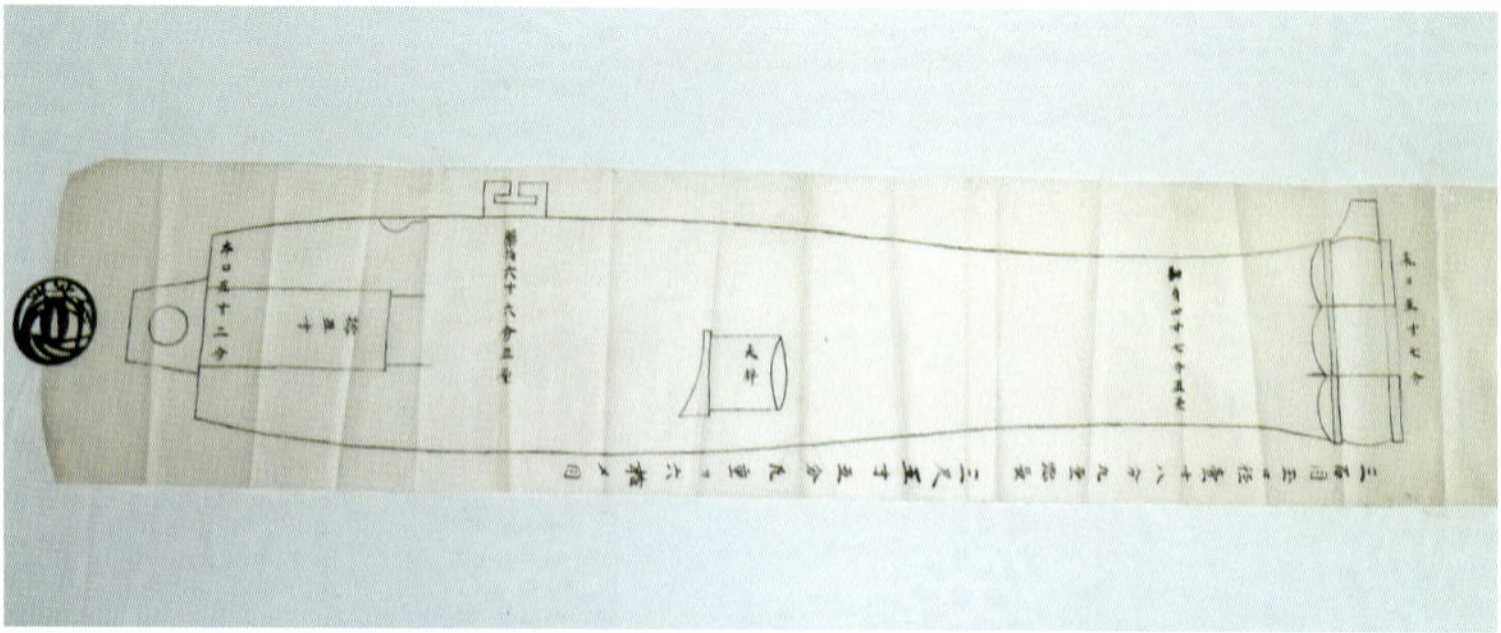

中谷佐吉製作三百匁玉大筒の指図（個人蔵）

中谷佐十郎製作の火縄銃二丁（個人蔵）

注）最上段の銃身は中段銃の台木から外したもの

江戸期の蚊帳製造絵図
滋賀県立図書館蔵、近江国六郡物産図説四による六工程『明治五年、近江国蒲生郡八幡町産品蚊帳仕立上迄一々執業ノ図』のデジタルアーカイブを利用

一、纑(麻糸)寄せ…麻糸を寄せる(左の二人)

二、篗繰り…糸車で糸を糸篗(いとわく)に繰る婦人

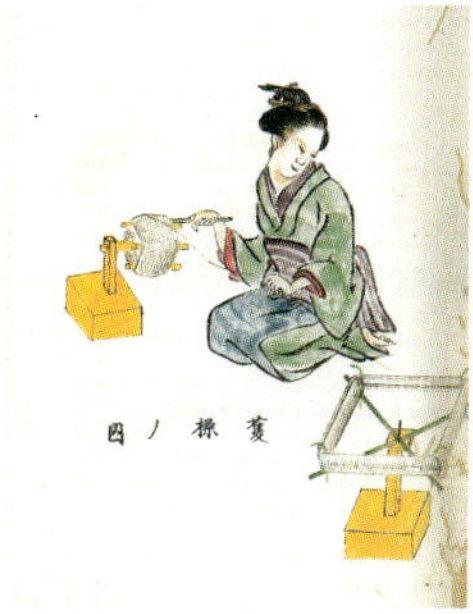

三、糸篗から経糸を綜(すべ、集め)る…必要な本数の糸を走りに通して糸掛台にかけ、大きな巻篗(まきわく)に巻きとる職人

四、機巻き…糊付けしながら、巻篗から千切り(ちきり)に巻き上げる婦人

五、横糸巻(絵右側の婦人)
六、機織り(地機による蚊帳地製織)と織上がり図(中と左端の絵)

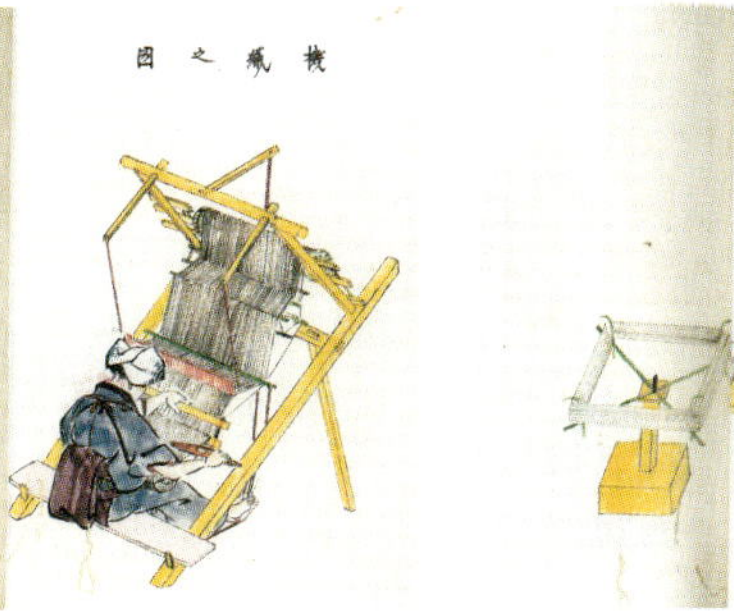

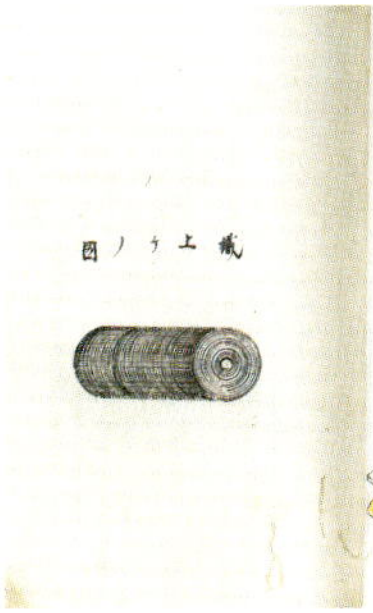

風羅器木魚と風羅器念仏伝巻子（今共有文化財）

俳諧僧（中島来章筆、個人蔵）

芭蕉の句碑

夕顔や秋ハいろいろの瓢かなばせを

花火陣屋　今村巴連陣　2006年国友川原で

序

今からちょうど一五〇年前、明治維新によって日本の政治は近世の封建社会から近代社会へと変革を遂げた。自由民権運動が盛んになった頃、明治一三年（一八八〇）刊行の『滋賀縣物産誌』は、湖北の一農村、坂田郡今村を次のような書き出しで紹介している。

「地勢平夷、田疇接続シ、四境山ナク、……、姉川ハ村落ノ北二町ニアリテ西流ス……」、また、「水利常ニ不便ニシテ、若シ旱天ニ際スル時ハ其ノ労力実ニ尠カラズ、幅員東西十一町、南北七町」であり、「人口三百十七人、但シ平民、人戸八十四軒、農八十四軒、傍ラ養蚕ヲ業トス、反別六十九町九反三畝二十二歩」とある。「平民」のことば以外は近世と何ら変わりないが、続いて示す農産物の統計内容は近世とかなり異なってくる。

本書は、この頃を境にして古代の弥生期から藩政期を含む近江国坂田郡今村まで、さらに滋賀県長浜市今町へと時代が質・量ともに大きく発展する一農村の様相を通史として概説し、これまで十分明らかでなかった事項を論じ、また考察するものである。

さて、通史を論じるに必要な今町に残されている史料の多くは、近世の水利や農地に関連するものであって、古代や中世の史料は全くと言ってよいほど残っていない。近世の封建時代に生きた村びとにとって、水田は領主の「御田地」であり、溉がい用水は水田を養う「養水」であった。村びとは作った米の大よそ半分を年貢米として貢納し、田地の養水を取る技術を明治に至るまで二百年近い間必死に守ってきた。その過程で、時には姉川の洪水に遭いながらも隣村との水論に悩み、また、酷い飢饉も経験してきた。このような時代背景があるため、水利関連の史料がかなり多い。本書はこの歴史に論点を中てようとしたが、時代は大きく変わっており、これでは通史として余りにも偏り過ぎる。しかし、このような村びとがいたからこそ、現在の集落が成り立っているのである。長い歴史を知り、将来を考えるために論じることも必要と考えたが、結果は総花的内容となり、精粗も生じることになった。

大きな自治体単位の通史であれば、自然史あり、史跡・名勝を遺す宗教・文化史あり、また、民俗や産業史の豊富な歴史もあるうえに各種統計も利用できようが、湖北のごく平均的な農業集落に限定する郷土史にこれらは望めない。華やかな歴史がない特長でも良いと開き直れるが、農業以外でも興味深い史実は詳しく述べた積りである。しかし、郷土の歴史を知りたい熱心さの余り、十分な検証もしなかった当町歴史の創り話が未だに放置されたままなので、今回、この是正を主張したい。

十年余り前に当町の花火陣屋の復活展示を契機に、「今町歴史保存会」という三十余名の有志の団体が発足したが、事情あって先年解散したばかりである。本書の内容は、年一回、同会の会誌発行に使った記事を加筆、改訂したものが多い。しかし、近代・現代史の記事が少なかったため、これが本書の構成にも影響している。また、今町の中世の歴史は正に暗闇であった。荘園時代から村びとは息づいていながら、史料らしいものは何も残されていない。室町後期、二名の土豪的僧侶を偶然見つけたにすぎず、このため多くの推論を余儀なくされた。

ひるがえって、現代の人びとの生活環境は、昔の村びとが水や土地になじんだ環境とは縁遠いものになってしまった。上・下水道完備、用排水分離で区画整備された水田、琵琶湖の逆水潅がいである。緑地も減った。社会的には水利権の意識も薄れてきた。近い将来、このような環境をどのように継承・改善し、あるいは世代交代していくのが望ましいか、多くの課題が残るだろう。

浅学非才を顧みず、多大な労力と忍耐を要する通史編纂のため、専門外の筆者が学習しながら単独で執筆したので論述構成に流れがない。また、読みづらい表現が多々あるうえ、誤りもあろうと思う。さらに、筆者は農業技術専門の研究論文作成に傾注した過去の経歴を持つため、文章にやや堅い面があることもお断りしなければならない。

長浜市長浜城歴史博物館の前館長、太田浩司氏には中世、近世の日本史専門家のお立場で貴重なご意見を頂戴し、また、古代史は同館主幹、西原雄大氏にご校閲して戴いた。なお、史料閲覧に際して同館の学芸員や今町自治会長にもご協力戴いた。記してこれら各位に謝意を表します。

最後に、これまで倦まず惜しまず協力してくれた妻、冨志子の愛情がなければ本書は刊行できなかったことを付記したい。

二〇一八年三月

凡　例

一、本書の時代区分は、古代、中世、近世、近代・現代とし、それぞれの章立て後に関連年表を付した。とくに今町に関連する事項は年表内に太字で示した。
二、年代表記は、日本年号の下に（　）で西暦年号を示した。但し、明治初年を除く近・現代編は日本年号で示した。
三、記述は原則として常用漢字・現代仮名づかいを用いたが、引用史料に準拠して異体文字、地名、人名などは必ずしもこれによらない場合もあった。
四、書名、雑誌名、帳面、歴史的資料およびウェブサイトには『　』、引用文章、引用語句、法令などには「　」を付けた。
五、本文中の引用文献、用語の注釈や補足は主に（　）で示したが、注記は各項の文末に番号を付して示した。難解、難読用語の読みにはルビを付した。
六、今町共有文書などの貴重な古文書史料は、史料編として最終章に掲載した。
七、今町共有文書は略号で今共文とし、原番号を付した。
八、本文中の注記、術語説明は概ね細字にし、引用史料の解読文、史料読み下し文は本文と同字にした。
九、引用あるいは参考にした文献名はなるべく簡略に記して、第五章末に続いて一括で示した。
十、引用史料には現代では使わない種々の古い用語が多くあり、これらの読み下し文は平易な現代文に改めた。しかし、多くの史料を掲載した理由は、封建社会の支配、被支配階級の間で人びとの意識の相違が分かるようにと努めたからである。

目次

第二章　中世編……23

第三章　近世編……50

第四章　近代・現代編……158

注、本章の目次には引用史料に関連する本文節題をそれぞれの番号と共に付した。但し、第三章、第五節の史料数は多く煩雑なため、事項分けした副節題と番号でも示した。

第一章　古代編

はじめに

今町の歴史は弥生時代の後期から始まる。ムラびとは（以下、弥生時代の集落に限ってムラと表記する）、大よそ一九〇〇年以上も昔からこの地に定住し始め、主に稲作などによって食糧を得ていたようである。これらの知見は、県教育委員会・県文化財保護協会が北陸自動車道工事の始まる前、昭和四九年から五〇年に国友町と今町の境界近辺（旧小字名の高畦、涅槃光ほかの地先）で実施した遺跡発掘調査を嚆矢とし、その後の県営圃場整備事業に伴い、昭和六二年から六三年にかけて今町内でも広範囲に遺跡発掘調査を行った結果から得られたものである。これらの調査によれば、最古のものでは弥生時代前期・中期の遺物がごく少量出土したが、報告書では詳細不明としている。大半の古い遺跡は住居跡も含めて弥生後期から始まるものと記載している。

ところで、一九〇〇年以上も昔にムラといえる生活共同体が、どの程度の規模や範囲で存在したのだろうか。本論では、早くから開けていた先進地、例えば縄文文化が先行した長浜市の川崎町や十里町あるいは弥生前期からの遺跡がある大辰巳町辺りから移住した人たちが族長中心の共同社会をつくり始め、定住するなかで次第に人口が増えたものをムラあるいは集落と呼びたい。現代と同じ感覚でムラあるいは集落などと呼んでも、当時は文字の無かった有史以前の時代であり、現代の集落に比べて生活文化が全く異なっていたことは当然である。

第一節　有史以前から古代までの遺跡

森前遺跡と国友遺跡

今町東南域一帯の遺跡は森前遺跡、また、今町北西域や北域一帯の遺跡は国友遺跡と称されている。高速道路工事に先だって行われた昭和四九～五〇年の遺跡発掘調査は国友町地先だったので、国友遺跡と命名されたが―以下、国友遺跡（北自）と略記する―、後年になって調査された今町の北西域（昭和六二年）あるいは北域（昭和六三年）にある遺跡は、先の国友遺跡（北自）と同種のものと比定された結果、今町内にあっても両遺跡は国友遺跡と命名された。遺跡命名は原則として町名あるいは小字名から付けられるが、国友遺跡が先行した結果、このような命名になったのだろう（滋賀県教育委員会・滋賀県文化財保護協会、一九八八、一九八九）。

なお、これらの遺跡は国友遺跡（北自）を除いて、現在のところ水田の下に埋蔵されている。将来、文化財として何か重要な事項で再発掘されないかぎり、現状の農地として利用されることになる。

第二節　人びとの住まいとくらし

住　居

弥生後期当時の人びとの住居や生活が具体的にどのようなものだったか、調査報告書あるいは考古学書（塩見、二〇〇〇および安藤ら、二〇〇七）からみてみよう。

弥生後期の集落遺跡は、姉川に近い左岸側、町内でも標高がやや高い東南域から東域にあった。現在の小字名では杉の木、堀町が中心になる。この遺跡は森前遺跡と命名されていることは前述のとおりである。飲料水をはじめ稲の栽培に必要な水を近くの姉川から利用できたであろう。しかし、この時期にあった集落は弥生終末期にもなると町内の北域、小字名で竹林坊周辺へと移動している。この移動は洪水によるものと記述されており、住居や水田が洪水によって埋まってしまい、住めなくなったためだろう。

当時の住居は竪穴式であった。調査結果などから当時の竪穴住居について、部材も含めて想像すると次のようである。

ムラびとは住居に要する土地を竪に三〇センチメートル以上掘り下げて半地下式とし、必要な面積が取れるように底を平坦にした。平坦にした地面には四本の主柱を建てる穴を掘った。報告によると、柱穴の径は三五センチメートル以上あった。柱には梁を渡して豊富に供給できただろう竹を用いて、垂木の代用にしたのであろう。縦斜めに架けた竹は横方向にも組んで、萱などの植物で屋根を葺いたのであろう。壁造りは主柱の外周辺りまでに土地を横に掘り広げ、住居用穴の側面を堤状にして周壁にしたようである。発掘された遺跡の平面図を見ると、壁溝と主柱との間隔は〇・五～一メートルなので、屋根勾配にもよるが低い壁と思われる。斜めに架けた垂木は堤状の壁の上で止めたのだろう。報告書に記載されている壁溝は、壁際に深さ一〇センチメートル掘られていた。屋根から垂れ落ちる雨水を排水するためだったのだろう。

住居の中央には食物を煮炊きするための炉を設置した。冬場はこれで暖を取ったのであろう。今町の東南域で発掘された住居跡の形は、隅は丸いが全体が方形になり東西に幅約五メートルあった（写1-1、写1-2）。

大型の竪穴住居になると東西幅は八メートルを超え、住居の中央には六五×七五センチメートルのやや大型の炉跡があった。

また、洪水のため移動したとされる今町の北域では、二・六メートル四方の正方形のものや一辺が五・四メー

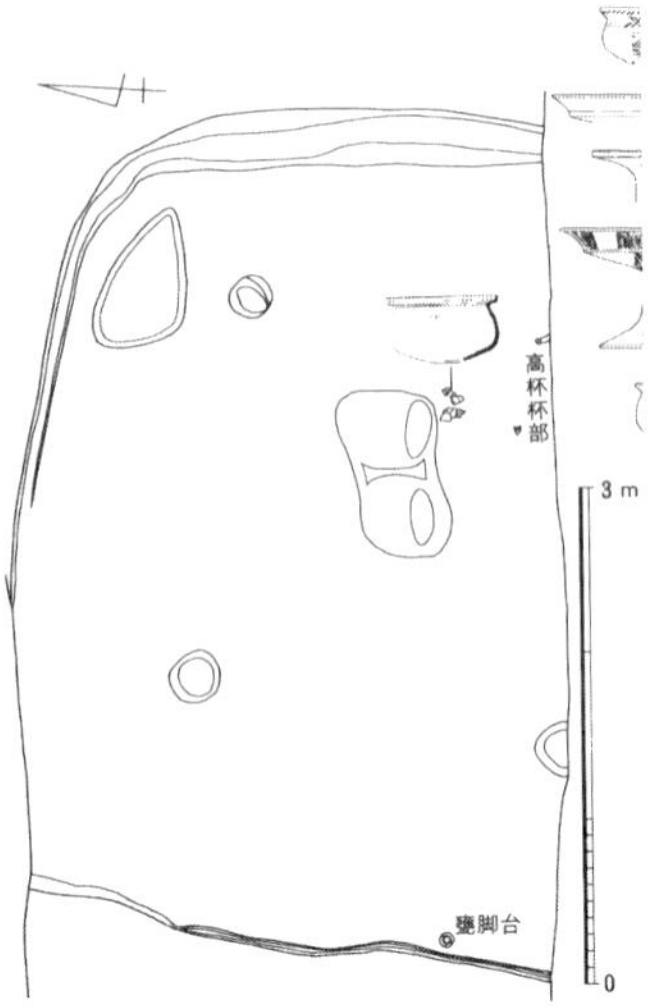

写１－２　森前遺跡、竪穴住居跡の測図（滋賀県教育委員会・滋賀県文化財保護協会、1988）

注）隅丸型の竪穴住居。壁溝、柱穴のほか焼土を多量に含む長円形の落ち込みが２カ所と弥生後期の土器片を発掘。

写１－１　森前遺跡の竪穴住居跡（滋賀県教育委員会・滋賀県文化財保護協会1988）

注）未発掘の柱穴１カ所は右上に埋蔵のまま。

トルの隅丸方形の竪穴住居跡があった。また、柱穴や炉以外に径が二、三〇センチメートルほどの小さな穴が多く掘られているなど、東南域住居跡よりも形状が小ぶりであり、竪穴住居内外の形状には少し変移があったようである。竪穴住居は数棟ごとまとまって分布したことから、同族ごとのまとまりがあったようである。

弥生時代のもう一つの住居様式として掘立柱式のものがある。これは高床の建屋で、収穫した籾を貯蔵するための倉庫あるいは祠か神殿に共同で使ったとされる（高島市針江川北遺跡）。一集落一棟程度だったのだろう。時代が進むと一般住宅にも使われたが、前述した竪穴住居は古墳時代には正方形になって、奈良時代から平安前期頃までも長く続いた。

同じ森前遺跡で鍛冶屋街道を挟んだ北および東南～南域（杉の木の東部および旧小字の池田、柳町）でも発掘調査が行われたところ、古墳時代から飛鳥・奈良時代も越えて平安後期を中心にした掘立柱式住居跡や土器（須恵器、灰釉陶器）が発掘され、この住居跡内には土抗や井戸跡もあった（写1-3）。

このような土器は、現在の今・本庄線以東の池田周辺にも狭い範囲内で埋没していた。今・本庄線以東の発掘調査は数点の試掘程度であり、遺構や遺物が出土しなかったのか詳しい調査報告はないが、昭和三三年当時に池田地先の桑畑を水田に造成工事中、町民が偶然にも平安後期の灰釉陶器（小型酒器）を発掘している（写1-4）。

写1－3　森前遺跡、平安後期の掘立柱式住居跡（滋賀県教育委員会・滋賀県文化財協会、1988）

注）遺跡写真上の白い道路は鍛冶屋街道、後方集落は榎木町。柱穴９カ所、右上、左下の井戸跡や土抗などを発掘。

写1－4　平安後期の灰釉陶器（個人蔵）

注）猿投古窯の酒器とみられる。

生活遺物、土器の編年

弥生後期の竪穴住居跡内には生活遺物を表わす数多くの土器が出土している。この時代には縄文土器に比べて簡素な土器が使われ、弥生後期の遺跡には庄内式といわれる土師器が主流を占め、主に壺・甕《かめ》・高坏《たかつき》が出土した。これらの土器はその形状を鑑定することで編年（時代区分）が行われる。例えば、壺や甕の口縁部分の大きさ、曲がり、厚さ、刷毛目条の入れ方、頸や底部の形状、体部の文様を、また、高坏は坏部と脚部で各種異なる土器が作られ、坏部の丸み、口縁部の形状、脚裾部の形状、文様、円孔の数等々を異にしている。これらは産地や時代で異なるので、専門家でないとその鑑定は難しい。

生活遺物の種類

弥生時代後期から古墳時代中期および少数発掘例であったが、平安後期のものも含めた森前遺跡および国友遺跡（国友町東域の北陸自動車道周辺の遺跡および今町北西域と北域の遺跡）に出土した生活遺物を述べてみる。

最初に森前遺跡と今町地先の国友遺跡で出土した土器を、次に国友町地先の国友遺跡（北自）から出土した木製具を中心にみてみよう。

（イ）土器類　主な土器類は壺・甕・高坏である。甕は口縁部が大きく開いて深い煮炊き用の土器である。現在の鍋、釜に相当する。竪穴住居では炉の上に掛けたが、屋根が低く傾いているので竈《かまど》では火事になり易く、炉は住居の中心部にしか置けなかった。しかし、竪穴住居でも五世紀後半からの古墳時代中期には竈が普及し、壁のある箇所に付けられたといわれる。掘立柱式住居であれば壁や天井も高くなるので、煙突を付けた竈が付けられる。外縁に煤が付いた甕が多く出土している。

森前、国友遺跡で出土した壺は高さ一〇～三〇センチメートル、口径一〇～二〇センチメートルと時代によって、また用途によって大小、形状はさまざまである。穀類貯蔵、液体運搬に使われたのだろう。弥生時代になって急増したとされる。珍しいものは、古墳時代中期に属し、器高一二センチメートルほどの小型完形品の土師器壺で、胴部には対向する位置に動物様（蟹か蜘蛛）の陰刻意匠のあるものが一点、国友遺跡の沼沢地で出土している（写1-5）。

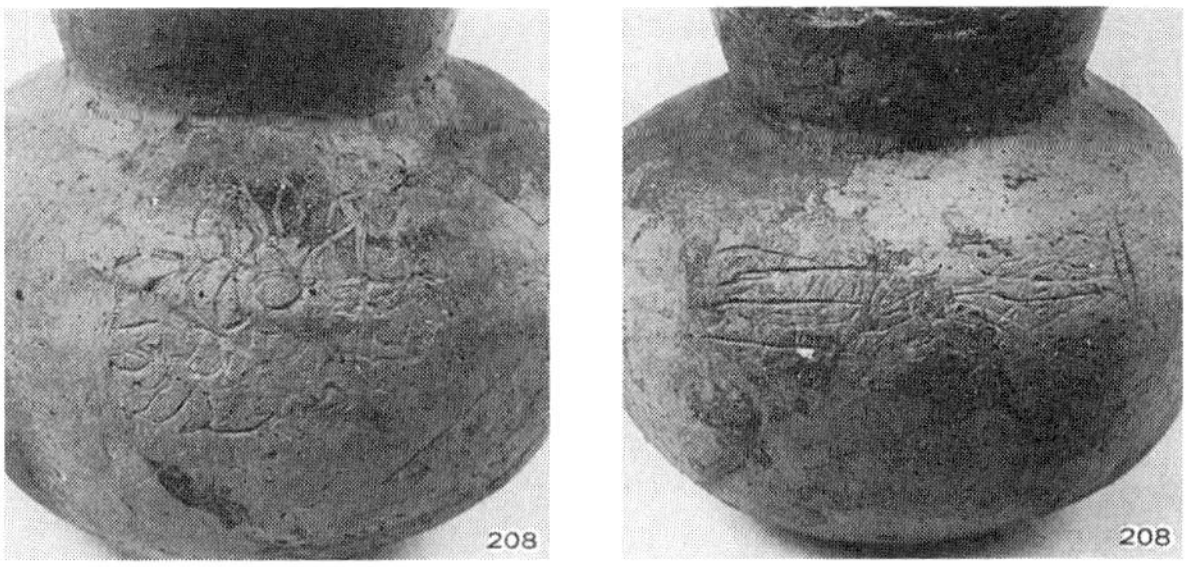

写１－５　国友遺跡の土師器壺（滋賀県教育委員会・滋賀県文化財保護協会、1988）
注）外面に赤彩色痕跡がある器高約12cm の完形品。古墳時代中期。

同じく森前、国友遺跡で出土の高坏は、時代が進むと形状も微妙に変わっているようである。森前遺跡出土の高坏の坏部口径は広くて浅いが、国友遺跡で出土のものはやや深くなっている。器台は古いものほど高く、新しいものほど低くなる傾向である。

弥生時代の食事法は手食だったので、高坏は食物を盛る器に使われた。高坏は直接口に付けず、坏に置いた食物を手づかみで口に入れた。大型のものは家族で共用し、小型は個人の食器になった。高坏には蓋もしたようである。

箸が普及したのは古墳時代も終わりの七世紀頃、あるいは六世紀半ばの仏教伝来頃ともいわれる。日本人も古くは東南アジアあるいはアフリカの国々に似た食事法をしていたわけである。古代中国では紀元前二、三世紀頃から箸が使われていたとされ、日本ではまだ弥生時代盛り頃であった。

その他の土器には、口が広く胴部に竹管を差すための小孔が開いた須恵器で、酒器の一種とされる𤭯《はそう》のほか、鉢、皿、手焙り形器、灰釉陶器、台付碗、山茶碗（注記）が出土した。なお、須恵器の出土例は土師器に比べて一割にも満たなかった。

（注記）平安中・後期から須恵器、灰釉陶器に変わった。森前遺跡出土のものには、接地部に籾痕があった。

（ロ）木製具ほか　今町内の国友遺跡で出土した木製具はわずか数点にすぎなかった。何かの柄に使われた円棒で長さ三〇センチメートル余もの、用途不明、円盤の半裁板にすぎなかった。これに反して、北陸自動車道下の国友遺跡（北自）には実に多くの、また大型の木製具が調査域の中では最大の溝跡一本から出土し、計二〇〇余点もあった。

これらには鍬や鋤の柄、広鍬、えんぶり状の農具用の木製品、弓、田も網枠、大足枠（田下駄か）、火鑚り臼、横槌、木製錘、緯打具（よこ糸打込み具）、綛《かせ》、糸繰り具、手紡ぎ具、板材、梯子、杭状品、他加工品であった。木製具の樹種は主にスギ、ヒノキ、カヤ、モミ、カシなどが使われていた。

人びとは狩猟もしながら前記の農具を使って稲を栽培したので、これら農具が出土したわけである。火は鑽《きり》によって起こし、編み物錘具でカゴ、テンゴ、俵などを編み、さらには布も編んでいた。鉄製品は鋳造で、柄を着ける袋状の鉄斧や火打ち金具のみが出土している。石製品はわずかであった。

国友遺跡（北自）の謎

遺跡発掘調査は現在の北陸自動車道真下で、南北に二〇〇メートル、東西に五〇メートルと広範囲に実施され、以下に述べる溝は調査域のほぼ中央、北東から南西方向にあった。ところが、人工ではない自然流路とされる六本の溝から多種、多量の木製品と土器などの遺物が出土したにも関わらず、この国友遺跡（北自）調査区域内には住居跡が全く発掘されなかった。当時の報告（一九八八年）によると、出土遺物のうち土器が利用された年代は古くは紀元四世紀頃、また、六世紀から七世紀初頭であった。八世紀中頃から十二世紀後半まで延びるものも出土している。つまり、古墳時代初頭から平安末期までの長い時代幅の土器であった。

住居跡が発掘されないにも関わらず、長い時代に亘って多くの生活遺物が出土したことは、一体何を物語るのだろうか。調査報告で田中（一九八八）は、湖北地方の場合、多量の遺物が出土しても集落の遺構が検出されない事例が極めて多いとしている。湖北地方では弥生後期には集落数が極めて多くなるにも関わらず、古墳時代中期以降まで存続する集落は極めて稀であると指摘している。国友遺跡（北自）で出土した遺物を用いて生活していた人びとは、集落を形成しないまま何処かへ移動したのだろうか。

国友遺跡（北自）の遺物、とくに木製品だけが地下水位の高かった溝（自然流路）内から腐朽せず、現況水田作土および床土下の砂層の下層にあった腐植層から出土している。その下は礫および砂礫層であった。遺構調査の全体図をみると、この溝は調査区域のほぼ中央北寄りで北東から南西に向けて流れており、六本の溝の中でも幅は一八〜六メートルと最も大きく、深さも約一・五メートルと極めて深かった。また、溝内最下層の砂礫層も一メートル程度と最も厚く堆積していた。これらのことから、木製品は北東方向から流されてこの溝に集中して堆積したことは明らかかと思う。筆者が疑問視するのは、広い調査域があったにも関わらず住居跡が検出されなかったので、これらの遺物、とくに木製品は何処からか流されて来たのでないかと思うことである。

すなわち、洪水によって同じ扇状地内の自然流路の東部あるいは北部上流域の住居から幾度も流されて集積したように考えられる。国友遺跡（北自）と今町内国友遺跡との標高差は現況で約二メートルあって、今町側の高い位置には水源として姉川や草野川があるからである。あるいは国友町北東域で姉川に近い未発掘の集落跡から流されて来たのか、あるいはまた、近くでやや離れて住居を構えて農耕をしていた人びとが、洪水の度に埋まった土器や木製の農具を放棄したのだろうか。はたまた、当時は土器や木製具を水中へ投棄することに何らかの呪術的意義があったのだろうか。しかし、報告書にはこのような推理は、当然ながら一切記載されていない。

一方、国友遺跡（北自）の三、四〇〇メートル東側に当たる今町内の国友遺跡発掘調査は、既述のとおり最初に昭和六二年、今町北西域の小字、六の町、三ツ橋および三七町で実施された。このうち、六の町区域は国友遺跡（北自）に五〇〜一〇〇メートルと至近距離にあった。しかし、調査区域の方角が南側へずれ過ぎたせいか、既述のような大きな溝に繋がるものは出土せず、浅い小さな溝の発掘に止まり、遺物も出土しなかった。昭和五〇年の調査年以降に盛土を伴う高速道路工事があったとはいえ、遺跡範囲が大きく撹乱されたようにも考えられない。

古墳時代初頭〜前期の住居跡

今町内北西域の小字、三七町の国友遺跡からは古墳時代初頭・同中期末〜後期初めの土器類が多数出土し、住居跡は古墳時代初頭〜前期の竪穴住居跡とされた。この時期にかけても住居は基本的には竪穴式が主流であったといえる。

昭和六三年に調査された今町内北域（小字、竹林坊）の国友遺跡でも、出土した土器の多くが弥生時代中・後期から古墳時代前期にかけてのものであり、同時期の住居跡が発掘された。住居は正方形ないし隅丸形の竪穴住居であったが、森前遺跡の弥生後期の住居跡よりも柱穴以外のピット数が多くなっているようであり、ピット内からは土器が出土した。調査結果では竈跡は発掘されていないことから、竈はまだ普及していなかったようである。

今町内北域の調査は当時の水田六筆、約六反歩の全域を供し、土壙、溝などの遺構も含めて竪穴住居跡四基が発掘された。隣接する住居間の間隔は五〜一五メートルと近接し明らかに集落跡であり、これらは南西方向に約一五〇メートル離れた今町北西域（三七町）の国友遺跡に繋がるものと報告されている。

なお、本地域には森前遺跡の弥生後期の住居跡に加え、弥生中期末の住居跡も出土したので、集落としては弥生中期末から存在したことが確認されている。

三七町に近接する西側の三ツ橋では埋没した沼沢地が発掘され、ここでは多量の古墳時代中期の土器が出土している。なお、三七町の遺跡では竪穴住居跡土層から二〇センチメートルを測る上層土で、平安後期の住居跡と比定した掘立柱住居の遺構二基が同時に発掘された。したがって、この区域で成立していた古墳初頭から前期の集落は平安後期にも存続していたといえる。

平安後期にもなると、弥生後期や古墳時代初頭～前期の住居跡よりも随分進化が見られた。柱は東西二～三間、南北一間であった。柱穴は三〇センチメートルを越えたが柱根が遺存しており、一辺約一二センチメートル前後の角柱を使用していたことが分った。

今町内北西域（三七町）の国友遺跡で住居跡遺構が上下の二土層に分かれたことは、古い住居が洪水で埋まったか、あるいは後代になって上層二〇センチメートルが人工的に埋土された可能性もある。もし、洪水であれば遺物の多くは低標高地にあった国友遺跡方向（北自）へ、あるいは三ツ橋の沼沢地へ流れたようにも推理できるが証拠はなく、報告書でもこのような記載はない。

なおまた、前記の掘立柱住居跡に近接して格子状と推定される小溝群が発掘され、同住居跡と小溝群はほぼ同じ土層面と思われた。小溝の上に重なって住居が造られており、小溝は先に掘られたようである。これらの層は現況水田の床土五〇センチメートル下にあったが、写真のみ掲載されている。遺構調査図から推定すると溝幅は一・〇～〇・五メートル、ごく細いもので約〇・一メートル、深さ不明で横方向に八本、縦方向に一本が調査区域の三×一〇〇メートルの範囲で発掘されている。筆者は溝区画の大きさは五×五メートルあったものと推定した。住居跡遺構は平安後期と比定されており、鉄具を使用したであろう溝跡は画然と掘られていた。住居に関連する、例えば用あるいは排水路だったのかも分らない。しかし、報告書には溝用途などの考察は一切ない。

追後記になるが、森前遺跡の調査結果は昭和六一年に先行した榎木町の遺跡に類似するため、先に命名された榎木町の小字名、森前を採用して森前遺跡と称された経緯がある。また、当町で最終となった今町内北域の竹林坊地先の遺跡調査は昭和六三年に実施され、これも国友遺跡と命名された結果、国友遺跡は今町周辺で都合三カ所から構成されることになる。

第三節　弥生後期から古墳時代初頭期の墓地

有史以前の墓地は特異な形態を取っており、仏教が入る前にムラびとたちが死者に対してどのような考えを持ったか、推し量ることもできよう。

方形周溝墓

小字の杉の木、堀町に代表される森前遺跡には弥生後期の先住民の墓地遺構は発掘されず、この遺跡よりもさらに東南方向に約四〇〇メートル離れる、榎木町小字の日ウラ地先に墓域があったと比定された。ここには方形周溝墓と称する、弥生時代の一般的な墓地遺構が発掘された。現代の地理感覚によると当町先住民の墓地跡なのか、あるいは近隣の他町先住民のものか迷うところだが、報告では既述の森前遺跡の先住民の墓地遺構と記述している。ムラは行政区割りのなかった時代なので広い範囲に散らばり、墓地も離れて造営されて、死者は禁忌されたのだろう。

杉の木、堀町区域で発掘された墓地の遺構は、古墳時代初頭の西暦二五〇年頃に形成され、古墳時代中期末に終わったものとされている（写1-6）。

方形周溝墓の一画が発掘され、中には溝巾が八メートルを超える大規模なものも出土したので、環濠集落とその墓域とも考えられるとの記述であった。しかし、姉川と至近距離にあるムラは外敵よりも洪水のような自然災害が生活を脅かしたので、それの対策だったのかもしれない。したがって、当区域の墓地は、今町内北域あるいは北西域にあった国友遺跡に住んだ先住民の墓域と考えられた。

ところで、方形周溝墓は弥生時代からみられるもので、幅一メートル以上の溝を方形に巡らして墓地の境界、あるいは後年に仏教でいう結界とし、内部に墳丘を造成する。森前遺跡には低い墳丘があったと報告されている。一般に、戸主が墳丘中央に、脇が妻、四周が家を継がない子女、隅や脇には幼児を葬ったとされる。調査域三×

写1-6　森前遺跡、古墳時代初頭の墓地遺構（滋賀県教育委員会・滋賀県文化財保護協会、1988）

注）旧杉ノ木～堀町東域。周溝が多数発掘され、方形周溝墓跡の一画とされる。

写1-7　森前遺跡、古墳時代初頭墓地遺構出土の土器類ほか（滋賀県教育委員会・滋賀県文化財保護協会、1988）

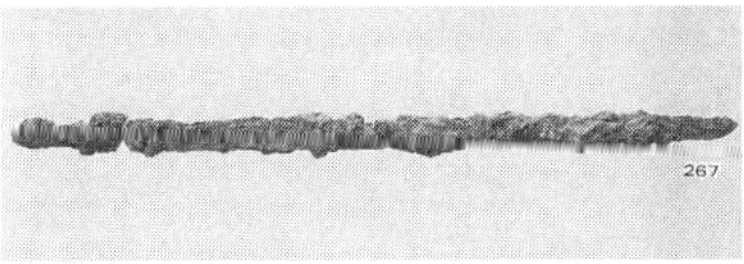

写1-8　森前遺跡出土の鉄刀（滋賀県教育委員会・滋賀県文化財保護協会、1988）

注）古墳時代初頭の墓地遺構内から出土、残存長71cm。

一六〇メートル範囲で方形周溝墓四基が出土しており、これらはほぼ連接していたことから墓地群であったようだ。また、三×一メートル程度の長方形の土壙と称する小型墓地も出土した。方形周溝墓には、地方によっては大きな周溝墓の一辺の溝を借り、次代のやや規模を小さくしたものも造られたという。

なお、ここで出土した方形周溝墓一基に供献されていた各種土器には（写1-7）、土師器以外に当時では珍しい須恵器も出土し、さらに鉄刀（写1-8）もあったことから被葬者は集落内でも地位が高い人のようだった。報告では、墳墓を含めた祭祀地区でもあったと考察している。

この頃、茶臼山古墳にみられる古墳時代の王たちやその一族の権力は強く、この集落へも大きな影響を及ぼしたことであろう。前記の被葬者も王一族あるいはその従臣たちと主従関係があったのかもしれない。

第四節　飛鳥・奈良時代の遺跡

森前遺跡および今町内の国友遺跡は主として弥生中期末あるいは後期から始まり、古墳初頭~前期までの遺跡であることが明らかになった。しかし、これら遺跡内には平安後期の住居跡も発掘されたことから、時代が複合する遺跡のようにも思われる。これは長い時代を経て集落が存続した査証ともいえるだろう。もっとも、古代集落は四~五棟の住居群がまとまって一単位をなし、これらがいくつか集まって集落を構成したので、現代で考える村のように住居が集合したものではなかった。

集落遺跡の継続性

湖北地方で縄文時代からの遺跡として有名な米原市の入江遺跡を除いて、ほとんどの湖北の集落は長期間一カ所に継続して存在したわけでないといわれる。つまり、多数の弥生集落は弥生中期から後期にかけて成立するのだが、古墳中期以降まで存続するものが極めて稀だという（田中、一九八八）。今町内の両遺跡についても、確かに古墳中期以降から平安後期までの住居遺跡が消失しているようにみえる。現集落内にまで立ち入って発掘されていれば、この傾向は変わるかもしれないが、消失しているのであれば何故そうなるのか不思議なことである。

また、田中（一九八八）が集約する他町の例をみても、弥生前期に成立した集落であっても湖北地方の主要な集落とはなりえず、古墳中期までに一旦消滅している。しかし、古墳時代に新たに成立した集落は、古墳前期および中期成立集落ともに短期で終わるが、古墳後期に成立した集落は奈良、平安時代へと長く続いた。

集落の消滅異説

湖北地方では弥生後期に集落数が極めて多くなるにも関わらず、古墳時代中期以降まで存続する集落は極めて稀との田中の学説は前述のとおりである。ここで論述の順序から少し外れることになるが、筆者は学説というよりも異説を唱え、その原因を考察してみたい。

四世紀、古墳時代の湖北有力者の首長たちは、古保利古墳群、横山古墳群など極めて多数の古墳を造営した。これには極めて多人数の使役労力を要したことであろう。有力首長たちは、労力を提供できる人たちとその家族全員を動員したのでないだろうか。有力者たちの命令に従う、一種の家族軍団は食糧生産、人口増大を図りながら、おそらく二〇〇年以上もの長い期間絶えず移動を強いられたようなので、集落に定住する余裕はなかったのだろう。集落内に人びとが落ち着いてしまうと、有力者たちの指示が行き届かなかったからだろう。しかし、やがて古墳時代も終焉すると、人びとは忘れていない故郷へと戻ってきたように思う。

奈良時代の集落遺跡

以上のような今町内遺跡の集落継続性（消滅あるいは空白）についての議論は、現在の集落住宅地範囲を除く、調査当時に水田であった森前遺跡と今町内国友遺跡の範囲内に限定したものとなろう。昭和六二年の調査で今町の南部域、小字名で六反田および市場の水田六地点が試掘されたところ、これまでのような大規模な発掘調査ではないが、この区域には奈良時代の集落が成立していたことが報告されている。さらに報告では、良好な出土状態でないと断りながらも、鍛冶屋街道を挟む南域の森前遺跡には飛鳥時代の須恵器坏身も出土したという。

今町の東南域あるいは北西域の一部には外縁的に平安後期の遺構や遺物が発掘されてはいるものの、古墳中期から飛鳥・奈良時代を経て、さらには平安後期に至るまでの集落遺跡の面的つながり、その範囲は依然として明確にできない。これらのことを考慮したのだろうか、報告では散村的景観を一時的に呈したものと要約している。

筆者は、人口の少なかったこれらの時代を通じて、主に洪水のような自然災害のため過疎的で散村風の集落が点在したように思う。洪水被害の大小によって在地で留まることができる家族、あるいは好条件の土地を求めて開拓、移動せざるを得ない家族など様々な事情があったことであろう。しかし、それぞれが共同で助け合いながら、それぞれの住居周辺で自然水路を利用しての小区画水田の耕作を行いつつ、住居は排水良好な区域に設営したのだろうか。

条里制と集落の集村化、耕地整備

大化の改新（六四五年）によって七世紀後半以降は律令国家が形成され、中央集権的な地方行政機構の整備や戸籍、斑田収授の制度、税制などが実施された。さらに、壬申の乱（六七二年）を経て大宝律令が大宝元年（七〇一）に制定されると、律令国家は徴税、徴兵のために地方行政組織を一段と整備し、湖北は坂田、浅井、伊香の三郡に区分された。また、坂田郡には大原、長岡、上坂、下坂、細江などの九郷を定め、条里による土地区画整備が徐々に進められた。

先進地の奈良盆地では既に八世紀中頃から条里制による開発が始まり、一一世紀後半の平安時代中期には王権国家体制下、中央の権門勢家による条里制が強力に進められたようである。しかし条里制による地割、施行年代は重要なテーマであるにも関わらず、多くが未解明とされる（高橋、一九九六）。奈良時代、今町内の集落遺跡の詳細は不明であったが、前述のような散村であった頃には未だ条里地割の痕跡もなかったことであろう。

九世紀末創建の神照寺（長浜市新庄寺町）周辺は、寺院敷地・寺田整地のために古くから古代条里として開発されたようであって、周辺の後発条里の地割よりも変形している。開発が早かった相撲町から祇園町にかけての地割も同様に変形しており（高橋、一九九六）、両地域の条里施行は早かったのだろう。

国友遺跡（北自）の報告によると、発掘された六本の溝跡は調査当時に現存していた条里型水田と直接関連するものでないが、条里型水田開発に至る経過をたどれる可能性があると指摘し、条里型水田が出来上がる以前の自然流路だと考察している。しかし、溝跡から出土した遺物中、最新のものは一一世紀後半であった。報告は、この頃でも条里型水田は未開（未施工）であり、大規模な開発は行われていなかったとしている。この見解からすると、条里未施工区域への条里型水田の段階的な工事と拡大は平安後期も終わる頃から、あるいは中世に入ってからでなかろうか。

今町に近隣の東・西上坂町には、古代豪族、坂田酒人一族が支配した上坂郷があった（小笠原、一九九六）。八世紀中頃の奈良時代に大仏鋳造に莫大な財源を要する東大寺の収入源（封戸、ふこ）に施入された上坂郷は、全国多数の封戸と共に大量の租米を納入している。一〇世紀の平安時代になっても租米ほか多量の物資を納入している。このため、東大寺などの荘園は農地を次々と買い取り、開拓を進めたとされる。条里が明確でなければ租米の算定も出来なかっただろうから、周辺地域への条里制も徐々に波及したのだろう。上坂郷より南西に位置する大東町は興福寺領坂田荘、室町は延暦寺（山門）領坂田荘とされ、延暦寺は楞厳院《りょうごいん》領有であって、ここでの条里も早くに施行されたようである。しかし、上坂郷の北西になる古代の今町は国友荘に入っていた。国友荘は次章の中世編において荘園領主、確立時期や荘域など考察してみたい。

今町内の国友遺跡および森前遺跡で平安後期とみられる住居跡が発掘されていることは、たびたび述べてきた。前者（小字、三七町）は現集落に近接するものの、後者（小字、杉ノ木、池田、柳町）は現集落の東南方向にあって、やや離れている。奈良時代には住居跡が現集落の南域へも移動していたことから、人びとは絶えず自然災害などによって移動を強いられた背景があったものと思う。

厳しい生活環境が距離的にも離れた散村風景を形成したのであろうが、もし、平安後期頃から条里施行が始まったとすると、村の集中化（集村）を図り、耕地を開拓・拡大し、整備する必要が生じてくる。さらに、既に開発していた耕地は地形によっては統合や交換分合を行い、人びとは居住区域と食料生産区域との区分けを行ったことだろう。この時点から現在の集落景観の原形が形成され始めたものと考えられる。

第五節　条里施行と集落の共有地

今町の古代条里の施行時期は、前節で考察したように平安末期から、あるいは中世に入った頃であろう。以下に述べる条里施工および集落共有地の割付けは地元民としての筆者の推測である。

耕地整備と集落共有地の割付け

条里地割をしても、全て水田にできたわけではない。水利不良のため畑地にし、あるいは未墾で放置した土地も生じたであろう。当地域は姉川・草野川の扇状地端部に位置し、粘土が多い姉川下流域の氾濫原やデルタ地域と異なる。度重なる洪水の影響があって、耕地にするには土性が粗粒質で生産力が低位なうえ、耕土の保水力も低いことから夏季には干ばつが顕著になる。後世になり、広い地域で水田が造成、利用されるようになっても、集落の東南部と北西部では地下水位の高低差が大きく異なり、東南部は乾田型、北西部は湿田型であった。このような当地域の稲作は、湖辺のデルタ地帯あるいはその上流域の荒廃湿地、氾濫原の平野部に比べると条件不利地であり、したがって当地域の水田開発は遅れたことが想像できる。

しかし、何代にも亘る人びとの努力で条里型水田の開発が徐々に進むにつれ、集落はこれまでの散村的なものから集村化され、人工的に改変した地形も生じたものと考える。水田の新規造成には、洪水を防ぐため姉川自然堤防の補強も要したことだろう。

農業土木歴史研究会編纂、『条里の計画と技術』（ウェブサイト、二〇一六）によると、条里開拓作業の手順と歩掛が計算されている。これには古墳の築造と同様の施工技術や道具を用いたとの仮説によっている。作業内容は、雑木伐採から始まり焼払い、伐根、荒起こし、雑物石礫除去、掘削、運搬（掘削部を盛土部に運ぶ）、畦畔築立、道路・水路の順になっている。

同研究会の試算によると、讃岐平野（平均勾配三〇〇分の一）で条里一坪（一町、六〇間四方）当たりの開墾に要する労働力は五〇〇～六〇〇人と推定した。さらに、治水・利水工事を考慮すると、これの二倍の労力を要するだろうともしている。

今町の地形は概ね東南から北西方向に傾斜している。東南域と北西域との直線距離および標高差から平均勾配を求めると約一五〇分の一であり、讃岐平野の二倍であった。前記の試算で示された地割形態、勾配別工員数の一覧表からは勾配一〇〇分の一との比較換算しか利用できず、また、耕地一筆の形状（長地型と半折型）の違いに伴う長辺、短辺の長さにもよるが、勾配が三倍になると労力は平均で約一・六四倍に増大する。讃岐平野の試算によると、条里一坪（約一・二ヘクタール）当たり延べ五〇〇～六〇〇人近くを要したので、平安末期の当地域の開墾には延べ八〇〇から一〇〇〇人を要した試算になり、これに堤防の補強労力を入れると、二倍の延べ人数が必要となる。さらには墓地や祭祀を行う集落共有場所の造成のために、大がかりな土木工事も計画されただろうから、人びとは多大な労力を長年月要したことになる。これらの大工事推進には、当然ながら集落のリーダー的有力者も存在したことだろう。

現在、今町内で薬師堂がある小字、潜竹の小高地は、小字、杉ノ木あるいは柳町などの区域を条里型水田に施工、整地した際の残土、あるいは洪水の際に堆積した砂土などを盛土したものと思われる。古墳後期以降、墓地遺跡の所在が不明であったが、ここを新たな共同の墳墓用地にしたものと考えられる。同じく堀町区域にある小高地周辺も残土などを用いて、何らかの目的、例えば集落有力者の居宅用地に盛土したのでなかろうか。また、現集落の東南にある神社（小字、六反田）も祭祀の場所に選定されて盛土されたのだろう。これら三カ所への残土、洪水堆積土などの配分には、現況の土性から鑑みて水田には不適な砂土、砂礫土あるいは礫などを使い分けしたように思われる。

以上の墳墓、祭祀、有力者の居宅場所など共有地の割付け推理は地元民である筆者の独断偏見で行ったものであり、何らの発掘実証や考古学的根拠は持たない。しかし、これまで引用してきた調査結果を基に、古代史あるいは考古学の成果も参考にしつつ、通説に矛盾しないように帰納したつもりである。

付図、地籍図内の遺跡位置

今町内の遺跡位置を現代の地籍図上に示すと図1-1のとおりである。

図1－1　今町内の遺跡位置（滋賀県教育委員会・滋賀県文化財保護協会、1988、1989）

注）国友遺跡（北自）には住居跡が出土しなかったので、とくに図示していない。

凡例：遺跡の記号と時代区分および遺跡が所在する今町小字名を示す。

Yd……弥生中期末～後期の住居跡
　　　杉の木東部、堀町、竹林坊

Kd……古墳初頭～前期の住居跡
　　　三七町、竹林坊、三ツ橋

Nd……奈良時代の住居跡
　　　六反田、市場

Hd……平安時代後期の住居跡
　　　杉の木東、池田

Yc……弥生後期の墓地跡
　　　榎木町の日ウラ

Kc……古墳初頭～中期末の墓地跡
　　　杉の木中央、堀町

付表　関連年表

古代編を今町歴史と関連させて年表にしたものが左表である。

年　表（古代）

時代区分		西暦	中国、朝鮮との関係	日本の文化、社会の発展
弥生時代	弥生早期・前期	BC1000頃		水田稲作、弥生集落の始まり 環濠集落間の戦いの始まり 倭国大乱
		-BC800		吉野ケ里遺跡
		-BC600	BC552　孔子誕生	**湖北、川崎遺跡**
				青銅器の副葬始まり
	弥生中期	-BC400		
		-BC200	BC221 秦、始皇帝が中国統一	
				湖北、鴨田遺跡 墓制、集落（ムラ）構造の発達 近畿中心に方形周溝墓が発達
	弥生後期	0	AD57 倭の奴国、後漢に遣使し金印を受ける	**今町内の森前遺跡**
		-AD200	AD107　倭国王、後漢に生口160人を献上 AD247　倭の女王、卑弥呼が狗奴国と対立	弥生時代は3世紀前半で終わり、ヤマト王権の古墳築造隆盛
古墳時代				**今町内の国友遺跡**
		-AD400	AD391 倭が新羅、百済を破る AD404　倭が新羅で高句麗と戦い、敗退	5世紀中頃、大山古墳（仁徳天皇陵）完成
			AD548 倭が百済に築城など援軍	6世紀後半、蘇我氏の勢力拡大
飛鳥 奈良時代		-AD600		AD604 厩戸皇子が17条憲法制定、七世紀後半大化改新で律令体制に向う AD701 大宝律令完成 AD710 平城宮に遷都
平安時代		-AD800		AD794 平安遷都 諸国に農業を奨励
			AD907 唐滅亡（AD618〜） AD960 宋建国（〜AD1279）	藤原氏四家から同北家に勢力集約
		-AD1000		
		-AD1200		**今町内の国友・森前遺跡** 平氏台頭から滅亡まで半世紀余

第二章　中世編

はじめに

前章の古代編では考古学的な遺跡発掘調査結果を主に記述し、筆者の考察なども加えた。また、平安末期をもって古代末期とし、以降の時代は中世と捉えた。しかし、一般に考古学でいう中世とは平安時代後期から安土・桃山時代まで入るが、本編でいう中世の時代区分は、一般的な日本史編年どおりに一二世紀末の鎌倉時代から一六世紀終りの戦国時代までとして記述する。

前章の重要な結論の一つに、往時の当町集落の形成時期は集村化が図られた平安末期としたことである。これは、発掘調査から住居跡が出土し、その報告に基づいたことによる。しかし、その後中世に至る当町の集落形成過程が明らかになるような遺跡発掘調査は実施されていない。原田（二〇〇八）は中世の遺構発掘は困難であり、これは近・現代に至る立地上の継続性が高いためとする。つまり、現在の今町集落地下には多くの中世遺構が埋まっているということである。

しかしながら、近隣の長浜市小沢町で行われた圃場整備関係遺跡発掘調査（一九八八）と同調査に基づく中世城郭分布調査（一九八九）から、中世遺跡の発掘に関する中井の報告（二〇〇四）があり、これは、在地領主の居館と中世村落との位置関係を考察したものである。なお、当町には中世、今村氏の居館跡、今村城が小字、大将軍にあったと前記の『中世城郭分布調査報告書』に発表されているが、これは何らの発掘調査も実施していない報告である。著者（二〇一四）は、当町に今村氏は居住しなかったことを明確な論拠で否定している。このような虚説が生まれた原因は、『改訂近江国坂田郡志、第三巻上』の記載事項に誤りがあったことによる。

中世、室町後期の今村には、著者が新たに発掘した在地領主につながる、正西、西道の二名が実在したことが、二つの史料に見られるので後述したい。しかしながら、当町に関連する他の中世史料は無いに等しい。町内寺院の歴史から推測すること以外は、いきおい、中世に関する日本荘園史、論文集、研究叢書の論述や琵琶湖博物館の調査結果あるいは関連単行本に基づく一般論となっている。また、多分に推測の域を出ない雑考も多々あることを最初に断っておきたい。

第一節　中世の近江国荘園と国友荘

近江国の荘園は古代から中世にまたがって存在したので、第一章、古代編に少しもどるが、本節の序として追記しておきたい。

律令以来、近江国の地方行政区画は東山道に入り、滋賀、栗田、甲賀、野洲、蒲生、神埼、愛智、犬上、坂田、浅井、伊香、高島の一二郡から成っていた。古代から中世にかけて、近江国の滋賀、野洲、蒲生を中心に南部や東部の平野地帯は、天皇家、貴族、有力寺社がある京都に近いために社会の経済的な発達はみられたが、坂田以北の山地や伊香北部で積雪の多い地帯には、狩猟や農耕主体の生活が続いていたことで、経済的には後進地域だったのだろう。

近江国の荘園に関する史料は既に八世紀半ばから出るようである。律令国家の墾田奨励政策によって、有力社寺や貴族あるいは地方豪族が積極的に開墾を進めた初期の荘園は近江国に多数存在した。大和の三〇ヵ所に次いで近江国には二八ヵ所もあった。律令政府の仏教興隆政策と墾田奨励政策とが相俟って、中央の官寺が積極的な荘園開発を行い、中でも南都の大安寺、法隆寺、東大寺、元興寺などの荘園が多かった。東大寺領については、既に前章第四節、飛鳥・奈良時代の遺跡でも述べたとおりであって、関東、奥羽、九州を除き二三ヵ国、九二ヵ所にも及んだ。このような古代からの「初期荘園」に対して中世、一二世紀以降の荘園は、「本格的荘園」あるいは「寄進地系荘園」といわれる。

近江国には山門関係の荘園が多く存在した。これは比叡山延暦寺領だけでなく、青蓮院、妙法院等の門跡領や山門末社の祇園社あるいは日吉社の神社領を含む。坂田郡内荘園のうち半数の一八ヵ所が山門領であり、近江国全体の山門領は一九六カ所もあった（網野ら編、福田、一九九三）。古代・中世山門関係所領一覧によれば、近江国内には一八二カ所があったともいう（久野、高橋、一九九一）。

国友荘の領主

前記の所領一覧によると、坂田郡内では二三カ所の荘園・保が山門関係であり、その一つに国友荘があった。元来、国友の名は古代の天平神護元年（七六五）、この地に封ぜられた百済の学頭の名前に因むという（福川、一九九三）。国友荘は平安末期から山門領であったと思われるが、膨大な史料が残されている東大寺領あるいは東寺領に比べて、山門領史料の多くは戦国時代の焼打ちによって失われ、実態が明らかにされていない。また、国友には南都興福寺の末寺があって荘園は興福寺領であったが、後に山門領になったとの伝承もある（『改訂近江国坂田郡志、第五巻』）。

鎌倉時代の初期、建永元年（一二〇六）に比叡山天台座主、大僧正を歴任した慈円は、『大懺法院《だいせんぽう》条々起請』

で国友荘を領掌したことを記述している。また、同年には桜下門跡領として国友荘を基本にしたとある（日本地名大辞典編纂委員会、一九九一）。

しかしながら、国友荘の一部は山門領荘園と併せて摂関家荘園でもあった。平安末期の荘園には院領（近代的概念では皇室領）あるいは摂関家領が多くあり、例えば、勅旨田、皇親賜田、後院領あるいは院本領による寺社領荘園があった。古くは日吉社領であったが、一二世紀に最勝光院領となった浅井郡の湯次荘（注記）はその例であろう。

国友荘の一部が院領あるいは摂関家領として立荘されたことの手掛りは、建長五年（一二五三）の近衛家所領目録に、「庄務本所進退無き所々」の一つとして国友荘を見るからである（網野ら編、福田、一九九三）。この庄務本所進退無き所々とは近衛家一門一一名に配分した所領のことを指し、庄務権は近衛家になく五一カ所の各荘園にあった。このうち近江国にあった四カ所の荘園の一つが国友荘であった。なお、近衛家の荘園には前述の庄務無本所以外に近衛家長者、夫人の私領、社寺寄進領等々があって、山城、摂津など全部で一五四ヵ所を数えた。

前述の近衛家所領目録には国友荘の現状と来歴の注記がある。すなわち、現状は京極殿堂領内であるが、荘の由来は鳥羽院の時代に皇后、高陽院《かやのいん》の御祈（願）庄号であって、建久庄、雅庄の主がこれを除いて分けたように承っているとの注記である。水野（一九九九）によると、京極殿堂領内とは元来、高陽院曾祖母の持仏堂付属の家領内であったが、その後は高陽院の父への伝領、さらに近衛家へと分割、相伝されていった。

鳥羽天皇の在位は嘉承二年（一一〇七）～保安四年（一一二三）であり、大治四年（一一二九）から院政を開始し、鳥羽院（上皇）の皇后が高陽院であった。高陽院は五〇余ヵ所の荘園を持ち、その一つが国友荘であったことになる。皇妃としての入内は長承三年（一一三四）年、没年は保元元年（一一五六）であった。妃の死後は近衛家領になったので、国友荘の一部を院領として立荘したのは、平安末期に相当する一一三〇年前後のことであろう。

（注記）湯次荘の代表的神社に大路町の湯次神社があり、同社は元禄期頃から今村ほか坂田郡内の数カ村を湯次社域に入れている。明治三二年まで神社が草野川左岸に鎮座した経緯から、近隣の今村住民の一部が同社、日吉宮の氏子として参加していた伝承もあって、このことに由るのだろう。

国友荘の荘域

荘域は大字国友村を中心に東は大字今村、西は安福寺、下之郷、井之尻の三村に亘り、上下両郷に分かれていた（『改訂近江国坂田郡志、第二巻』）。国友町の史料（同町、日吉社の社宝）、享保九年の村明細帳によると国友村は中之郷であり、上之郷が今村、下之郷が下之郷村であった（湯次、一九九六）。また、『近江輿地志略、巻之八十』によれば、国友荘とは国友村、今村、下郷村を指し、猪尻村、安福寺村は下郷村の端村だという。すなわち、往時の今村は国友荘内にあったわけである。

国友荘は古代からの山門領であったが、山門領と院領あるいは近衛家領との区分け（知行割）は明らかにできない。中世の「本格的荘園」が地頭などの侵略を受けて不輸、不入権（注記）が成立するようになると、本所や領家（知行人）などと重層的な構造となって、荘域内各村での知行割などは益々複雑になったことであろう。

（注記）国家の警察権を拒否し、国家に租を納入しなくてもよい権利。

守護と国友荘

国友荘の領主の項でふれたとおり、近衛家所領目録に記載されていた京極殿堂領は、元来、前述の持仏堂家領だった。後年、幕府守護になる佐々木京極氏の係わりは不明だが、以下、幕府守護職と荘園、国友荘との関係をみておきたい。

鎌倉幕府下の近江国の守護は佐々木氏であった。鎌倉時代に佐々木京極氏の始祖となった京極氏信は、仁治三年（一二四二）に京極高辻の館と共に高島、犬上、愛智三郡を含む江北六郡を父の佐々木信綱から相続している。鎌倉時代の守護の任務は主に軍事・警察職務であったことから、当時の国友荘は守護の支配・管轄下にはあったが、守護の領地ではなかった。

室町幕府が開設されて以降は、江北の坂田郡は佐々木高氏（道誉）が守護となり、以後は京極高光、京極持高、京極持清、京極高清らが支配した。しかし、南北朝期以降、伝統的に湖北三郡（坂田、浅井、伊香）の守護権は京極、六角両氏の共有とされ、六角氏の一国守護権は湖北三郡において制限されていた。そのため六角の守護職を史料では「半国守護職」などと書かれるようである。六角、京極は対等でなく近江守護はあくまで六角であり、湖北三郡のみが分郡守護制をとったといわれる（高橋、一九八七）。

室町時代の守護は鎌倉時代と異なり、荘園への介入が非常に大きくなった。守護の職権として苅田狼藉の検断権（注記一）や使節遵行権（注記二）が新たに加わり、守護は軍事・兵粮目的に荘園年貢の半分を徴収できる半《はん》済《ぜい》の権利も得るようになった。さらに荘園領主らと年貢納付の請負契約を結ぶなど、荘園への実質支配を強めて行った。室町時代の守護が守護大名と称されるようになったのは、守護領国制とも呼ばれる支配体制が強化されたことによる。

室町時代中期、応仁元年（一四六七）に応仁・文明の乱が起きると、佐々木京極氏は一族で東軍、西軍に分かれた。東軍に属した一一代目の京極持清は近江国内に威をふるい、従来の湖北三郡の分郡守護の地位から近江一国守護に昇格、幕府内でも侍所頭人の地位を独占するなど京都の治安も維持したが、乱が起きて間ない文明二年（一四七〇）に没した。この乱は文明九年（一四七七）に終わったものの、その後京極一族の内訌が永正二年（一五〇五）まで、実に三五年間も続いた。こうした応仁・文明の内乱によって荘園の公領制（注記三）は次第に解体に向ったとされる。

佐々木京極氏が守護大名として北近江を実質支配できたのは、京極高清が兄の政経の子、経秀と講和を結んだ永正二年（一五〇五）からであった。その年から高清が大永三年（一五二三）の梅本坊公事（注記四）によって二男、高慶と共に尾張に追放されるまでの一八年間だけが、上平寺城で江北を支配した京極高清の平穏な時代であり、国友も含む江北の荘園内の人びとの生活も比較的安定したことだろう。江北の梅本坊公事で守護大名、京極氏が国人領主たちによって追放されたのは、守護代や国人が台頭して来る国人一揆の具体例だとされる（小和田、二〇〇五）。

以上のように、中世の国友荘は鎌倉・室町両幕府守護からの支配を受けたが、室町時代の守護大名の台頭支配によって、領主の実質的な知行収益は大きく減少したことであろう。変わらなかったのは、村落内の住人の貢納負担であった。

しかしながら、荘園が幕府からの支配を受けつつも、古代末期から中世初・中期の荘園時代の支配者たち、あるいは領主たちは、近世あるいは現代までも実在した農地の条里制遺構や河川堤防の補強あるいは井堰はじめ潅がい水路などの土木工事を不十分ながらも実施し、これらを後世に遺産として残している。

永享八年（一四三六）から享徳二年（一四五三）にかけて国友村の三筆と下郷村の一筆が神照寺に寄進された際に、これらの条、里および坪名が『神照寺寺田記録（上）』に記載されている（太田ら、二〇〇四）ので、国友荘内の条里地割は鎌倉末期あるいは遅くとも室町時代前期に完成していたものと推測される。

支配者・領主への年貢貢納や村落民の生産活動に便利なように、人びとの創意を入れた小字名も中世の荘園時代に命名されたようである。当町小字名の調査によると（辻、二〇一四）、姉川と密接に関連する上川原、境下川原、柳川原、鈴下川原、渕ケ上などの地名が多く、これらは全小字数の四割弱を占めている。このほか、農地の規模、条里制のなごり、集落からの方位などに関連するものに分類し、他町と類似する小字名についても考察した。

（注記一）国内の武士や荘官たちが土地の知行権を主張するため、稲を狩り盗む等の実力行使をする知行権争いを検断する権利。

（注記二）不動産訴訟に対して室町幕府執政者からの命を下に伝えること。

（注記三）荘園制を国制と捉える考え。

（注記四）浅井郡草野郷、大吉寺塔頭内での訴訟・論争。

第二節　中世村落の発達と荘園の崩壊

前節では主に文献や外部の史料から国友荘を中心に荘園の成立、荘園領主、荘域、とくに鎌倉、室町両幕府守護職による荘園支配の変遷をやや詳しく述べた。さらに、条里地割完成時期を推測し、当町小字名の調査結果も紹介した。本節では荘園内中世村落の発達過程を、その構造と形態、あるいは在地領主から検討し、さらに荘園が崩壊する過程とその結果を考察してみたい。

村落内住人の身分・階層

荘園内の中世村落は、「本格的荘園」の始まった一二世紀前半から発達し始めたが、特殊な村落を除いて人口動態も含めて圧倒的大多数は古文書史料が残されていないか、もしくは残すことができなかった（橋本、二〇〇四）。

中世初期（鎌倉～南北朝時代）、村落内住人の一般的な身分・階層区分の関係について考察した小山（一九七〇）の図を田畑（一九八六）から示したものが図2-1である。この関係を湖北あるいは往時の今村に当てはめることの適否についての検証はできないが、以下、この図を参考に引用してみたい。

名主は中世では「みょうしゅ」、近世では「なぬし」と呼ばれ、中世荘園では荘園領主から名田の経営を請負うと共に領主への貢納の義務を負った。図が示すように、中世初期の村落は基本的には「住人」という流動的な身分によって構成されるが、小百姓の底辺を形成した「間人《もうと》」という階層も労働力として不可欠であった。単純な農耕以外にも古代末期から続く条里制耕地整備や自然堤防補強工事と極めて苛酷な労働があったことだろう。しかし、江戸時代の水呑百姓を以て鎌倉時代の一般百姓にあてるべきでなく、当時は小作人にあたる言葉はないという（清水、一九九六）。

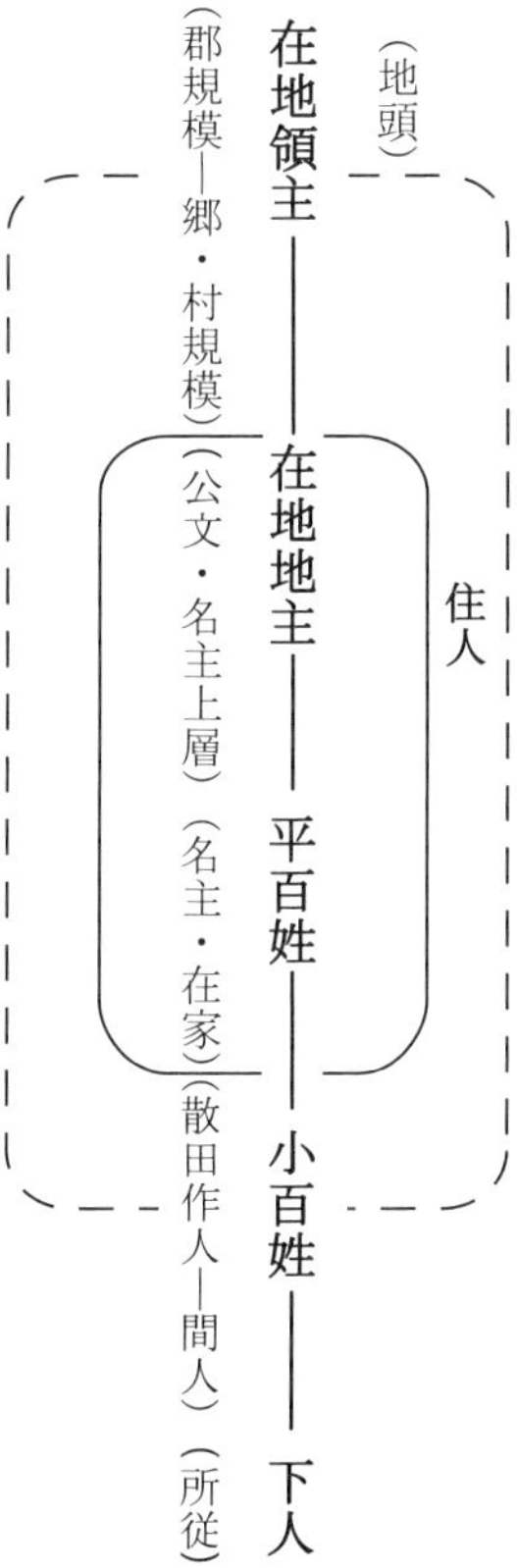

図2-1　初期中世村落の構造と役割（小山、一九七〇）

注）公文は荘園の下級荘官。文書類を担当し、年貢・夫役も徴収した。

散田は公田に対する寺田、神田、未墾田などの国家本来のものでない田地、あるいは荘園領主直属の田地をいう。

間人（もうと）とは、村落の正式な構成員と認められない階層の人、新参の住民を指す。

荘園の崩壊
鎌倉時代末期から南北朝内乱期になると、前節で既に述べたように、守護に対して苅田狼藉、使節遵行、半済、闕所地預置権（注記）、徴税権等々の権限が付与された結果、古くからの荘園領主の権限は次第に弱小化していった。その半面、地頭職、下司職をもった在地の武士たちの中には権力を有する者も出てきた。中には荘園名を名乗る者も輩出し、国友氏を名乗って国友荘の荘官職を手に入れて地頭、御家人として荘園を掌握するようにもなった（網野ら編、福田、一九九三）。

このように、南北朝の内乱期以降は荘園制が解体していく時期でもあった。室町幕府は朝廷が持った多くの権限を摂収して一元的専制権力を樹立し、権力維持のため守護、在地武士層の荘園侵略を抑えていたが、在地武士の台頭や惣村という自治的村落が展開してくると、近江国の荘園は次第に変容していった。とくに、室町時代の中期、一一年間にも亘る内乱（応仁・文明の乱）が都で起こると、争乱のために荘園の公領制は解体に向ったことは既述のとおりである。

以上のような中世後期（南北朝〜戦国時代）には村落構成も変化し、中世前期（鎌倉時代〜南北朝）に村落の特権身分であった名主層の分解から土豪層が成長し、名主層によって村落共同体から排除されていた小百姓層が村落共同体の成員に転化してきたといわれる。田畑（一九八六）によると、幕府以下、守護・荘園領主層、国人領主らの権力側と土豪以下の村落側という政治勢力に分ける方法が近年の研究動向だという。国家はあったが、地方分権的であったとさえいわれるのは、村々の在地領主、中・上層農民に対して在地剰余の得分権、内部留保が集積、貯えられたからであり、したがって村落内部の階級差も極めて激しくなったという（原田、二〇〇八）。

物村、惣百姓などと呼ばれる自治的組織と機能を持った中世後期村落が成立し始めると、荘園は農民自身の生活の場となった。既述の国友を中心とする荘園の上之郷、中之郷、下之郷の各郷もそれぞれが村落として、あるいは惣村として独立することになった。国友村を中心に東に今村、西に下之郷村が誕生したわけである。旧能登川町にあった中世、垣見荘の新村の意から同町の今村が誕生した（日本地名大辞典編纂委員会、一九九一）と同様に、今村は新しい村の意味である。坂田の加田今村も加田村からの独立とみてよいだろう。

江戸中期、享保九年（一七二四）の国友村明細帳は、（南北朝に分かれた）建武の頃に国友村が東西二ヵ村を割渡したと記載しているが（湯次、一九九六）、この割渡したとの記載は、一八世紀でも国友村の中核意識が依然として強い姿勢であったことを窺わせる。

（注記）没収などにより知行人のいない所領を預置くこと。

村落の類型

中世後期の村落を田畑（一九八六）は三類型化した。まず、在地領主型村落では室町幕府から地頭職を与えられ、用水相論取次、領家年貢の代官請、近隣在地領主との結合を図るなど惣荘村の生産的・政治的機能を掌握した。朽木荘の朽木氏などの例である。

次に、地侍型村落では、地侍（侍衆・沙汰人）の下に一般百姓がいる内部構造である。用水について近隣村落と結合して相論にあたり、未進年貢請負など惣村の諸機能を掌握した。

三番目は村びと型村落であり、村びと、百姓（地下人）のみの構造をもつ。菅浦荘がこの典型例であり、極めて多数の史料が残されていることから、わが国でも著名な村落である。この類型には商業、林業、漁業など農業以外の労働に依存する村落が多く、惣村の諸機能を惣が掌握していた。畿内村落ではやや特殊な位置を占めた。

国友荘から展開した個々の村落は前記三類型のいずれにも適合しないようだが、国友村を中核村落とすれば二番目に該当するだろう。

地侍・土豪の役割

前記の項で二番目の村落類型に該当し、地侍・土豪と呼ばれる層が、政治的転換期においてどのような役割を果たしたか、竜王町橋本の左右神社文書を調査した久留島（二〇〇四）の研究概要をみる。

氏は戦国時代、織田信長の侵攻に際して地侍たちの動向を詳しく分析しているが、これによれば、地侍・土豪は共同体を基盤にする中世的村請（地下請）の中心的担い手としての側面が強調されてきたという。一つの村落に一人または複数の有力者が存在し、単独の惣を形成して完結するという事例は少数であって、一つの村落だけで完結した惣を持つことは少なく、その内部で個々に惣を形成すると共に、複数の惣が結び付いて地域で中心となる寺社の祭祀を共同運営するなど連合関係を持つ場合が多いという。また、均質化しているように見える村落個々だが、村落内に城館を築くような有力者が存在する場合もあれば、そうした存在がない場合などもあるなど一様でないともいう。

ところで、『改訂近江国坂田郡志、第三巻上』に記載された今村屋敷阯と今村氏の事項が誤調査であることは、本章の「はじめに」で述べたとおりである。今村氏は、浅井郡の今村、猫口村、澤村を中心に領地を持った一族であり、現在の長浜市湖北今町、同湖北町沢、同湖北町猫口を中心とする地域である。

坂田郡の今村には土豪あるいは地侍と呼ばれた人が居住した史料は発掘できない。南北朝時代終わりから戦国時代初めにかけての百年以上の室町時代中期に、村落民が遭遇した事件や問題は多かっただろうが、政治的には国友村の地侍や土豪の影響が強いため、彼らに依存し連携する必要があったのだろう。『江州佐々木南北諸士帳』には、佐々木随士あるいは浅井随士のいずれでもない国友村の地侍、富岡藤太郎の名が見られる。このほか、国友与一右衛門（国友伯耆守）、野村兵庫守あるいは野村肥後守らがいた。

第三節　新生今村の誕生と在地領主

一般に、中世村落の特色は村落に武士が居住して在地領主になったといわれる。鎌倉時代には村自体が掟などを定め、一種の合議制的運営システムを持って自らの問題解決に当たっていたが、室町時代には守護大名のもとで城下町が発達し、その権力が強化されるようになった（原田、二〇〇八）。

荘園中心であった中世村落、往時の今村にも古代からの世襲と思われる土豪、というよりも有力名主の一族がいたようであり、これは後述したい。しかし、古代から中世前期まで荘園内での一族の政治的権力は国友村との連携、場合によっては国友村に従属する形で弱かったであろう。中世後期以降になっても、国友村には前述のような有力地侍も出現し始めたので、惣村としての今村の政治的権力あるいは独立性は依然として弱かったものと思われる。

このような中世後期に成立した頃の村落は、近世以降の農村からは想像できないほどの形態といわれる。条里制が本格的に施行済みであった湖南の先進平野部では安定した耕地が広く分布したが、後進地の湖北辺りでは人工の河川堤防も未だ十分に築かれず、姉川の近くでは絶え間ない氾濫があって、荒涼とした景観を呈したことだろう。

喜楽堂および氏神社

南北朝動乱時期までの村落の根底を支えた人びとは、村落内階層の図2-1でみたとおり、百姓、小百姓あるいは散田作人と称された。小和田（二〇〇五）によると、戦国期村落の農民階層はおとな百姓（土豪クラス）、自

写２－１　喜楽堂の小高地南面概観（私有地）
注）円丘中央部が頂点

写２－２　喜楽堂北側と水路
注）水路右奥に架かる橋の傾斜角に注意

作農民、自小作農民、小作農民に分化し、自小作は散り懸り的に隣村の土地も含めて耕作したともいう。すなわち、村落が惣村として独立するようになると年貢の地下請（百姓請）が実現し、滝がい用水も自主管理できるようになって、名主（有力者）は在地領主化していった。

往時の今村小字数は別称も含めて六〇近くあったが、現在の小字数は高速道路建設、公共施設建設および圃場整備事業の影響などがあって四一に減っている。小字名は、中世荘園時代の条里地割完成に伴って命名されたと思われる。これらの中で、現集落の東北方縁辺部にあって、現在も使われている小字に喜楽堂（当地ではケラクドと呼ぶ）の土地がある。小字内の現況地目は山林、畑および宅地の私有地になっている。その外縁はいずれも川、道路を小字境界にしているが、小高くなった山林と畑地との間には、かつて約二メートル以上の高低差があった（写2-1、写2-2）。

論法が急展開するようだが、惣村の頃、喜楽堂には村びとが意見を交換し、年貢の相談などに寄り合う建屋があって、時には名主のひざ元で気楽な時間を持つこともできたのであろう。つまり、名主の居館下の低地に村堂を造り、惣村の自治的結合を堅くしたように思われる。村堂の確立は村落農民結合の伸長に対応したという（佐藤、一九九七）。北側と西側に川を廻らせて小高くなった土地に名主一族の居館があり、村落寄りの低地も含む一帯を小字、喜楽堂と命名したのは、このような事情に由来すると思われる。居館の東側から南側低地には堀も掘削したので、この一帯を堀町と称する小字にしたように思う。堀は姉川からの自然湧水の排水を主目的にしただろうが、居館の外敵防禦にもなったことだろう。

後述するが、名主一族は僧侶を輩出したので村堂はやがて惣道場となり、村びとが念仏するお堂へと変わっていったのだろう。なお、この土地の一部、とくに小高地が古代から造成されていたことは、第一章の古代編、第五節、「耕地整備と集落共有地の割付け」の項で推測したとおりである。

一方、村びとの氏神信仰としての氏神社の造営も大切な事業であり、天台宗が隆盛であった頃に造営されたのだろう。村を災害などから守り、村の繁栄を約束してくれるのは神々だと人びとは信じた。鎮守として社を築き、神々を勧請したのであろう。とくに、今村は姉川からの恵みと同時に度重なる洪水の脅威もあって、神々への防災儀礼に関わる神事も農耕儀礼と同様に重要であった。

国友荘時代から山門領の中核的存在であった国友村は日吉山王社を勧請し、現代に至っている。同様に田地面積において荘内二位の下之郷村も山王権現（日吉社）を勧請した。今村の場合、下之郷村と同様に山門末社の祇園社領の貢租を負担したためであろうか、両村は領家であった祇園社に因む神、すなわち京都八坂神社と同じく牛頭天王（スサノオノミコト）を祭神とし、現代に至っているものと推測する。当町神社の地籍は小字、六反田になるが、何時の時代からか神社一帯は天王庄司《てんのしょうじ》の通称があることから、明治初年の神仏分離以前は牛頭天王社の社号だったものと思われる。しかし、明治五年（一八七二）、今村の岩隆寺の寺族氏子札には八坂社との記載がある。

在地領主の居館と村落内での位置関係

本願寺八世の蓮如が延暦寺衆徒の迫害に遭って、守山の金森に逃れたのは室町時代中期、寛正六年（一四六

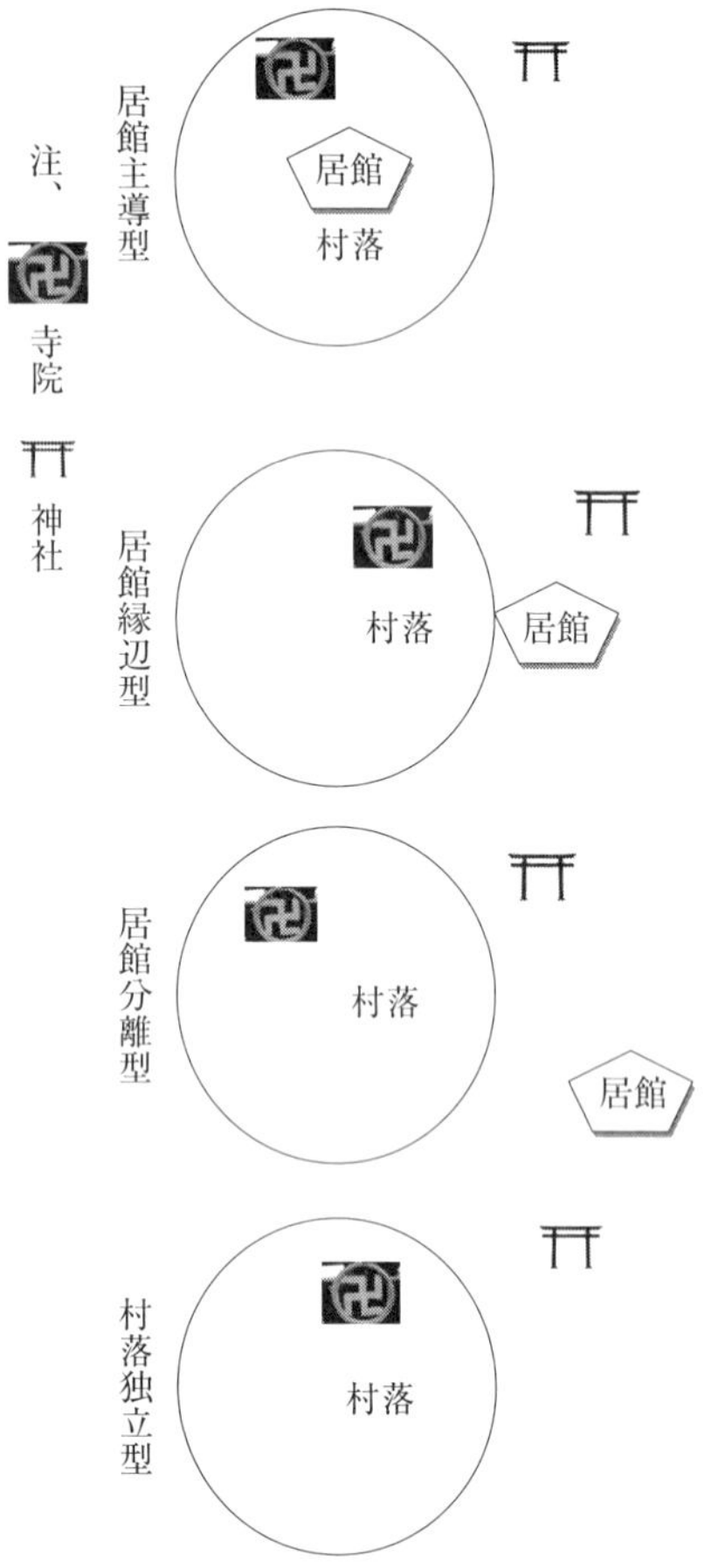

図2－2　領主居館と村落の位置関係（中井、二〇〇四を著者改図）

五）のことであった。金森には荘園領主や山門権力に従属し、当初、村落の縁辺部に居館を構えていた土豪の川那部氏がおり、蓮如を迎えた人は川那部弥七入道道西であった。道西は既に僧として世俗を捨てていたが、後に村落の中央に寺院を配置する寺内町を構築したことでも広く知られている。

中井（二〇〇四）は、中世の土豪層が村落とどのような位置関係で居住したのか、興味深い分類をしている（図2-2）。前述の金森は後発の居館主導型であるが、長浜市木之本町小山や長浜市三田町にあった小山氏および三田村氏居館は居館主導型である。

金森で蓮如が布教した時代より少し下るが、その頃、名主だった今村の有力者が喜楽堂に居館を構え、村びとと良好な関係を保っていたことは前項で推測したとおりである。中井の分類によれば、喜楽堂は居館縁辺型になる。近隣の長浜市小沢町縁辺にも同様の居館はあったが、戦国時代に廃絶している。この型の特長として、村落内で伝承をもつものが少なく、遺跡が発掘されるまで小沢町には伝承がなかった。小字で城田、大角の名が残ったに過ぎなかった。すなわち、当町にも喜楽堂に関する伝承はなく、地形と小字名から筆者が推測した次第である。なお、今町集落から離れた南西位置で、保田町に近い平坦地に小域の小字、葉城《はじろ》はあるが、伝承や遺跡の発掘はなかった。しかし、長い年月の間に端城が葉城に転訛していることも考えると、興味は尽きない。

前述以外の居館の型として、中井は村落内の有力者や土豪層でなく外来の権力者が村落と一定の距離を保つもの（分離型）、また、在地レベルでは領主権力が出現せず、村落民の自治で経営されていたもの（村落独立型）も示している。

写２－３　薬師堂、石仏堂と天台系墓地跡（町有地）

注）中央堂内および堂外に多数の石仏、石塔が並ぶ。

今村と天台宗

比叡山を主な領主にした国友荘には、湖北地方一帯と同様に古代から天台宗が布教された。その形跡は、大多数の湖北の集落で随所に多数の石仏や石塔（主に五輪塔）の残欠が遺存することからも窺われる。しかし、中世を通じて、往時の今村の天台系の坊舎や墓地は何処にあったのだろうか。筆者は、いずれも神社や有力者居館用地と同様に、古代からの村落共有地に存在したと思う。また、一部の墓地は後述する小字、竹林坊にも散在した。

筆者が中世村落の主な共同墓地であったと推定する共有地には多数の石仏や五輪塔残欠がある（写2-3）。明治五年（一八七二）、滋賀県の通達によって集落内に散在した石造物が集積された経緯もあろうが、共有地地下には現在も数知れず石造物が埋没しているようである。これは中世に放棄された中世墓地遺跡であり、近世以降へ存続維持されずに地中に埋もれてしまった例である（高田、一九九七）。また、この墓地遺跡は、前々項で述べた喜楽堂の南方約一五○《メートル》足らずの近距離にあり、喜楽堂に居館を持った有力者一族の墓にもなっただろう。しかも、この中世墓地遺跡の一角には、天台宗から転宗したと伝承する当町の真宗大谷派寺院の寺族墓地があって、これが近世以降の集落共同墓地（村中墓地）から完全に離れていることから、墓地の一角には天台系坊舎も存在したように思われる。しかし、これら構造物を造成、建築した時代は明らかにできない。本願寺八世蓮如の真宗布教によって、天台宗から真宗への転宗が盛んになるにつれて天台系の坊舎も無くなり、天台宗形式による村びとの墓地も次第に使われなくなったものと思われる。

なお、前記の真宗大谷派寺院とは別の当町寺院には蓮如筆とされる六字名号軸が継承されている。蓮如による布教方法は、蓮如が村落を直接巡った地域もあろうが、越前の吉崎御坊へ各地からの坊主たちが研修に参集する方法もあっただろう。坊主たちは吉崎で蓮如から直に名号を得たことも考えられる。

今村の在地領主

既述のように、喜楽堂の一角に居住し、名主であった有力者一族、すなわち在地領主であった人たちが史料として初見できるのは、一六世紀初めの室町後期、今村にいた正西および釋 西道の二人である。

最初の一人は、神照寺に残る永正一四年（一五一七）の『米布施御影供寄進帳』（注記一）に、次の記帳をした人である（太田ら、神照寺所蔵中世簿冊、二〇〇四）。

米布施十二月分、廿一日　一段、国友内長瓦田、加六斗、今村、正西

寄進者の今村、正西を除いて、記帳された寄進田の場所や筆名は年貢明細との関連か、故意にあて字を使うなど不正確な記帳にしたようにも思われる。すなわち、長瓦田は長い川原田を意味し、加は加地子（小作料）を指す。今村、国友両村には川原田の小字名はないことから、姉川に近い一般名としての川原田を指すものと考えられる。しかし、既に条里地割が施行されており、長地型の田を長田と略称したように思う。もしそうであれば、同じく国友郷内で近辺にある大田《だいた》は、長田とは対照的に半折型田を略称した小字名のように思われる。国友内との記帳法も、国友、今両村の郷境が太閤検地まで明瞭でなく国友村に近いためか、あるいは小字名が未定田であったためかもしれない。当該田は、全五四筆寄進された中の一筆であって平均的な寄進面積であった。

なお、近世編で後述するが、今村郷内にあった神照寺名義の田が一町五反歩もあり、同寺への田あるいは米の寄進はこの時期のみではなかったようである。

江戸初期、慶安二年（一六四九）の今村検地帳と比較すると、加地子の六斗は周辺で川原田と思われる小字、境下川原、柳川原の中（位）田の斗代（注記二）六斗に相当するが、ここでは神照寺が収取できる分量である。一五、一六世紀頃の加地子は本年貢の四倍にもなっていたようであり（原田、二〇〇八）、加地子は中間得分であった。慶安二年よりも一三〇年以上も前、戦国時代当時の川原田の標準反収を知り得ないが、川原田が上田であれば本年貢分二斗を残し、中田であれば一反歩の米収穫高ほぼ全量を寄進したことになり、収穫全量が得分になっていたようにも解釈できる。いずれにしても、当時このような寄進は、正西のような有力名主しかできないことであった。

二人目は、現在の真宗仏光寺派に属し、長浜市泉町にある古刹仏心寺に伝来する方便法身尊形絵図製作の願主

になっており、裏書は以下のとおりである。

享禄三年三月十□□
方便法身尊形
畫工　參河入道浄覚、
江州坂田郡國友上郷今村庄、
願主　釋　西道

通常、願主は寺院住職であって寄進人は別人であるが、仏心寺過去の住職らに前記の僧はいなかった。今村の釋西道が願主になって、享禄三年（一五三〇）に仏心寺へ絵像を寄進したと解される。なお、住所表記で郷と庄の慣用法が逆になっているようだが、当時、既に国友庄や今村庄と呼ばれる実質的な庄（荘園）はなかった。上郷とは地理的に国友の上（東部）に位置する郷（村）の意味合いであり、建武年間まで今村が上之郷と呼ばれたことと異なるだろう。現在、この絵像は同寺門徒の葬儀に惣仏として貸し出されている。絵像の金銭価値は当時の田一反歩以上に十分あったことだろう。

惣仏とはオソウブツ習俗を指し、門徒の葬儀の際に寺院が所蔵する阿弥陀如来の絵像本尊を貸し出して葬儀の本尊とする習俗であり、絵像本尊をお惣仏、臨終仏あるいはダイホン（代本尊）、無常仏、ホトケサン等と呼んでいる。絵像は道場が寺院化する以前の道場本尊であった（蒲池、二〇一三）。

ところで、正西、西道それぞれ二人の寄進年の差は一三年であり、僧侶名のつながり（偏諱）からも両者は父子と考えられるが、彼ら父子あるいは彼らの先祖がいつ頃から真宗に転宗したか不明である。湖北諸寺院の天台宗から真宗への転宗は本願寺八世蓮如の時代に圧倒的に多く、教義上は比叡山延暦寺の浄土教における念仏の盛行を引継いでいるという。集団的転宗を推進させたのは念仏を媒体とした時衆集団であるとされ、湖北の真宗は、ひろく時衆から改宗して真宗へ転入したともいう（柏原、一九九八）。

しかし、正西が真言宗の神照寺に米を寄進していることは、当時の近郷在地の有力名主らとの付き合いもあっただろうが、真宗への純粋な帰依とややかけ離れる行為であったと思う。正西の子と思われる西道の名は、やや後年になるが天文十年（一五四二）前後の国友村にも道西という類似名の僧侶がいて、当時の中道場衆、現在の長浜市西上坂町授法寺の僧であったので（柏原、一九九八）、西方浄土をとなえる真宗のことゆえ、ごく一般的な法名だったのだろう。

湖北の真宗伝播に先行し、勢力を持った仏光寺系の寺院、仏心寺と何らかの縁、例えば教義上の指導を仰いだ今村の西道は、同寺住職とも相談のうえ自らが願主になって絵像を寄進したのだろう。なお、今町の真宗大谷派二寺院の過去帳には、これら僧侶名の記録はない。名主一族たちは、とくに西道の在世中には既に天台宗から真宗門徒に完全に転宗しており、真宗僧侶として村びとに布教・指導していたように思われる。

（注記一）みえぐ。真言宗、空海の入定に由来する法会をいう。

（注記二）近世でいう石盛と同義。反当たりの標準収穫量をいう。

伝説の坊舎、竹林坊

竹林坊は当町の北北東部、姉川左岸堤に接する二町歩余の小字であった。竹林坊南縁を東西方向に流れる百太郎川沿い東寄りの一角で、大きな黒松の下に多くはなかったが石仏や石塔の残欠が散在した。往時はここを秋葉山と称し、何時の時代か不明だが、あまり高くない程度に積まれ、磨きを懸けた間知石の石垣があった。

今町真宗寺院の一つにある伝説は、往時から竹林坊には天台系の坊舎があったという。そこへ鎌倉時代末期に湖北を巡った本願寺三世の覚如が来村し、竹林坊主が帰依した結果、真宗が開創されたという。もしそうであれば、前述の散在石造物は坊舎が天台系であった鎌倉時代末期まで、この坊舎に集った村びとの墓地であろう。しかしながら、本願寺三世覚如による真宗布教は、後世に江北十カ寺と称される寺院（主として、現在の西本願寺派）を中心になされており（柏原、一九九八）、今村が国友荘の上之郷であった当時の状況から推して、覚如の来村は後世になって創られた話のように思われる。竹林坊に散在していた天台系石造物は、村落墓地が分散した証と思われる。多くはなかったが、現代の下水道工事中にも天台系石造物が現集落の公道下からも発掘された例があるからである。

圃場整備後の現在、竹林坊の大部分は水田であり一部は畑にも使われている。当地は第一章で詳述した国友遺跡の一部であり、整備前に小字面積の大よそ三割（水田六反歩）を供して、遺跡の発掘調査が行われた際に坊舎跡遺構は何も出土しなかった。小字内の未発掘区域は姉川と至近距離になることを考慮しても、坊舎が存在したとの推測は困難と思う。地名の由来について卑近な反証例をとると、真田信繁の室の名は竹林院であった。男子僧侶は何某坊と称する人も多かったことから、正西、西道ら一族先祖の中に、いささか風流な名前だが竹林坊を称する僧侶が保有した田あるいは畠に由来する小字名でなかろうか。前記伝説を主張する寺院の江戸中期を通じる先祖の僧侶坊名に、圓證坊、法證坊、諦観坊の三名がおられたことも事実である。

正西、西道の二名は当町の中世最古史料に登場する僧侶であり、目下のところ関連する史料はこれより先には探しえない。在地領主でありながら、また、道場主の半僧半俗の毛坊主、土豪坊主だった人たちと思われる。

既述のとおり、守山の金森には出家した在地領主、道西坊がいた。また、関東地方の領主、上野国新田郡長楽寺の住持義哲は米の豊凶に関心が強く、小百姓らに稲の栽培管理を指導したようである。過去の経歴は異なったにせよ、領主層の全部が武士であったわけではない（原田、二〇〇八）といえよう。

戦乱と今村、真宗の存続

年表に示したとおり、正西、西道父子が在地領主あるいは僧侶として活躍した頃の今村は、浅井亮政の領地であったと考えられる。浅井氏が戦力を増強するに及び、今村にも浅井氏の支配は濃密になり、また、隣村の三田村には浅井氏上層被官で国人領主の三田村氏がいるなど周辺村落からの影響もあって、浅井氏の治世に次第に馴染んでいったのであろう。

しかし、西道を継いだ次世代一族の頃になると、織田信長が勢力を拡大し、戦国の世は一段と厳しくなった。戦乱の影響が今村にも及ぶようになるのは、いわゆる元亀争乱が始まり、織田信長の侵攻に抗する江北十カ寺の結束以降であったと思う。在地領主の二名が真宗に帰依した僧侶一族であったことを思うと、彼ら直近の子孫たちは江北十カ寺との連携を保ちながら、織田信長の侵攻に強く抵抗したのでなかろうか。このように推測されるのは、江北十カ寺の指導的立場にあった長沢村の福田寺が手次ぎし、本願寺が下付した阿弥陀如来絵像が、前項で述べた覚如伝説を持つ当町の真宗大谷派寺院に現存し、福田寺の名は絵像軸裏書左下隅にやや小さめの文字で記載されているからである。このことから推測される事情は後述するが、同寺院の先祖は在地領主一族につながるようにも考えられる。

ところで、戦国大名としての浅井氏の治世は短かった。三代目、浅井長政は朝倉軍との連合を図ったものの、元亀元年（一五七〇）六月、姉川の合戦で織田・徳川連合軍に敗退し、続いて同年九月に織田信長は本願寺への攻撃を開始し、石山合戦が始まった。本願寺からの指令とはいえ、信長に抗する真宗門徒の抵抗は一層強くなり、長沢の福田寺からも門徒衆四千五百余人が石山に参戦している。村びとにとって身近な姉川の上流で戦国大名同士が戦った大合戦があり、三ヵ月後には石山合戦の戦乱も続くような情勢の中、今村の西道一族、おそらくその次世代後の子孫は江北十カ寺の一寺であった隣村、榎木村の浄願寺、同じく十カ寺の一寺、西上坂村の中道場（授法寺）の末寺、国友村遍増寺からの誘いもあるなど、否応なく戦乱に巻込まれたものと思われる。

姉川合戦の翌年には農民兵の真宗門徒を率いた浅井軍は織田方の箕浦城を攻めたが、横山城から廻った木下藤吉郎の援軍に敗退し、浅井軍は門徒衆を含む多くの戦死者を出した。さらに姉川合戦から三年後の天正元年（一五七三）八月になると、近隣の国友川原で藤吉郎軍傘下の宮部継潤と浅井方の国友村土豪、野村氏との前哨戦等があって、その後に浅井氏の小谷城は落城し、江北の戦国大名浅井氏は遂に滅びてしまった。なお、木下藤吉郎は天正二年（一五七四）に國友村の國友藤九郎を百石で宛がい、國友河原方代官職に任じて家臣にしている（『国友源右衛門家文書』）。浅井氏の滅亡によって一向一揆の勢力は失われ（太田、二〇一一）、多くの領民は浅井氏の滅亡を悼んだことと思う。

元亀争乱の末、今村の在地領主一族の運命がどのようになったか知る術はない。一族は僧侶であったので、武士として浅井氏の家臣団には入らなかった。しかし、門徒たちが一向宗徒の一揆団として浅井軍に加勢していれば、織田軍の戦中・戦後処理に遭遇して領主一族の居館や村は焼かれ、一族の主な者の追放や財産没収があったことと思う。粗末ではあったが、村びとが気楽に安息して念仏ができた喜楽堂の道場も焼失し、一帯は荒地あるいは畑地化し、在地領主一族の居館跡も樹木の生い茂るままとなり、古くからの共有地もやがて百姓たちの私有地にと変貌した。しかし、村びとは生活の建てなおしと同時に道場を再建することも強く切望したものと思う。

現代の当町真宗大谷派寺院所蔵の惣仏絵像が、江北十カ寺の惣頭職を果たした長沢村の福田寺経由で下付されていることは前述のとおりだが、裏書にある方便法身尊形の文字以外に絵像の歴史を知る上で重要な法主署判、下付年号、宛先住所および願主の文字が燻染のためか、擦れたのか、あるいは何らかの意図で消されたのか全く判読できず、同寺の前身道場と十カ寺との政治的連携やその時期が明らかにできない。おそらく元亀争乱以前の戦国時代に本願寺が下付した絵像であろうが、信長に敵視されるような法主名と署判があれば道場主や村びとはこれを恐れて、部分的に裏書を消したことも考えられる。しかし、在地領主一族の子孫は、江戸時代となった慶安四年（一六五一）に道場が真宗寺院としての公称を許され、木仏本尊が下付されるまでの間は、この阿弥陀如来絵像を道場本尊として大切に守ってきた。もっとも、この真宗寺院公称許免と同時期に新たな阿弥陀如来絵像も本山の宣如から住職の釋 誓珍に下付されているが、現在では何故か前記の古い絵像が惣仏として答拝されている。

前項の竹林坊伝説でふれたことだが、もし覚如の布教によって道場主先祖が鎌倉末期に真宗を開創していたのであれば、その歴史・由緒は相当古くなり、福田寺の末寺として手次ぎを依頼し、絵像の下付を願ったことが疑問になる。また、室町末期の戦国時代に仏光寺派寺院へ釋 西道の名で絵像を寄進したことも不可解なことであり、やはり前項で述べた覚如創り話と竹林坊とがリンクする疑念は拭いきれない。

当町のもう一つ別の真宗大谷派寺院什物の方便法身尊形絵図は、少し時代が下がる文禄二年（一五九三）二月に教如が下付しており、これは秀吉の命で教如が退隠する同年九月の約半年前であった。教如はその後も法主同様の行動を取って多数の絵像を末寺に下付した（柏原、一九九八）ので、一部の今村真宗門徒たちが熱烈な教如教団の一つだったことの表れと思う。例えば、慶長五年（一六〇〇）の関ヶ原合戦前後に、豊臣方によって追尾された教如を庇ったことに因んで湯次方《ゆすきほう》が結成されたが、県北二〇カ寺・一同行（平成二八年現在）と共に同寺は現在も教如講を勤めている。教如が下付した前記絵像も江戸時代の延宝五年（一六七七）には木仏安置、寺号が公称されたので、以降は惣仏として扱われるようになったのだろう。

文禄二年に教如が下付した前記の本尊絵像が道場に安置されるまでの間、この道場主一族やその門徒はどのような形で法会などに集ったのだろうか。本節、「今村と天台宗」の項で述べたように、天台宗から真宗に転宗したものの天台系墓地の一隅にあった天台系坊舎には真宗の本尊がなかったので、おそらく転宗以降は在地領主一族が開く喜楽堂にあった道場に集まったものと思われる。しかし、この道場が戦乱によって焼失してしまうと、両一族による道場再建の念は一層強くなっただろうが、まず戦乱に遭った村落の建てなおしを待たねばならず、道場再建までには十数年を要したことだろう。そして念願の本尊絵像が教如から下付されるに及んで、村落内の家屋の配置替えや建替えなどもあって、それぞれが門徒数も考慮して独立した道場として喜楽堂から離れた土地、現在の寺院がある場所にと集中移転したのだろうと推測する。

さて、以上のような戦国時代は約百年間も続いたが、豊臣秀吉の天下統一によって戦乱に終止符が打たれ、日本の歴史は既に安土・桃山時代を迎えていた。「今村と天台宗」の項で推定したとおり、中世墓地の一隅にあったと推定した天台系の坊舎を護持管理した坊主一族と既述の在地領主の坊主一族とは、それぞれ先祖を異にする別族であったか、あるいは血縁的なつながりも過去にはあったのかも知れない。また、中世において両一族が村びとへの真宗布教と存続のための連携を、具体的にどのように協力したかも知ることはできない。なお、中世、在地領主一族が保有した村落の大半の田畠は両道場の門徒が小作したまま、次章で述べる近世はじめの土地の所有制度変革を迎えることになる。

戦国時代末期には村落による一向一揆とその受難があり、また、両一族は現代の真宗二寺院の先祖になると推測した。両一族に縁ある人たちや村びとが真宗道場を共同再建し、やがて江戸時代になると道場は寺院化され、寺号公称も許されて村びとのための真宗は存続できた。その前に、豊臣政権によって村びとは、名主以来の資産であり、在地領主一族が保有していた田畠の名請人になれる空前の一大変革があり、あるいは居館跡地も私有地化される変革があった。これらの経緯は次章の近世編で論考してゆきたい。

付表　関連年表

中世編を今町歴史との関連で年表にしたものが左表である。

年　表（中世～近世初期）

時代区分			西暦	主な事項（人と戦乱・事変）	
中世前期	鎌倉時代		1192		源頼朝、征夷大将軍になる
			1199	源　頼朝没	
			1206	法然教団弾圧される	
			1219	源　実朝暗殺される	
			1274		蒙古（元）・高麗侵攻
			1281		蒙古（元）・高麗再来襲
			1331		元弘の内乱（天皇の倒幕計画）
			1333		鎌倉幕府の滅亡（元弘3年）
中世後期	室町時代	南北朝時代	1336	足利尊氏、九州から東上	南北朝併立（延元元年） 室町幕府の開幕（光明3年）
			1358	足利尊氏没	
			1392		南北朝合体（明徳3年）
			1441	京極持清、近江支配	
			1465	蓮如、金森へ逃避	
		戦国時代	1467		応仁・文明の乱（～1477）
			1491	北条早雲、伊豆を支配	
			1499	蓮如没	
			1506		加賀一向一揆（永正3年）
			1517	**今村の正西、神照寺へ米寄進（永正14年）**	大吉寺梅本坊公事（1523）
			1530	**今村の釋西道、佛心寺へ惣仏寄進（享禄3年）**	浅井亮政、六角と佐和山合戦、亮政、江北三郡に徳政（1538）
	安土桃山時代		1570		姉川合戦（元亀元年）
			1573	信長、足利義昭を追放し、浅井氏を滅亡させる	室町幕府滅亡（天正元年）
			1582	本能寺の変（信長死す）	江北十カ寺連判状（1580？）、石山合戦（1570～1580）
近世初期			1590	豊臣秀吉天下統一（天正18年）	近江の太閤検地（1591以降）
			1598	豊臣秀吉没	
			1600		関ヶ原合戦（慶長5年）

第三章　近世編

はじめに

戦国の動乱に翻弄された中世の今村にも平穏な時代が到来しそうであったが、まず、中世から近世への過渡期で、国内の大きな政治の変革をみておきたい。なお、近世とは、織田信長が足利義昭を奉じて入京した永禄一一年（一五六八）から徳川慶喜が大政奉還した慶應三年（一八六七）までの三百年間を指し、この大半は江戸時代であった。

第一の変革は豊臣政権が兵農分離を徹底したことである。村々にいた地侍は兵として召抱えられ城下に出るが、百姓は村で農業生産を行うために土地に緊縛されることになる。地侍がいなかった今村では、全ての人が僧侶あるいは百姓で残ったわけである。

次に、全国を対象にした織豊検地に続く太閤検地が行われたことも極めて大きい変革であった。中世では荘園領主、名主、作人という土地所有・保有関係があったため、領主への年貢以外に加地子が保有者に払われていた。これを徹底して除外するため、検地に基づく石高制と村請制が確立されるようになった。太閤検地の特色は、一筆の耕地に一人の年貢納入責任者を定める、一地一作人の原則を定めたことである。

豊臣政権下の今村の領主は石田三成であった。三成によるきめ細かい施策や掟は今村にも課せられたことと思う。このような史料は当町に現存しないが、近隣の長浜市大路町、八条町はじめ旧浅井、坂田、伊香、犬上の各郡内などに残された石田三成が発給した掟から、三成治世の状況が読み取れる。

前章の中世篇で戦国時代終わり頃、今村の在地領主であった僧侶一族の消息について数多くの推定をした。領主や村びとが一向一揆に加勢した結果、領主居館や村は破壊され、領主一族で主な者は追放に遭っただろうとも推測した。一族は領主として多くの田畠を保有していたので、これを為政者や村の人びとが、その後どのように受継いでいったか続けて推論して行きたい。

第一節　太閤検地と国政への影響

当町には太閤検地に関連する史料は何も残されていない。主に安良城（一九六九）の研究から引用してみよう。太閤検地は、中央政府の手によって統一的基準のもと日本全土にわたって実施された大きな土地制度改革であった。秀吉の天下統一の根拠地、山城地方から始まり、統一の進行に伴い征服地で次々に実施されていった。施行様式の基準は天正一〇年（一五八二）以降に近畿地方で繰り返し実施された中で作成されたという。天正一九年（一五九一）にもなると、検地事業は近江から九州、奥州へと拡大・強行されていった。

今村にも当然ながら太閤検地は実施されたはずである。太閤検地は「山の奥、海は櫓櫂の続くまで」徹底し、検地に反抗すれば「城主であれば城に攻め入り手切りし、百姓以下は一郷、二郷も悉くなで切りし、郷村が亡くなっても構わぬ」とまでの趣旨の文書が残されているようである。

南九州、島津領における文禄三年（一五九四）の太閤検地には石田三成が総奉行として赴いた。畦畔を除く五間×六〇間、三〇〇坪一反の基準を定め、また、村々の田畑を上、中、下、下々に区分して反当たり法定米収穫高、石高を田畑別に定めた。有名な三成署判の付く検地尺が現存し、この基準尺には一尺の長さを二つの×印の間隔で表し、その間は一寸毎に目盛ってあり、六尺三寸をもって一間とした。島津領の検地は翌年の文禄四年四月に完了し、島津領五五万九千五百余石が検地上確定した。しかし、この石高には一万石の太閤蔵入地（直轄領）をはじめとし、石田三成、細川幽斎ら、あるいは島津氏一統の所領、島津家臣団の給人領、寺社領が含まれた。太閤検地は厳しい上下関係を特質に、幕藩体制的主従関係を確立させる契機となって、近世大名領の成立にと結び付いた。

太閤検地と農民

太閤検地と農民との関わりについて、天正一二年（一五八四）蒲生郡今堀村の例を、以下同じく安良城（一九六九）の説明で見てみよう。

農民は太閤検地が行われた後に検地奉行に対して六箇条の起請文（誓約書）を出している。すなわち、村境を紛らわしくしない、決められた土地から残らず年貢を差出す、礼物・礼銭を出して検地手抜きを要求しない、隠田をしない、田畠の等級を違えて斗代を変えない、検地役人や給人とのなれあいを慎むとある。しかし、これらの誓約には違反があったとみえ、再検地が蒲生郡全体に実施された結果、同郡今堀村の石高が一〇％以上も増加した。

検地帳に一筆ごとに記載された農民は年貢を直接納入する義務を負う。しかし、農民相互の間では耕地に対する強固な権利が領主によって保障されるようになった。前章で述べたように、中世の在地領主あるいは土豪（地主的農民）たちがかかえた多くの土地は没収され、零細小作農民に広く解放された結果、小作農民の耕地に対する百姓身分としての権利が確定され、土地に緊縛されることになった。すなわち、領主―百姓の単一な上下関係に組替えられた。大化の改新、明治の地租改正あるいは第二次大戦後の農地改革以上の一大改革であったと言えよう。

この改革で農地を村落民にどのように分配したかを示す具体的史料がある。慶長八年（一六〇三）の播磨、池田利隆検地などである。これらによると、従前から小作していた小作人が検地帳の名請人（名付）になっている。小作料（作あい）を取った中世からの地主・小作関係は否定され、検地によって強行的に百姓身分を実現させた訳であるが、百姓相互間の地主・小作関係は否認された。また、村間で百姓の転入・転出も禁止され、大名が転封されても検地帳面に載った百姓の移動は禁止された。

このような太閤検地実施を察して、天正一九年（一五九一）、近江の検地直前に土豪らが前体制を維持しようと、「おころ彦三郎以下二三名百姓」が地主の「井戸村与六」あてに作成した「作職書付」、すなわち一種の土地保有権を百姓たちから主張させようと躍起になった（小和田、二〇〇五）ことを示す史料が旧近江町飯村に残されており、有名であってよく引用される。変革に対する旧領主側の抵抗があったわけである。

豊臣政権と石田三成の治世

先にみたように、島津領の太閤検地奉行を務めた石田三成の豊臣政権での功績は大きく、とくに政権の財政基盤を支えた。また、三成は伴天連（ばてれん）追放令、刀狩令など各種の政策推進者でもあった。

三成は豊臣政権下の五奉行の一人として、領地は湖北三郡と犬上郡のほとんどを含める十九万四千石の大名となり、佐和山城主に封ぜられた。また、近江にあった秀吉の直轄領七万石の代官としてその管理も委ねられた。三成の父、隠岐守正継の所領三万石、兄、木工頭正澄の所領一万五千石を加えると、概算三十万石にもなっただろうとされる（今井、一九六七）。

軍事面での活躍は天正一一年（一五八三）の賤ケ岳合戦への従軍から始まり、敗軍の将となる慶長五年（一六〇〇）の関ヶ原合戦までわずか一七年であった。この間、秀吉の九州征伐、小田原征伐そして文禄・慶長の役と、三成には政権を支える多くの任務が続いた。中でも七年前後に亘る朝鮮侵略の出兵中、豊臣政権内諸将との間で確執が生じた。とくに三成を主とする吏僚派と加藤清正・福島正則らの武功派との対立があって後継政権への影響も大きかったが、遂に秀吉の死を契機に二度に亘る朝鮮出兵は撤兵された。

三成が係る坂田郡の軍政面では、文禄五年（一五九六）に領地、國友村の鉄砲鍛冶師に新恩百石を加増し、鉄砲製作の保護奨励を行った。また、関ヶ原合戦を始める二カ月足らず前に、同村に対して秀吉が定めた鉄砲鍛冶師法度の厳守を命じている。

湖北出身の三成の名は長浜のみならず広く全国にも知られている。市立長浜城歴史博物館は平成十一年（一九九九）、三成没後四百年を記念して特別展覧会を開催し、併せて三成に関する二種の出版物（引用・参考文献欄に別掲）を刊行した。その解説記事の概要をみると、三成は豊臣政権の内政・外交のかじ取りをし、秀吉死後もこれを守ろうとしたが、家康の天下簒奪の奸計によって関ヶ原合戦で敗れて刑死、さらに江戸幕府によっても奸臣《かんしん》、佞臣《ねいしん》とのレッテルを貼られた。三成は現在でも不当に低く評価され過ぎており、客観的評価をすべきだとの要旨である。

浅井郡大路村の三成掟

三成のいずれの政策も、往時の今村農民たちの生活に大きく影響したことはまちがいないだろう。本論はできるだけ今村に係る事を記述したい趣旨だが、当町に残された三成関連の史料は皆無である。

坂田、浅井、伊香郡に残る三成の農民に対する詳細な掟を見てみよう。この掟には、よく知られているように三成の蔵入地に対して出された一三カ条と、三成の家臣、給人地に対して出された九カ条の二通りあって、現在のところ湖北四郡内で前者が一二通、後者が一〇通確認されている。前記のような事情なので今村が蔵入地だったのか、あるいは家臣の知行地だったのか不明である。

隣町にある旧浅井郡大路村は姉川右岸域、草野川左岸域に多くの田を有し、前者の地域で今村との郷境があるため、三成統治の頃も両村の百姓が互いに出入りした可能性は高いものと思われる。現代でも両町耕作者の出入作がある。江戸期の写しだが、大路村の九カ条からなる給人地掟の史料は、前項で紹介した長浜城歴史博物館出版物から引用して別掲の史料編で解読文を示し、その概要も解説したので本論での記述は省く。そこで、もう一方の蔵入地の掟による農民統制の特色をみると次のとおりである。

掟にみる農民統制の特色

掟内容の大部分は大路村の給人地掟とほぼ同様であるが、大きく異なる点は夫役の課し方である。給人地の詰夫は戸数割であったのに対して、蔵入地の詰夫は高千石に一人と石高制になっている。百姓が奉公人・町人になって離村することの禁止は給人地と同様だが、逃亡農民を召し抱えることを禁止した。また、三成家中への奉公は構わないものの、他家への奉公を禁じた。このように武士・町人・百姓との間に確たる身分の枠をはめた。このほか、糠や藁に至るまで徴発物資への統制や年貢米の二重俵の規定もしている。

なお、米年貢以外にも三成は麦年貢の統制を行った。安宅三河という家臣の知行地、浅井郡上八木村に残された麦掟によると（長浜城歴史博物館、一九九九）、諸国の例によって百姓は麦収穫の三分の一を上納するよう命ぜられた。但し、畠や屋敷周りに植えた麦は除外している。

農村の実情も知り尽くした三成であった（長浜城歴史博物館、一九九九）ので、当時、諸大名のうちで、これほどまでに綿密な統制を布いた者は三成以外にほとんど見当たらない（今林、一九六七）という。

今村の検地と土地制度変革

土地制度上で重要なことは、二つの掟の作職の条々にあったように、検地で認められた百姓のみが耕作権を有することである。これまで度々述べてきたが、中世以来続いた荘園制下の名主、作人という重層的な土地保有関係が、太閤検地によって一筆ごとに耕作者一人を定めて作職を認める制度に変わったことである。掟の条々にあるように、今後の作職は検地帳が唯一の根拠になることであった。人から作職を取り上げられたりしてはならない、かつて自分の作職だった土地が換えられた、あるいは盗られたなどと一切主張できないことであった。

中世から続いた今村の土地制度も、太閤検地によって当然変革された。在地領主であった僧一族が保有した今村のほとんどの田畠は村びと、すなわち百姓の作職として解放されることになった。これまで、領主一族には多くの小作人がいたが、検地帳に新たに登録された者にのみ作職が認められるようになった。その分配法は、先に播磨、池田利隆検地の例で引用したように、従前から小作していた小作人が検地帳の名請人になったものと考えられる。

旧名主の僧一族が保有した村の大半の土地は、その門徒が小作していたと考えられる。前章でも紹介した、もう一方の僧一族の門徒も名主の土地を同様に小作していたと考える。これらの土地は検地時点で整理・再配分されたのでなかろうか。現在、当町にある真宗二寺院の門徒戸数の大よその比率は、旧名主一族だった寺院の門徒戸数が五に対し、別の僧一族の寺院門徒戸数は二である。近代になって村を離れ、あるいは村に入った人びともいるので、現在の比率が近世初期の比率に相当するとはいえないだろう。しかし、検地帳の名請人は、かつて名主が保有していた田、畠の小作人それぞれの能力に応じ、あるいは道場を護持運営できる門徒数も加味して耕作場所や面積が分けられたものと思われる。一部では耕作土地の配分替えに抵抗した百姓もいたであろうが、これらは掟にもあったように一切問答無用になったわけである。その他にも多くの要因が勘案されて検地は進められたものと思われる。

第二節　江戸幕府の草創

天下分け目の戦い、関ヶ原合戦で石田三成が敗北した結果、合戦に勝利した徳川家康は天下人としての地位を確定し、その三年後には朝廷から征夷大将軍に任じられたことで鎌倉・室町の両源氏将軍家の正統な後継者、武家の棟梁となり、江戸幕府を草創した。以下、江戸幕府の支配・統治について藤井編、『日本の近世、支配のしくみ』（一九九一）から引用してみよう。

江戸幕府は各大名の領地および政治組織を藩と呼ぶようになった。大名は石高一万石以上の武士領主を指すが、その種類は多様であった。徳川家との親疎によって親藩（御三家・家門大名）・譜代・外様の三つに分けられた。関ヶ原合戦で石田三成についた西軍側の大名、宇喜多秀家、小西行長、長曽我部盛親らの人名は改易、毛利・上杉らの大名領地も削減された結果、総計六三二万石余の没収になった。三成の旧領一九万石は、譜代大名になった井伊氏一五万石の新封地になったが、これらは犬上、愛知、神崎、坂田の四郡であった。

諸大名は徳川将軍の従臣となり、将軍から領地を新規に宛がわれ、あるいは従前領地の安堵を受けることになった。これに対し諸大名は将軍に対して、将軍から宛がわれた領地を基礎にして領地の家臣団を軍役として提供することが原則であり、幕府は将軍と大名との軍事主従制を基礎にした。

一方、江戸幕府は日本全土を統治する権限があり、国家機関として法律の制定、裁判、民政一般にわたる統治行為を行うことになった。

彦根藩領の今村

彦根藩の成立は、慶長五年（一六〇〇）井伊直政が十八万石の譜代大名になり初代藩主として佐和山に入部したことに始まるが、この段階では坂田郡に属する長浜市域には佐和山藩領（後の彦根藩領）はなかった。この地域は、慶長一二年（一六一二）以降、長浜城主になった内藤氏の領地となり、慶長二〇年（一六一五）頃から藩主を務めた、二代藩主、井伊直孝の時に初めて彦根藩領となった。しかし、個々の村が何年に彦根藩領になったか確定できていないとされる（藤井、一九九九）。直孝の時代になって、彦根藩領の村々は大名の直轄領の村と家臣の知行地（給所）の村とに分けられた。坂田郡今村は、おそらくこの時期から彦根藩の直轄領地（蔵入地）になったのだろう。

なお、長浜市域の所領構成は彦根藩領の隙間に他の大名領、旗本領や寺社領が点在したともいわれる。隣村の國友村は幕府領から大和郡山藩、保田村は旗本成瀬氏領といった構成である。

第三節　慶安検地と村の貢租

太閤検地は今村でも既に天正年間に行われていたと考えられる。江戸幕府は、これを基にして各地で新たに慶長検地、慶安検地あるいは延宝検地などを行った。彦根藩は慶安検地によって今村の貢租、年貢貢納の基礎となる土地台帳を作成しているが、この台帳からは江戸初期の今村の正確な実勢、人口や世帯数を知ることはできない。しかし、農地あるいは百姓の土地集積の実態を知るには格好の史料である。慶安検地は、慶安二年（一六四九）に幕府が発布した「検地条目」、すなわち検地施行規則が影響するのだろう。

江戸幕府が行った検地は太閤検地の方法を踏襲したが、大きな違いは検地尺の使い方を変更したことである。すなわち、従来は検地尺六尺三寸の方（平方）を一歩としたが、六尺の方を一歩に改定した。このため従来の一歩面積が一割減少する。なお、三〇歩を一畝、三〇〇歩を一反とすることに変更はなかったが、土地の実質面積は不変なので検地によって計算上は畝歩が太閤検地時点よりも一割増大することになる。基準変更による増税であった。

また、慶安二年の『慶安の御触書』による農民支配政策と連動するのだろうが、触書は年貢を確実に納め、農家経営を維持するための心得を説き聞かせる内容になっているようである。

本節は、今村の慶安検地帳を詳しく調査した結果を述べてみる。

慶安検地帳の構成

慶安二年の検地帳四冊が現存し（写3-1）、平成の現代から数えて約三七〇年も昔に記載された、今町最古の共有文書（今共文、一七の一～一七の四）であり、たいへん貴重な史料である。まず、慶安検地帳（以下、検地帳と略す）の構成を述べてみよう。

検地帳表紙の題名、江州坂田郡國友今村との記載法は江戸中期まで続く慣習であって、中世からの呼称が長く使われたことをよく示している。

検地帳への記載順は村の南西方角の小字から始まり、西、北、北東、東、東南から南の乾田地帯の水田の各小字を回った後、村周辺の主な畠三カ所で区切っている。続いて村中の居屋敷の検地結果が記載されている。この地域を「本田方」と称している。いずれも各小字別に最上欄に上中下などの等級付けをし、面積が反、畝、歩単

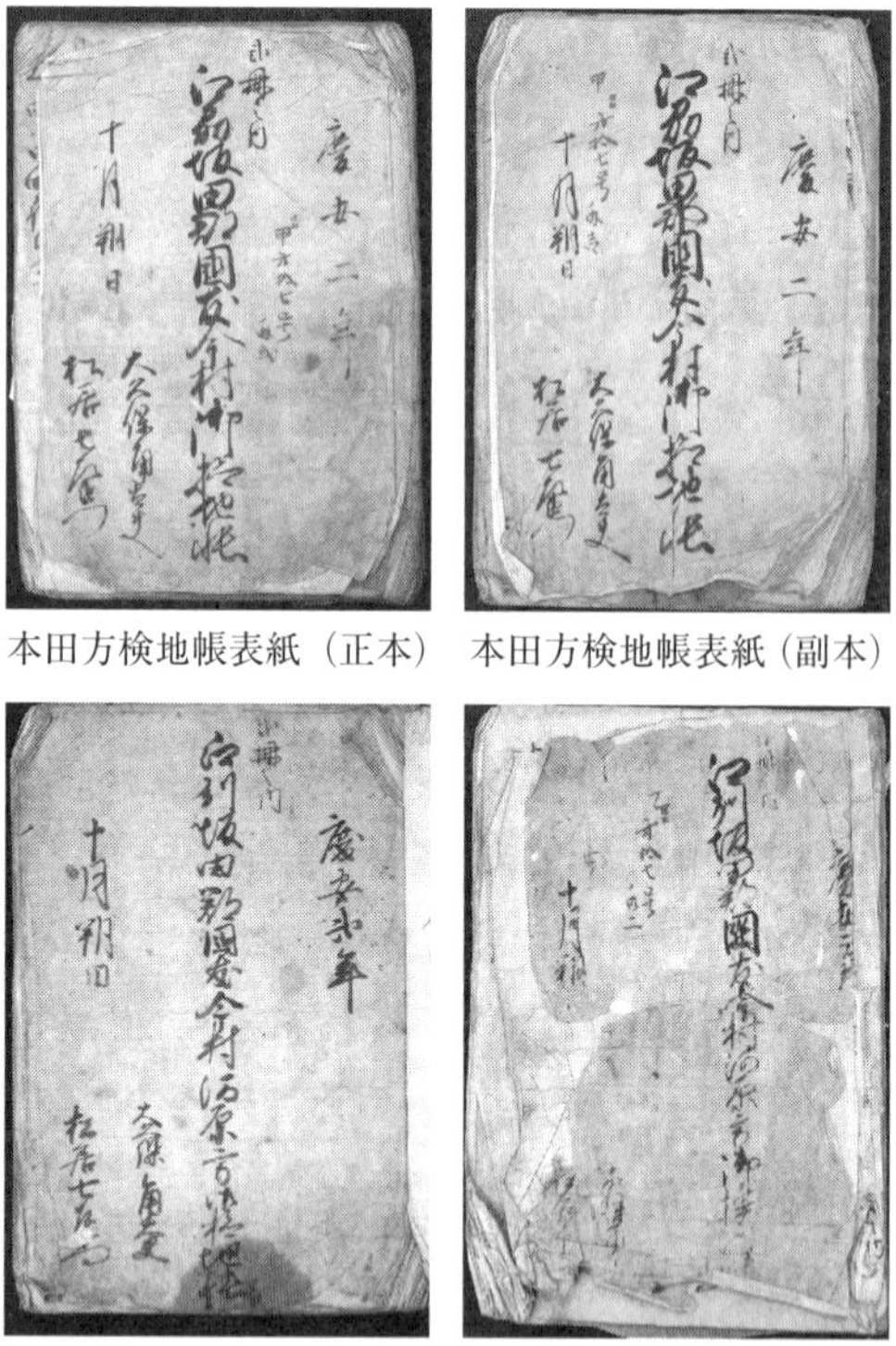

本田方検地帳表紙（正本）　本田方検地帳表紙（副本）

河原方検地帳表紙（正本）　河原方検地帳表紙（副本）

写３−１　慶安検地帳四冊の表紙（今共文17−１〜−４）

注）正本には検地時点での名請人のみを記載。副本は後年になって、名請人と共に実際の作人も併記され、複雑な検地帳になっている。

位で記載され、下欄に名請人の百姓あるいは何某後家、何某うば（姥）の名前が記載されている。

今村の検地場所の特長として、姉川を挟んだ農地が別冊「河原方」として記載されていることである。これらは姉川右岸および左岸の両側にあって洪水や伏流水によって姉川の影響が顕著な農地、例えば極めて排水不良の湿田、浅耕土、礫質土など低位生産地帯を含み、別冊として記載されている。左岸側では村の北側、東北側、東側にあって、元来の小字名で川原の付くもの、例えば柳川原、鈴下川原などもあるが、さらに河原の文字を付けたものもある。例えば堀河原、上ノ町河原、才光河原などである。右岸側では元来の小字名を付けている。

土地の等級付け（上、中、下など）は、「本田方」「河原方」のいずれの地域とも各地目に記載しているが、「河原方」水田、畠の斗代（標準収穫高）は明らかに低い斗代を査定している。例えば「本田方」乾田地帯の上田、中田、下田の斗代はそれぞれ一石五斗五升、一石四斗五升および一石三斗五升と一斗の差を付けるが、「河原方」

水田ではそれぞれ約半分から三分の一の八斗、六斗および四斗になっている。田畠あるいは居屋敷地の等級別斗代一覧表は表3-1のとおりである。

「河原方」の田には「川荒田」、「本田方」の田畠には「下田荒」や「下畠荒」のような耕作放棄の田畠がわずかに見られるが、斗代は下田、下畠と同率である。

検地帳が四冊ある理由は、当初の検地時点で「本田方」および「河原方」の正副各二冊が作成され、その副本二冊を村に残したことによる。さらに後年になって、おそらく最初は延宝八年（一六八〇）に再検地された時点であろうが、慶安二年の正本、「本田方」および「河原方」の二冊は村に戻されて、再検地までの約三〇年間に変更があった帳付け百姓名（名請人）を訂正、加筆した副本二冊が残されているからである。この再検地を延宝八年とした理由は、訂正帳面二冊目の河原方検地帳に延宝八年八月一八日付で奉行所の役人と思われる石運、小山両人の署名、検印があり、本田方検地帳にも筋方（北筋奉行所）の大きい角型公印が押されているからである。折しも前年、延宝七年に幕府領の再検地が実施されたことに影響されたものと思う。これら両帳面には名請人の変更や分筆が相当数生じており、さらに後年になって村の庄屋が記載したと思われる変更箇所も多数見られる。しかし、慶安検地で決まった石高が江戸時代を通じて今村の正規の石高になっているため、検地帳が近代に至るまで遺されたわけである。

表3-1　田畠屋敷地の斗代（慶安検地帳から）

斗代／反			
	石・斗・升		石・斗・升
上田	1.55	河原田上	0.80
中田	1.45	河原田中	0.60
下田	1.35	河原田下	0.40
上畠	1.20	河原畠上	0.40
中畠	1.00	河原畠中	0.30
下畠	0.80	河原畠下	0.20
居屋敷	1.20		

注）
1）左欄は本田方、右欄は河原方を示す。
2）本文注記どおり、斗代は中世からの用語。

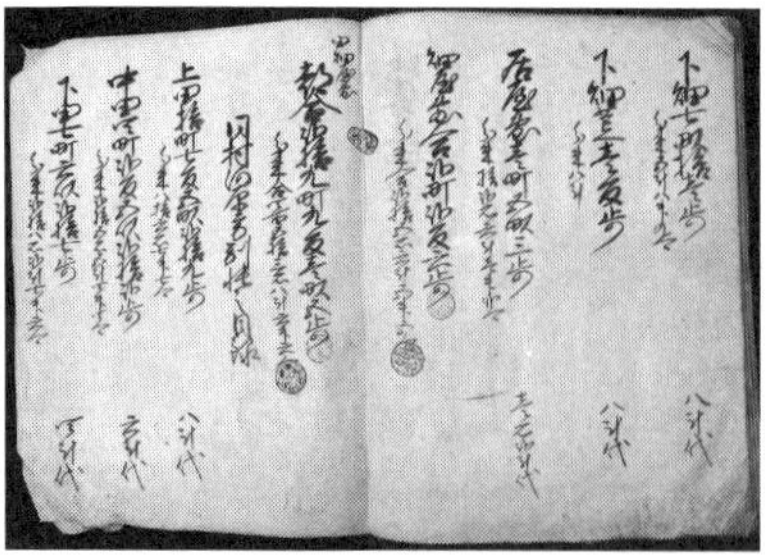

記載順　2

記載順　1

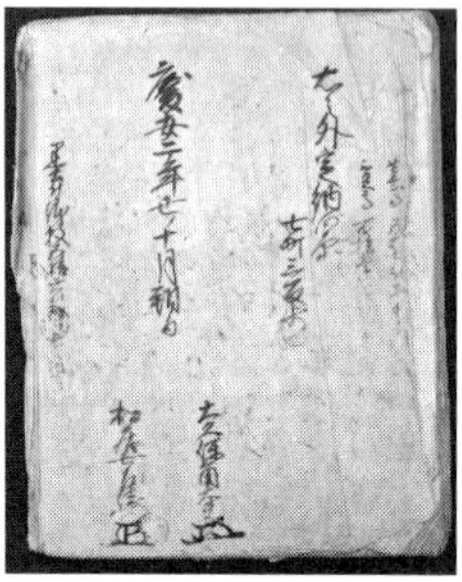

記載順　4

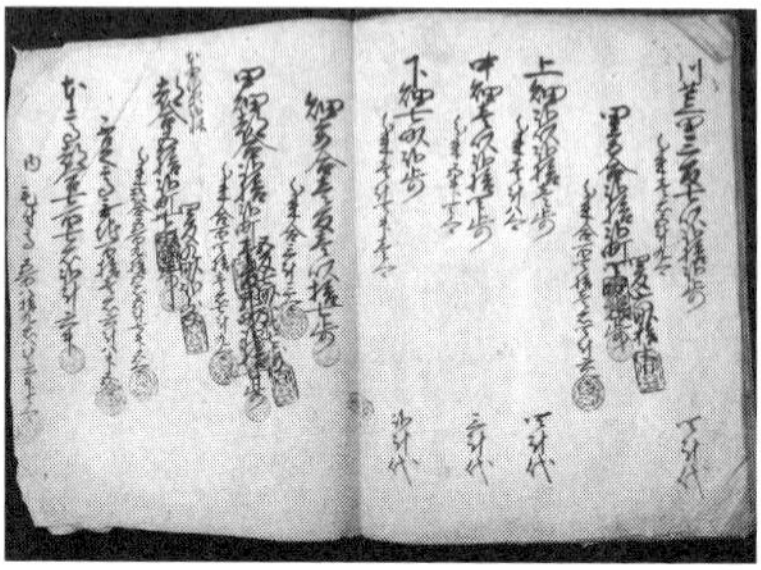

記載順　3

写3－2　慶安検地帳の集計目録（副本）（今共文、17－1～－4）

注）上段帳面の見開きページ右（1）から左2、さらに下段3へと続く。下段左4が最終ページ。日付と役人の署名と花押入り。
本田方から河原方へと田、畑、居屋敷の順に集計結果が訂正印と共に記載されている。

検地帳の最後には目録（写3－2）として等級別に田畠の面積が集計されるが、居屋敷には等級がないため一律に面積が集計されている。次に各等級別の田畠面積に対して一反歩当たりの斗代をそれぞれ乗じ、租税基準高ともいうべき分米《ぶまい》が算出されている。実際の年貢はこれに本《ほん》途《と》物成《ものなり》（税率）が掛けられて、貢納高が決まる。

目録によると、「本田方」の田畑屋敷の合計面積は二九町九反一畝五歩、「河原方」の田畑の合計面積は二二町五反七畝二七歩であった。両帳合せて五二町四反九畝二歩となり、これらの分米、五九五石五斗七升五合が今村の総石高になるが、本高七〇七石二斗六升が既定の石高なので、無地不足高百十一石六斗八升五合が生じている。

この本高は徳川幕府になって検地尺

六尺の方を一歩に改定したこと、理由は不明であるが、定納川原の七町三反分が含まれないためであろう。検地尺が改定される前の推定本高は、七〇七石二斗六升から「河原方」の定納川原七町三反歩を全て上田（斗代は八石）にした約五八石分を差引き、これの一割減とすると約五八五石であり、前記の総石高五九五石余に近似する石高が試算される。しかし、今村がどのような方法で無地不足高の年貢米を貢納したか不明である。おそらく、他村領へ出作する今村百姓からの貢納、他村から今村に入作する百姓から徴集する所定量などを含めて村全体で補ったのだろう。なお、目録にある毛付高とは、上記の五九五石五斗七升五合から田畠の荒高の計五石七斗一升一合を差引いた高を示すが、実際は不足高のままになっている。

最後に検地帳を作成した年月と検地役人の大久保角太夫、松居七左衛門の署名、花押が記入されている。また、検地帳の墨付枚数も記入され、上記役人の花押は副本の検地帳に書かれ、各紙の見開き箇所には割印が入れてある厳重なものである。

（注記）第二章、第三節でも注記したが、慶安検地帳は石盛とせず斗代と記載するため、史料に準じて斗代を踏襲した。

検地帳記載の居屋敷、水田

検地帳に記載された水田の名請人は僧侶の二名、百姓、姥あるいは後家を入れて、合計人数は八四名を数えた。居屋敷の検地は建坪のみとは考えられず、田畠面積の多い百姓ほど家数や面積が多くなり、中には最大約五畝の居屋敷を持つ者がいた。これは明らかに敷地面積であろう。また、土蔵、納屋あるいは作男《おとこ》（注記）などの住居も含むと思われる規模の大きい百姓もいた。租税（年貢）対象の居屋敷の面積は最大一五三坪から最小一二坪の範囲にあり、平均で四一坪であった。

次に水田の所持面積の規模をみる。榎木村、大路村、三田村あるいは國友村への出作状況は、同時代でその村

表３－２　水田所持面積の階層

規模	人数
20反以上	3
15～20反	2
10～15反	8
5～10反	17
1～5反	24
計	54

注）居屋敷を所持するが、田１反未満層は除外（１名）した。また、零細百姓も除外した。

の検地帳が利用できない限り正確には把握できない。慶安検地よりも約百年後になるが、宝暦五年（一七五五）『榎木村御水帳』によると、今村から榎木村への出作のみが判明した。八名の百姓と田一町二反余、一六石七斗と意外にも少なかった。本論は今村の検地帳に限定しての所持面積の状況把握となる。また、居屋敷があり、水田一反歩以上を所持する人に限定した集計結果である。

　水田所持面積の大小によって、五段階の階層に分けた結果は表3－2のとおりである。二町歩以上を所持する百姓は三名であった。一町歩以上二町歩未満は一〇名であった。五反歩以上一町歩未満の百姓は一七名と多く、最下層の五反歩未満は二四名と最も多く、中には姥名義の人もいた。一反歩以上の階層でみた人数の合計は五四名であった。なお、水田所持面積の多少は必ずしも持高の階層と一致しない。「河原方」に持ち田が多い百姓は斗代（生産力）が低いため持高は少なくなる。

（注記）当地域の慣用語。児玉（二〇〇六）による従属的農民を指し、百姓の二男、三男などが分家せず惣領から土地の幾分かを譲られ、惣領の名で耕作し、年貢諸役は本家に納めたと思われる。経済的独立は困難で本家への従属的地位にあるが、高のない水呑百姓とは異なる。

検地帳記載の畠

　延宝八年に再検地があった帳面には、筆者が旧在地領主の居館跡地と推定した喜楽堂の小高地のみが上畑と記載されており、隣接する堀町の畠二筆も同様であって、合計六筆で一〇四歩があった。これ以外に畑と記載した場所はなかった。一般畑作物が栽培できる畠と区別したようであり、荒廃していたようにも思われるが、帳面を筆記した役人の意図しない漢字使い分けだったかも知れない。

　当時の村の畠は主として喜楽堂、中畠および北畠の三カ所に分けられ、中畠は小字、大将軍にあったが、北畠の位置は不明である。次いで、喜楽堂に接した小字の堀町あるいは的場、潜竹、高木、杉ノ木、塚ノ越、杉町にそれぞれ僅かずつあった。

　第二章中世編、第三節で推定したように、喜楽堂とは念仏などに村びとが参会する施設があったことに由来する地名である。検地帳に記載された喜楽堂の畠、全六二筆の総面積を集計すると四反九畝余になるが、通路は持ち合いだったのだろう。畠の所持面積は最大で二畝四歩、最小は八歩であった。二筆以上を所持する百姓は一六名、最大で六筆を持つ百姓もいたので、喜楽堂の畠名請人数は四三名となり、平均で一人当たりの面積は約一畝余であった。畠は一辺が三間で割れる面積、例えば九歩、一二歩、一五歩、二一歩などの区画が比較的多い。ある時代に畑寄せするため線引きをし、一斉に区画を割当てた形跡もうかがえる。喜楽堂は水田としての水利は悪いが、畑地条件として好適な土地ではあったにせよ、当時の村推定戸数六十戸前後の七割、四三名もの村びとが名請した理由は、この土地が中世までの公共的な土地柄、例えば惣村の堂跡地であったこと以外にも、百姓たちの旧屋敷があったことも考えられる。また、在地領主とつながりが強かった百姓が畠として面積を集積したようにも考えられる。喜楽堂の現代の状況をみると、一部が住宅地にもなり、畑地も含む地権者は一〇名以下である。

　喜楽堂以外の畠は、前述した中畠の総面積が一反九畝余、北畠は九畝余であり、前者には一九名、後者には一三名の今村の百姓が名請した。平均でそれぞれ一人当たり二九歩、二二歩であった。いずれも喜楽堂と同様に上畠の等級であった。三地域の畠名請人合計は六〇名であり、また、一人当たりの平均面積には大差がなかった。

百姓の持高階層構成

居屋敷のある百姓に限定し、僧侶も除外して持高の階層構成をみた。集計方法は、地目の等級別斗代（石数）および検地帳にある田、畠および居屋敷の各面積から、百姓あるいは僧侶が持つ耕地一筆ごと、屋敷一戸ごとに持高（分米）を決めた。しかし、同じ家族内にいて土地の名義を分けていると思われる件数も無視できないため、家族全体の持高の階層構成を試みた。すなわち、居屋敷の名義はないが、後述するように名前から推定して親族と同居すると思われた百姓も対象にした。しかし、居屋敷がなく、同居も推定されない一反歩未満の層は除外した。後述する零細百姓のことである。

田および畠は「本田方」、「河原方」によって斗代がそれぞれ三段階に分かれるうえ、面積の変異も大きい。同じ小字内でも耕地の条件が土壌の乾湿、土性の粗細、水利条件、作業能率などによって斗代も微妙に評価されている点に留意して集計した。なお、この時期の名寄帳は保存されていず、検地帳から筆者独自に名寄せをした。

以上の方法によって百姓の持高を個人別に集計し、その階層構成を表3-3に示した。

集計によると、最高は二六石余の一名だが、人数の約七割は、一〇石以下の百姓であった。名前から判断して親と同居の二男、三男がいると推定した百姓が三名いて、階層構成の修正人数は三名の減であった。

ところで、田の所持面積が多くても一反二畝、大半は一反歩未満の零細な百姓も検地帳に上がりながら、居屋敷のない人たちがいた。これら百姓のうち、例えば又介、又十郎は又次郎と、左二郎は左太郎と同居する親族あるいは子息と思われた人たちを除いても、居屋敷のない百姓が実に一四名もいた。表3-4は、零細な百姓の持高構成を示したものである。

このような村びとの持高をみると、一・七三石〜〇・〇四石、平均して〇・八三石（八斗余）であって、作男たちと思われる零細な百姓であろう。水田所持面積の大きい百姓の持家に住み込みであった人もいただろう。必ずしも作男ばかりといえない百姓もいただろうが、零細な百姓が多くいたことは事実である。

先に表3-2で水田所持面積の階層を示したが、面積の多少は必ずしも持高の階層と一致しない。「河原方」に持ち田が多い百姓は斗代（生産力）が低いため持高は少なくなる。

このほか検地帳に記載された、何某姥《うば》名義の田畠も多様であった。田畠を所持し、姥が独居している家が三例、戸主も居宅もなく、姥名義の田畠のみ残っている二例、あるいは姥名義の田、畠を持つが居宅のない百姓が一例である。これら六例の平均持高は一石余であった。また、寡婦（後家）になった家が一例あって持高は三石七斗であった。いずれも縁者の村びとが互いに助け合ったのだろう。

表3-3　百姓持高（石数）の階層構成

石数	実人数（A）	修正人数（B）
＞25	1	1
25～20	3	3
20～15	7	7
15～10	7	7
10～5	17	15
＜5	23	22
計	58	55

注）Aの人数は田・畠・居屋敷全て持つ層あるいは同居層も計数。Bは親族との同居を推定し、寄宿人数を削除、修正した。

表3-4　零細百姓の持高階層

石数	人数
2～1.5	3
1.5～1.0	2
1.0～0.5	4
0.5未満	5
計	14

注）検地帳に居屋敷がない人を零細百姓という。平均石数は0.83石

國友村、大路村、三田村からの入作

検地帳に記載されている國友村の百姓は主に「河原方」の境下川原、鈴下川原、柳川原、桑原、丁田などの田に、また八反切、丁郷町、静井などのような「本田方」にも入作し、中には四畝以上の上畠まで所持する者もいた。田は全六一筆、計六町三反歩余、平均で約二反歩を所持していた。入作者は全部で三二名、内一〇名が三反歩以上の田を所持し、最高は七反六畝であった。

中世の荘園時代、上之郷（後年の今村）で耕作した百姓たちのなごりと思われ、今村郷に出作している百姓の人数が極めて多かった。

一方、浅井郡大路村の百姓の入作は「本田方」では小字、四反切に一筆があって、他は「河原方」の向上石塚、下石塚、へら田、丁田に多かった。最高は七筆で五反六畝を有した。全二四筆、計一町一反六畝、平均で一反六畝歩を七名が所持した。また、同郡三田村の百姓も「河原方」向上石塚のみに集中して全八筆、計七反五畝余、平均で二反五畝余を三名が所持した。

神照寺領

神照寺名義田（阿弥陀坊領）が約一町五反三畝あった。全筆が宮田、淵ケ上、丁田の「河原方」の上、中、下田にあって、石高は一〇石二斗余になった。神照寺領一五〇石は豊臣秀吉の寄進とされ、江戸時代の正保から天保年間を通じて同寺は一五〇石を新庄寺村で朱印地として継承していたが（藤井、一九九九）、今村の田地、一〇石余は朱印地でなく、名請人が神照寺であったのだろう。今村は彦根藩領になったので、村びとが耕作し必要な年貢は藩に貢納し、年貢以外の米は同寺へ供されたことと思うが、供米量は不明である。今町では近年まで自治会を通じて、神照寺への「御仏供米」を各戸の賛同によって一戸平均一升以上を寄せたものだが、この慣行も何時の間にか消滅してしまった。

貢租、元文二年の本途物成

検地によって貢租の基準（分米）が決まり、これに租率を乗じて租米が決定することは既に述べた。時代は少し下がるが、今村の租率が分る史料、元文二年（一七三七）の本途物成（写3-3）下書があるので、これを論考

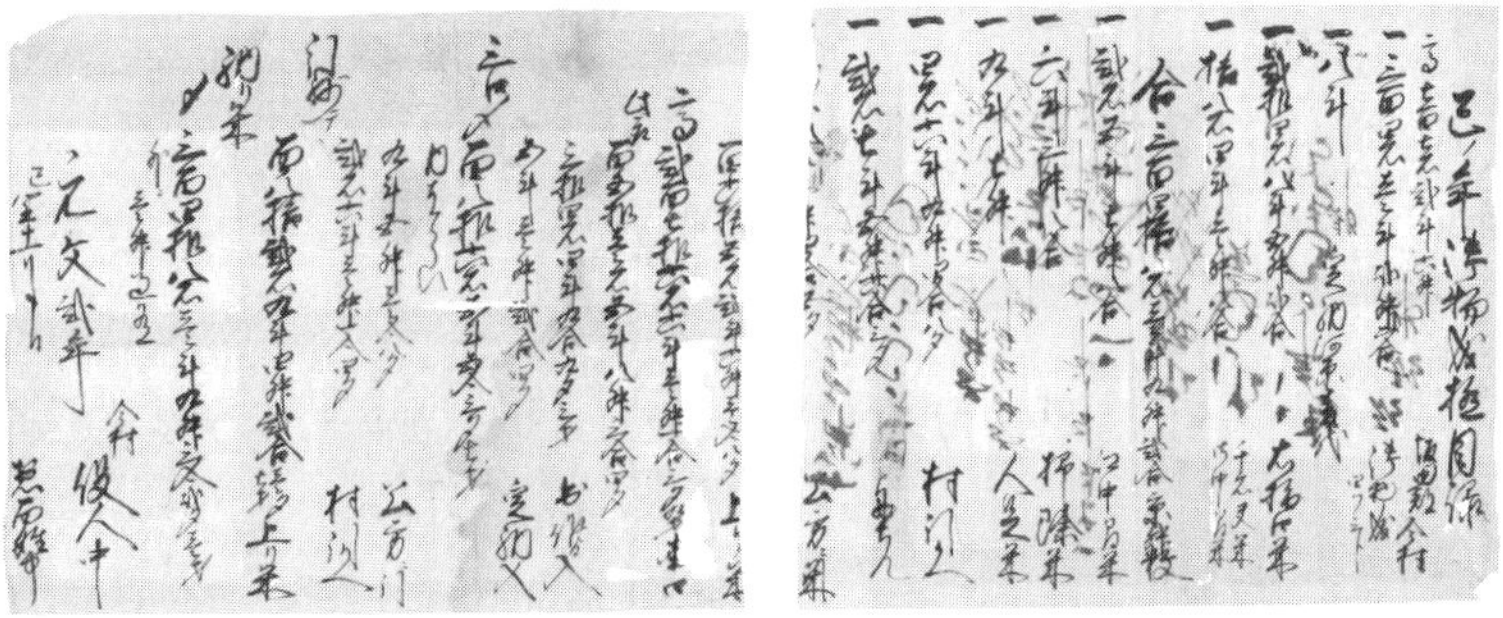

写3－3　元文二年の本途物成、下書き（個人蔵）

したい。

租率は毎年の作柄に応じて決める検見法があったが、不正、弊害を生じやすいので、通常は過去何年間かの収穫を平均して租率を一定にする定免法が執られた。また、凶作によって特別に被害が大きい年には百姓の願い出によって検見を受けて軽減されるが、少々の損耗は願い出ないように領主によって仕向けられたようである。

今村では定免法によって貢租額が決まったので、豊作年には百姓の作得が増えることになる。しかし、旱魃常襲地帯の今村の作得は少なかったことであろう。特に小百姓は規模が小さい上に、下田を持つ者が多く生活の困窮は酷かったことだろう。

本途物成史料の解読文は第五章、史料編に掲載した。

村の石高、七百七石二斗六升の四ツ三分（四三％）は、文書どおりに三百四石壱斗弐升二合となる。これに対して定納河原の麦代、指口米（注記）、千石夫米や御中間米《おちゅうげんまい》といった藩への付加貢租米の小計が京枡で三百四拾八石壱斗九升二合になっている。この他にも経費として掃除米、人足米、舟賃などを要した。

文書が破れて上り米の意味が不明であるが、納入場所（彦根松原蔵か大津蔵）の違いのように取れる。他村領へ出作した百姓からの収入、定納石高ほか三口の収入から公方ニ引（この意味不明）、村引かへ分を差引いて百八拾弐石九斗四升二合余が上り米になる。三口の合計高で、端数の三勺七才は七勺三才の誤記であり、残り石高端数にも誤差を生じている。また、欠字■の口数は高、弐百七拾六石六斗壱升の名目となろう。結局、納り米として、三百四拾八石壱斗九升三合弐勺壱才が貢租米ということになる。これは総石高の四九・二％の貢租率となり、五公五民の高い税率であった。

本文書の紙片は今町、岩隆寺屏風の下張に使われていた。庄屋が溜め込んだ反古和紙を提供したのか、あるいは年貢免状（徴税令状）として藩から届いた本途物成を村役人たちが寺に集まり缶詰になって計算し、その下書きを寺に残していたかのどちらかであろう。庄屋は年貢を個人に割当てるため、名請田畑あるいは屋敷の面積に応じて小割付け状の作成をするなど実に煩雑な作業であっただろう。なお、計算上から一合の百分の一の容積単位、才が使われている。現代のコシヒカリに換算すると、玄米六、七〇粒に相当する。このような枡はなかったので余枡で俵に詰められたのだろう。

（注記）彦根藩指口米の例として、一俵あたり埋め料として二升の指米と一升二合六勺の口米を加え、通計四斗三升二合六勺を石高一石あたりの指口米にした。史料では今村の総石高七〇七石余に対する指口米の二四石八斗五升二合を計算すると、前記の指米と口米の計は約三升五合一勺となる。

第四節　助郷制度と周辺の交通

助　郷

助郷とは宿駅の人馬が不足する場合、それを補う郷村またはその夫役のことをいう。江戸時代を通じて今村もその夫役を負担した。今村の場合、近隣の國友村と保田村を除いて大路村、三田村や榎木村、あるいは橋本村、中澤村の人たちと共に人足として北国脇往還の春照村まで助郷に出向いた。これらの村が具体的にどの程度の人馬負担をしたか詳細は不明であり、当町にも史料はない。春照村での公用通行者の人馬継送り、荷駄の積み換え、あるいは商人荷物の運送のため、次の下り宿駅、藤川、玉あるいは関ヶ原まで、また北国脇往還の伊部、郡上辺りまでの荷物運送にと歩いたのだろう。

嘉永三年（一八五〇）あるいは慶應二年（一八六六）の藤川宿の史料によれば（江竜、一九九九）、長浜町と春照宿・伊部宿・郡上宿の一町三宿でひとまとまりの「春照宿寄」助郷があり、ここは定助郷五一カ村および加助郷一一カ村から構成され、村高の合計は三万六〇一一石余であった。今村は定助郷を義務付けられた。加助郷は大助郷とも称され、皇族、公卿、武家が多人数を率いる時に不足する人馬を徴発した助郷のことである。

その他の助郷制度として、宿駅によって、あるいは街道によって制度が種々異なっていた。幕府が彦根藩領の村を他領の村と共に主要街道の宿駅助郷に指定すると、彦根藩はその村にかかる負担を軽減するため、領内の別の村を助郷村に指定して過重負担を防いだ。これを又（内）助郷と呼んだ。

天和三年（一六八三）当時、幕府領の柏原・醒井宿には定助郷のほか、臨時に大通行時のみ人馬提供義務を持つ村を大助郷（加助郷）に指定したが、指定された助郷村から両宿駅までの距離が飛び飛びに長かった。このため元禄七年（一六九四）に地理的条件を考慮して宿駅付近の村を大助郷に指定し直した。この時、前述した彦根藩の又助郷が導入された。

その後も文政一一年（一八二八）、代助郷と称する彦根藩の政策が再度導入された。これは前述した柏原・醒井両宿の大助郷のうち彦根藩領の一六カ村が永久に大助郷役を免除され、その代わりに遠方の多くの村が代助郷に指定された。國友村や保田村などが対象となり、國友村は醒井宿に、保田村は柏原宿に指定された。しかし、遠方のため、基準になる助郷高は村高のほぼ半分以下であった。

ところで、助郷のために村が負担する一年間の基準人足数は村高に応じて決っていた。春照宿での今村の助郷史料は不明だが、江竜（一九九九）の試算によると村高一〇〇石に付き平均二四・四人であったので、おそらく年間一五〇名前後、月当たり一〇名以上を要したことだろう。馬についても平均四・八匹であった。今村には農耕牛はいたが、馬の飼育は全く不明である。このように、百姓は年貢の貢納以外にも実に過重な負担を強いられたことである。

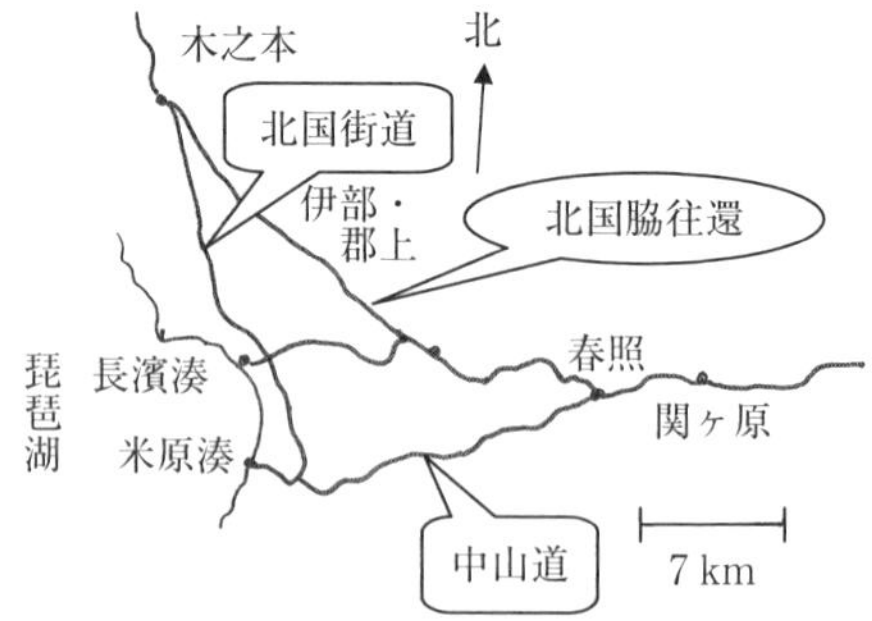

図３－１　北国街道と中山道

街道の荷物運送を巡る争論

助郷制度に係る主要な街道として、柏原・醒井宿に代表される中山道、また伊部・郡上宿に代表される北国街道の北国脇往還があった。これらの二街道と往還の位置を図示すると図3-1のとおりであり、併せて下記のように荷物運送上で生じた争論に絡む通称街道も示した。

助郷の義務の一つに商人荷物の運送もあったことは既述のとおりである。江竜（一九九九）によると、街道の陸運に比べて長濱湊、米原湊を経る琵琶湖の船運賃が割安なので大いに利用されたが、これら湊に通じる街道の宿駅間で商人荷物の運送を巡る争奪が繰り返されたという。

問題になった街道の一つに、米原湊から番場宿を経て醒井、柏原から関ヶ原に出て、さらに揖斐川の支流、牧田川の諸湊に運送する「九里半街道」があり、中山道を通る米原・関ヶ原間の距離は五里一八丁であった。もう一つの街道は、長濱湊から東に向って八幡東村、宮司村、石田村から観音坂経由で春照宿に出て、北国脇往還の藤川宿、玉宿を経て関ヶ原宿に至る運送路、「長濱街道」であって、長濱・関ヶ原間は五里六丁と前者の「九里半街道」に比べて距離が短かった。

当然、商人たちは宿駅での荷物の継立て回数や運送時間が節約できる「長濱街道」を選び、前記の中山道を避けるようになった。商人荷物の運送収入は宿駅運営に大きな利益を生じたので、宿駅間で荷物の争奪が生じるのは必然であった。特に濃州、北伊勢から出荷される茶荷物の扱いを巡って、前記の二街道の争いが繰り返されたという。争論の結果、「歩分け」と称して荷物の三割を長浜側、七割を九里側に分けたものの、茶荷物以外も同様に扱われたので、「長濱街道」経由の長浜湊積みが恒常化したという。

鍛冶屋街道と今村

中山道は東海道、甲州街道、日光街道、奥州街道と共に五街道と称する江戸幕府直轄の公式街道であり、これらは公用、商用ともに人や物資が多量に行き来した街道であった。

湖北には北国街道と前述の北国脇往還が、湖南には朝鮮人街道、湖東には八風街道があったが、いずれも私称にすぎないとさえいわれる。北国脇往還に至っては明治になって名付けられた。

今村を通った鍛冶屋街道も長浜近辺の十里街道、黒田街道と共に私称である。浅井郡内の上草野谷方面と長浜町をつなぐ生活物資を主に運送するローカルなものであった。しかし、多くの集落を通過したので地元民が長年呼び習わして来た。今村が姉川を渡る位置にあったことや、昭和末年の圃場整備以降に景観形成を兼ねた案内板を設置するなど、旧道の一部が整備されたことで鍛冶屋街道の名称がリバイバルしたといえる。

鍛冶屋街道の旧ルートの検索には最寄り集落（東主計町、三田町、泉町、口分田町、山階町、川崎町、神照町など）の年配者からの聴き取りを行った。街道の起点が現在の長浜市鍛冶屋町であり、荷物を運ぶ人たちの多くが鍛冶屋村の出身だったので、鍛冶屋街道の名称が付いたものと思われる。現在は無くなっている三田村橋や圃場

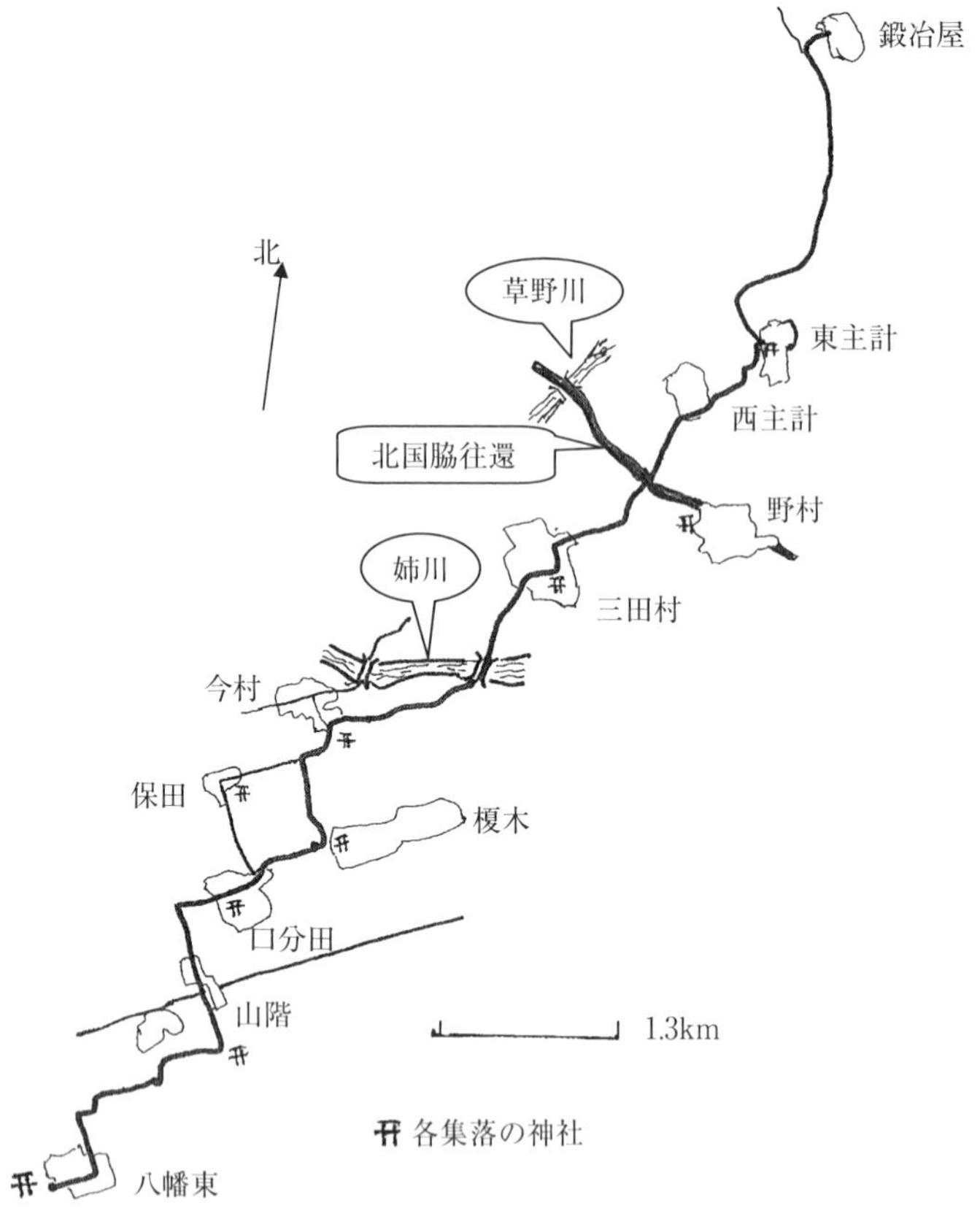

図３－２　鍛冶屋街道の主な経由集落

整備に伴う市・町道の付け替えなどがあったため、旧陸軍が明治二十六年（一八九三）当時に測量した二万分の一地形図を基に鍛冶屋街道の主な経由集落を示した（図3－2）。

まず、今村の東方面は鍛冶屋から出発し草野川沿いに岡谷、徳山、東・西主計、三田村と草野川左岸の各村を経由した後、三田村橋で姉川を渡り今村の上川原地先を通って今村の神社前に出た。三田村橋が無くなって以降は旧今村橋を渡った。

今村の西方面は、今村から榎木村の神社西側を経て口分田村に、あるいは保田村から口分田村へと抜けた。なお、泉町（旧中澤村）の人が主張する別経路として、今村から中澤村に出た場合もあって、これは中澤村の川岸が運送で荒らされるため、護岸石積み資金の負担を鍛冶屋村にも依頼したことが証拠という。しかし、大半は口分田村経由であったと同町の人たちは異口同音にいう。口分田村からは山階村内の山西街道（加田、室、宮司、国友を経て三川、伊部の各町を抜ける道）の一部を通り、山階の神社前北側から出る細い道を西方面へと出て、川崎村の南側を通って、さらに東村（八幡東）を経て八幡道から長浜町内につながったというものである。いずれも鍛冶屋方面からの荷物を運ぶ人たちの様子を憶えている人たちの証言であった。なお、かつて今町には南方（神照町）から十里街道を経たとの特異な説を出す人もいたが、神照町の複数の年配者が鍛冶屋街道の名前すら知らず、この説を完全に否定した。

鍛冶屋村から長浜町までの片道距離は大よそ三里あって、所要時間は荷物の量あるいは荷車を引く役畜の有無にも関係するが、三時間余を要したのだろう。しかし、一日で往復が可能な距離であったと思われる。

鍛冶屋街道で運送される荷物は、かつては鍛冶屋で鍛造した武具あるいは農具であったのだろう。しかし、近世から近代には生活用品が主であったものと考えられ、これらには上草野から運ばれた木炭に薪、柴あるいは松茸があった。長浜からの復路は魚などの食料品やその加工品、調味料などが運ばれた。薪、柴や木炭は途中の村々での購入があれば、売り捌いて引き返した例が当町でも多くあった。これらの運送業は往古から鍛冶屋村の人たちが引継いでいたのだろう。

米原市甲賀町のある住民の話によると、國友村で鉄砲鍛冶が盛んであった頃に東草野、甲賀村を中心に焼かれた木炭（主に松）の多くは吉槻村から七曲峠（七廻り峠）を越えて鍛冶屋村まで一旦運ばれ、そこから國友村へ運んだとのことであった。この運送は、経路から考えて今村から國友へ直接行ったのだろう。

肩と手に懸かる荷車の荷重を両足で引く力にかけるため、癖になって偏る歩行をする人や、威勢の良い駄馬が細い砂利道を行く光景はもう見られなくなった。

第五節　用水と水論

（一）馬井・上井用水の築造と維持管理

古代から近代に至るまで、今村の水稲栽培は姉川からの潅がい水がなければ不可能であった。しかし、今村が彦根藩直轄の領地になるまで、村びとが姉川の水をどのように引いたのか分かる史料はない。また、霞堤など築堤に関する治水事業の史料もない。わずかに江戸前期の用水事業の史料から、その様相を窺い知ることができる。江戸時代、彦根藩領になった今村の治水、とりわけ農業用水は、馬井底樋、**うまゆそこひ**と称し、河床に埋めた長い水路、一種の暗渠から伏流水を引いて堤内へと導水する方法に頼った。また、上井、**うわゆ**と称する場所では、堤を掘削して埋めた樋管を通して姉川からの水を堤内に直接引き入れる方法があった。堤下に樋管を通す工作物は一般に圦樋《いりひ》とも呼ばれるが、今村では埋樋とも称した。この堤下の埋樋の構造は後年の史料によって判明するが、箱樋とも称して四面張りであった。後述するが、河川内に埋めた底樋が三面張りの無底であった点と異なっている。

これらは今村の主要な用水施設であるが、左岸の下流域には横井、庄ノ井、柳川原井もあり、右岸には石塚樋もあったが、本節では馬井、上井用水を中心に述べたい。

今村の主要用水施設の築造や維持管理の歴史が分かる史料は、今町共有文書内に八〇点余が残されている（史料の一覧は今町歴史保存会誌、第一一号に掲載）。これら史料の解読を通じて、埋樋築造の歴史、彦根藩北筋奉行所への陳情や奉行所側の対応、また、これらに関わった人びとや周辺の村々との関係も併せて述べてみたい。とくに、馬井底樋あるいは上井は現代でも町民に大きな恩恵を与えているので、用水に係る多数の古文書が長く保存されてきたことへの感謝も込め、また、今後も大切に保管することが必要と考え、できるかぎり詳しく述べてその記録を遺したいと思う。なお、昭和の圃場整備以前、明治初年の図面を基に底樋、用水路と姉川との位置関係を図3-3で示した。

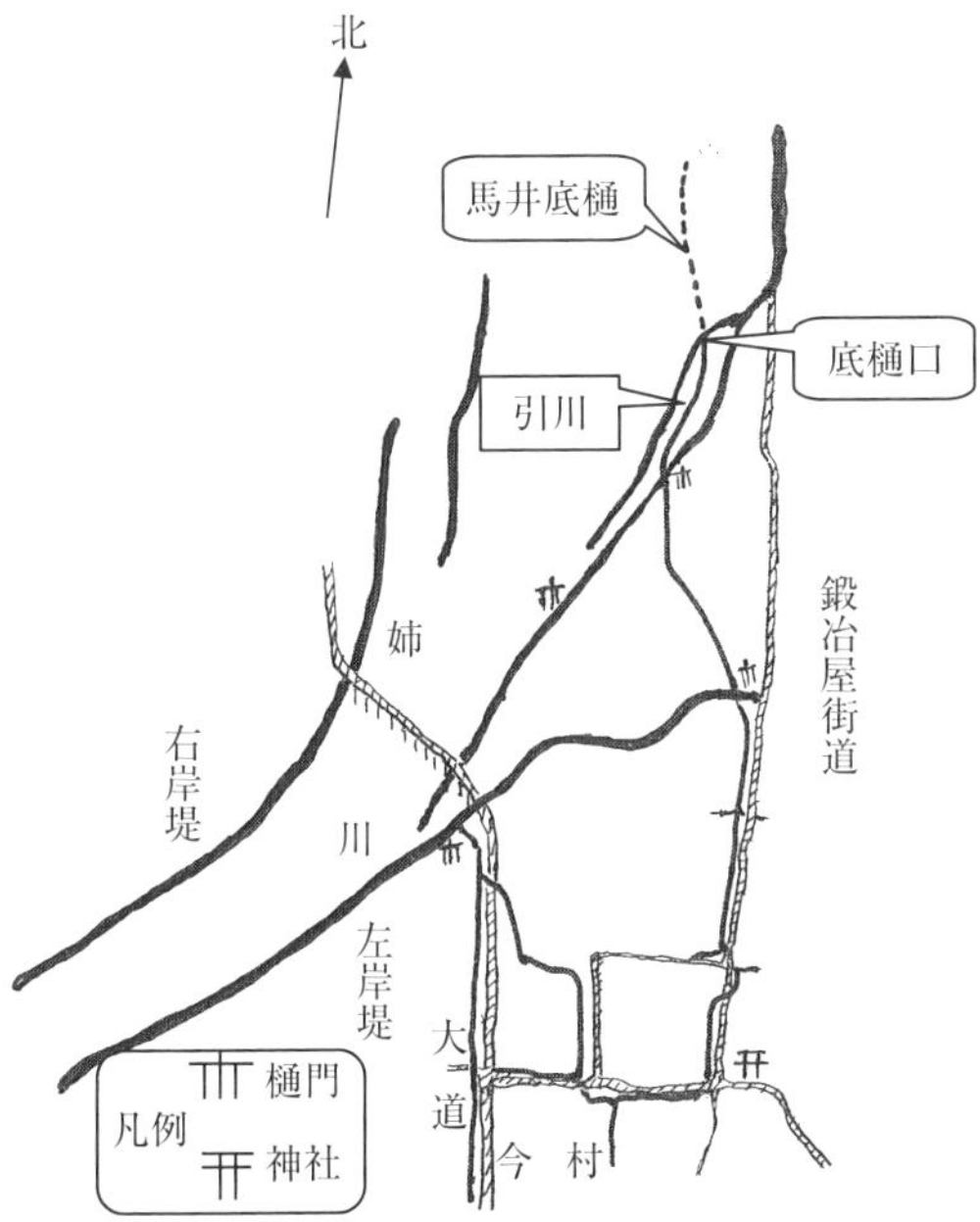

図3-3　馬井底樋、用水路と姉川の位置関係
注）用水路は黒細実線で示す。

往古の用水

寛保元年（一七四一）、隣村の榎木村が今村の馬井底樋の上流域に新たな底樋の築造許可願いを奉行所へ出したことに対して、今村側の意見を集約した文書冒頭には、次のような文言が入っている（今共文、五八の二五）。なお、この史料内容の詳細は後述する。また、史料の解読文は本文中に記述しない場合、第五章、史料編に文書番号を付して一括掲載した。

當村馬井と申處、往古より堀切之湯筋
御座候處、満水度毎ニ御川筋方御普請

御奉行様江奉惣御苦労、別而近在」三拾四五ケ村余も大分之御普請人足様出し、及」難儀被申候故、・・

馬井と称する底樋のある箇所は、往古は堀切の井筋であったという。堤を割って素掘りの堀切をするため、姉川が増水するたびごとに堀切した箇所から堤防が決壊して洪水が生じないようにと、奉行所には度々願い出て馬井を使う下流域の村、三四、五カ村からも堀切箇所を埋め戻す人足を出してもらったという。

増水時に奉行所から下流域の村々に動員がかかったのは、彦根藩領下に入った江戸初期のことを記述していると思われ、それ以前のことには言及していない。しかし、堤防を堀切して姉川から直接導水すれば、増水時の危険はあるが最も簡易で効率の良い方法である。技術が十分でなかった中世あるいはそれ以前からも領主と相談して、このような用水方法がこの場所で取られてきたものと推定できる。

標高が高い馬井地先は、村落の東、南から西にかけて多くの水田に潅がいするための場所として往古から選ばれたのだろう。ここから引川を経て一部は堀越での貯留に、さらに下流域には幾筋もの小水路を造ったものと思う。引川の掘削、あるいは霞堤の築造は中世以前に遡るのだろうが、いずれの史料も現存しない。

馬井底樋の築造

今村の馬井底樋の築造は元禄一〇年（一六九七）に完成している。築造に至るまでの奉行所への陳情あるいは連絡文書などは残されていない。完成した底樋の目録が初出である。

元禄年間、彦根藩の川除《かわよけ》奉行は十人体制であった。北・中筋の郷中役儀・検見・検地・川除担当は知行百石の直江作右衛門が元禄九年に担当し、今村の底樋完成時点では同じく知行百石の安藤㐂左衛門が担当した。

史料（以下、本節の本文に限って今町共有文書を史料と略記）四三の二によると、馬井底樋は元禄一〇年より二年前に原形が造られていたが、大水で押し潰されたのでやり直したと記述している。

　また、過去の渇水時には下流域の三十余カ村から人足を要請して堀越までの用悪水路を浚えたとあり、素掘りの堀切時代を経た後年には堀を割って埋樋を通し、そこから出る水を引川に流して利用し、余分の用悪水は堀越に貯水して利用していたことが窺える。引川とは左岸堤と霞堤との間に引いた川のことである。埋樋を入れる方法は正徳四年（一七一四）、馬井底樋の修復を行った史料、五八の一にも記述されており、慶安二年（一六四九）に公儀（彦根藩）によって埋樋が造られたとある。底樋が完成する元禄一〇年より四八年前のことであった。しかし、この取水方法でも能率が悪いため、河床下に埋樋（底樋）を長い距離に亙って設置し、伏流水を取る工法に変えたものと考えられる。底樋工事は元禄九年に三〇間、翌一〇年に四八間、合計七八間が完成した。

　このような馬井底樋築造以前の歴史概略とともに、既述史料、四三の二には材料を含む底樋築造用の道具目録を記載している。板や杭の材木（松）は彦根藩領小谷山および八嶋・大依両村の山から伐採し、钁《くわ》、釘は藩の鍛冶方から調達され、木挽賃も支給されている。なお、史料の解読で注意を要する箇所には第五章の史料編で注釈を加えた。

　担当の川除奉行は上司の筋奉行に伺いを起て、筋奉行が普請の指示をしたようである。史料にある簡潔な裏書は知行三〇〇石の筋奉行、大根田猪右衛門長寛によるものである（写3-4）。この裏書は後年、今村にとって非常に重要な約束事となる。

　なお、馬井の地名が以後も頻出するため、その由来を考察しておきたい。

　堀切した状態の堤に渡された、反り曲がった橋板と橋脚の形状が馬の背のようにも想像できるが、土木工事用語によると堤上は馬踏と称され、その下に井を造ったので馬井の名称を付けたと考える方が妥当と思う。

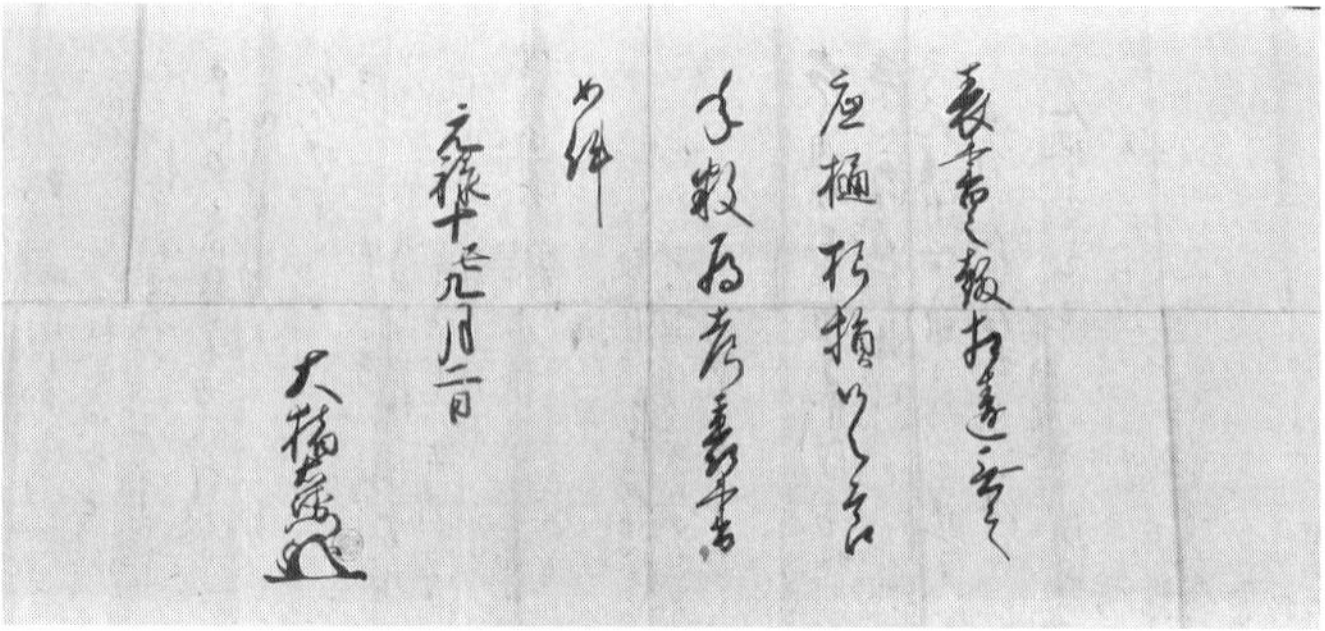

写３－４　筋奉行、大根田猪右衛門長寛による裏書（今共文、43－２）

上井の築造

馬井底樋の下流側、現在の今村橋近くに築造した井が上井であり、後述するとおり二カ所あった。現在は下流側の上井だけを利用している。上井は、底樋が川底の伏流水を利用する方法と異なって、川面上を流れる水を直接利用することから付けられた名称であろう。しかし、堤下の埋樋であることに変わりはないし、前述したとおり馬井底樋の前身もそうであった。

史料、五六の一は上井の修復に関する最古のものであって、上井の築造当初の史料は現存しない。おそらく馬井と同時期頃の慶安年間に築造されたのであろう。

上井は馬井と異なり、堀越での貯水もあって大規模な底樋は当初から築造されなかった。史料、五六の一の目録によると、長さ五間の水道と称した埋樋が堤下に造られていたが、これが老朽化したので馬井完成よりも遅れること七年後の元禄一七年に、馬井の樋よりやや横幅の狭い樋を埋めている。

埋樋の用材には材質が極めて堅い草槙を使用した。鏡板とは樋口の開閉に使う板で、水道の幅よりも一尺余り広い。樋門に至る通路の木材は舗木であり、鳥居は腐朽し難い栗材を用いた。鳥居には樋門開閉用の引手木を装着し、樋門上は笠木で被覆して木材の腐朽を防いだ。钁は馬井と同様に上井の備品員数に入れられた。

同史料によると、横井（注記）の修復も併せて願ったところ、上井に使った古材を再利用するように言われている。

ここで、元禄一〇年の筋奉行裏書にあったように、村方は上井普請には奉行所からの念書を願い取っている。すなわち、施設は年数が経てば朽損するので、奉行所はその節には考慮する旨の念書を一筆書いて欲しいということなので、希望どおりその文面を入れたとある。村びとの強かな作戦であり、以後、天明時代までの修復文書には必ず入る文面である。

上井の位置を確認するため、寛政七年（一七九五）相撲庭村の庄屋父子が測量して画いた姉川筋絵図（写3-5）をみると、今村橋近くで左岸の上下流域に少し離れて二ヵ所あった。前述の史料は水道五間なので、上流側のものであった。

（注記）上井と百太郎井の中間にあった。

馬井底樋の構造

底樋の築造経過は前述のとおりであるが、本項では底樋の構造を推定した。

先ず、堤から離れた河川内に限って、幾つかの史料から推定される底樋の構造模式図を図3-4に示した。既述史料の四三の二、新出史料の五八の一二および六〇の二によると、底樋の幅は三尺、高さ八寸五分とある。高さとは水道の深さと解される。問題は工事当初に埋めた樋の深さであるが、どの史料にもこの記述はない。そこで底樋の工事仕様を次のように推定した。

後述する史料、五八の六七にもあるように、引川の伏板（護岸）などに用いた杭木の長さは通常六尺であったが、川底に打つ杭はこれよりも短い約五尺程度であったと考えた。川底は砂ばかりではない。栗石、大小礫混じりの川底に打てる杭の深さは、精々二尺が限度であろう。つまり支給された钁などを用いて川底を人力によって

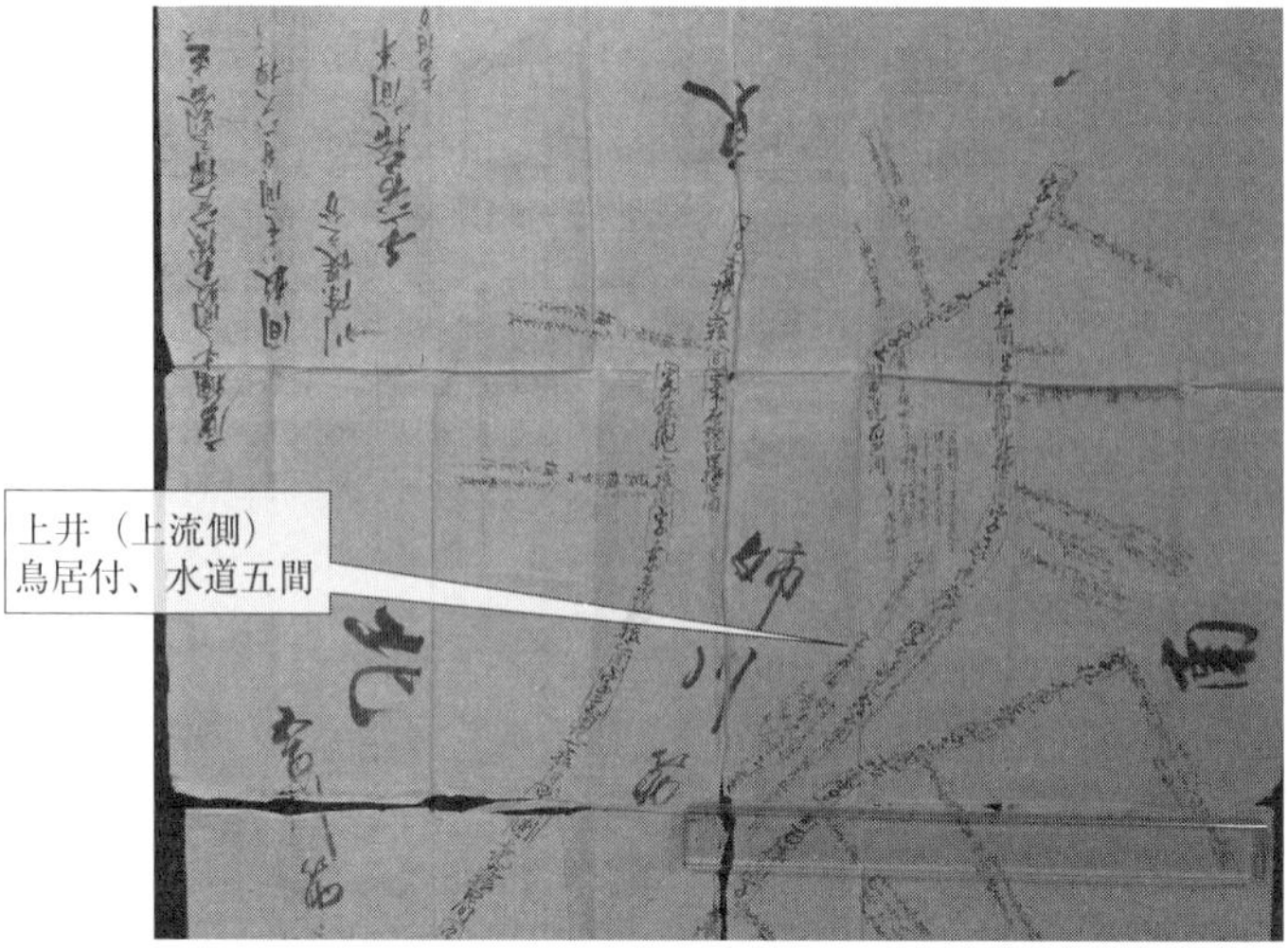

写３－５　寛政七年姉川筋絵図（今共文、６）
注）二カ所あった上井の位置を示す。何れも御普請所であった。

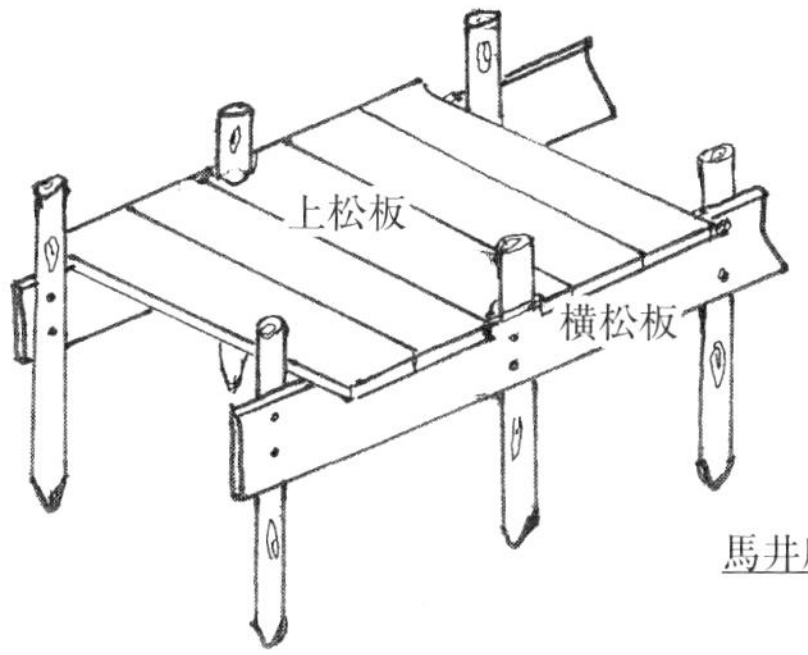

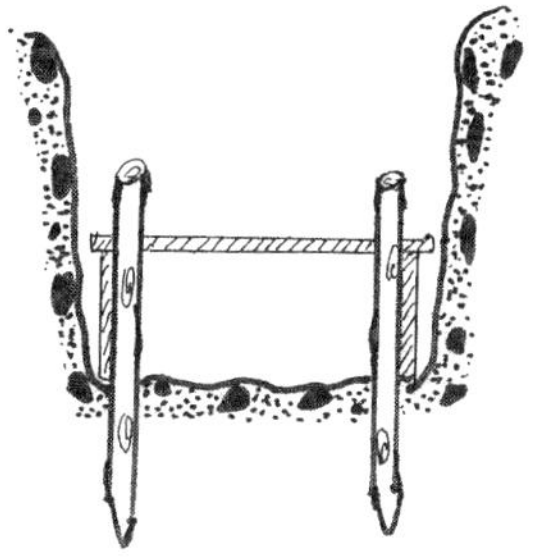

馬井底樋の構造（左上）と埋設の推定（右上）

上松板	幅	一尺八寸
	長さ	三尺～三尺五寸
	厚さ	二寸
横松板	幅	八寸五分
	長さ	二間
	厚さ	二寸

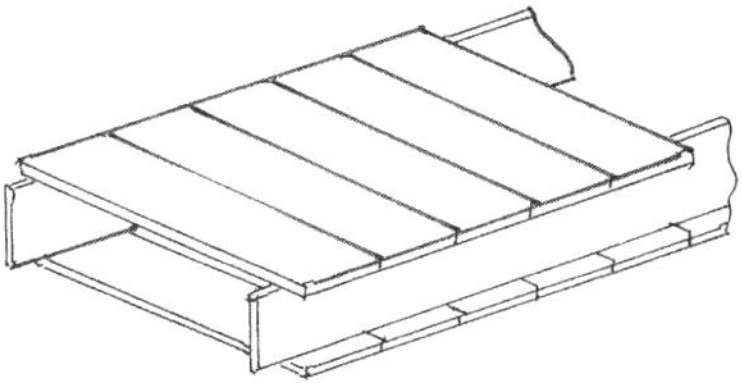

堤下の埋樋構造（左下）草槇使用、底道は四方指

長さ	四間一尺～五間（馬井)、五～六間（上井）
高さ	一尺三寸（馬井)、一尺四寸（上井）
横幅	二尺九寸（馬井)、二尺四寸～二尺九寸（上井）
厚さ	二寸（馬井、上井）

図３－４　底樋、埋樋の構造模式図

幅、深さ共に四尺程度の溝に掘り下げ、この溝底に約五尺の杭を二尺程度の深さに打込むが、杭木は水道のため幅三尺の間隔を取って打込む。杭の横並び間隔は、長さ二間の松横板を固定するため、横板一枚当たりに五、六本の杭を打込んだ計算になる（史料、四三の二）。

溝底には長さ二間、幅八寸五分、厚さ二寸の松横板を横に起して並べ、五寸釘で内側にした杭に打付ける。さらに打付けた松横板の上に幅一尺、厚さ二寸、長さ三～三尺五寸の松上板を横板に適宜打付けて塞ぎ、無底で空洞状態の水道を確保した。次に示す構造模式図では溝幅をやや狭く描いているので、実際は杭に打付ける作業がし

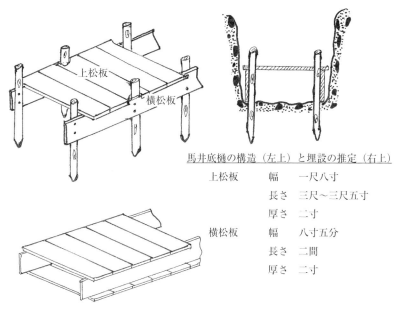

写3-6　底樋の松板（個人蔵）
注）下二枚は水の浸食で木目の凹凸が顕著。下二枚目左端には釘が突出、上二枚は浸食が少ない。水道の内外で板の表裏の浸食差が大きいことを示す。

易い程度の幅を持たせたのだろう。

底樋（水道）は埋め戻した河床から平均して三尺以上の深さに完成させ、川の自然勾配も利用するが、上流部と下流部との間には若干の勾配も付けたものと思う。年数が経つにつれ、底樋上部に堆積する砂礫、土砂によって底樋は次第に河床の深い位置へと下がり、樋口からは湧水のような形で水が吐出したわけである。

昭和四四年、現代工法による新底樋工事が施工された際に発掘された松横板を観察すると（写3-6）、横板の水道内は水で浸食され木材の筋が浮上って凹凸が顕著であるのに反し、水道外側は平板のままであった。水道内は絶えず流水があったことを示す。また、五寸釘は水道側に向って杭に打付けられていた。

次に、堤近くの底樋構造を推定した。姉川は天井川なので、樋口のレベルは河床よりもかなり低位置にあって、従って堤下の埋樋深さは河川内のものより当然深くなった。とくに、堤に近接する堤外は厚く堆積する土砂のために、一層深く掘下げる必要があり、河川内の底樋よりも深く、おそらく六尺以上の深さで溝を切って樋を埋めたものと思われる。この推測は、後述する文政二年の底樋継足工事に関わる出来目證文、史料、四八の冒頭部分が次のように記載されていることからもうかがえる。読み下し文は以下のとおりであって、若干の加筆をした。

右場所堤外とハ乍申、元来芝草之内ニ而流水通行之所ニ」無之ゆへ、旱魃ニ至ハ忽絶水ニ及ひ、難渋之由、」

仍之・・・

馬井がある（堤外で堤近くの）箇所は、河川内といっても芝状の草（あるいは背丈の高い草などが生い茂った所）の中で、水が流れない場所でもあり、旱魃になると水が細って底樋の水が無くなり、難渋するところである。・・・

埋められた底樋の仕様は前述のとおりであるが、堤に近づくほど深く掘削するために極難工事であっただろう。また、樋口には切石を積んで堤の崩壊や四面張りの樋の保護も図っている。

以上、河川内の馬井底樋を中心に樋の構造を説明したが、馬井あるいは上井の両者いずれも堤下に埋樋を設置している。ここで、堤下埋樋の構造について再度、図3-4の構造模式図を用いて説明しておくと以下のとおりである。

馬井は史料、六〇の二、五八の一に、上井は史料、五三の四、五六の一にみられるとおり、樋の底道は四方指、四面張りであった。材質は初め草槇を用いたが、上井では後年は松脂材になった。水道は底樋よりも約五寸高いが、幅は若干狭くなっていた。

ところで、底樋の構造は、しばしば丸太を使って図示されることがある。馬井底樋も度々このような構造と想像されてきた経緯がある。

昭和四〇年代初めまで旧湖北町小倉地先、賀村橋たもとに存在した「御料所井」について、川崎（二〇一三）は延享四年（一七四七）の史料を解読した。これによると、高時川の底樋は堤下を一〇間、川底を一四間とする全長二四間の短いものである。底樋の幅は馬井底樋と同様に約三尺だが、樋の両側には末口八寸、長さ二間の松丸太を使い、堤下は二段に、川底は三段で横に積上げ、これらは長さ一間もある栗杭木を丸太一尺当たり一本の割合で支えた。上部は棚木と称する太さ二寸五分の栗材を打ち並べている。さらに、形状や使い方は不明だが六〇個の「しょうけ」、笊の一種を用いたともいう。一六世紀半ば、浅井久政時代から使われたというから古い底樋であったが、馬井底樋に比べてかなり頑丈な構造であったことがわかる。これは、川の流れに直交する底樋にしたためであろう。馬井の場合、流れに沿って上流に向って造成し、距離も長くなった点と異なる。

馬井底樋・上井の修復工事

底樋など用水施設の修復工事は奉行所に陳情し、その願いが届いて普請が行われると、その目録や覚あるいは證文が村に示達された。堤下の埋樋のように長年月修復が不要であった箇所はよいが、比較的浅い川底に埋められた馬井底樋の木造施設は、材木の腐朽以上に河川が氾濫すれば損耗も激しくなる。

馬井底樋の築造から二〇年近く経過した享保期にもなると、底樋施設の各所に不具合が生じ始めた。既出史料、五八の一二および六〇の二によると、享保二年（一七一七）には馬井底樋七八間の内、破損した三五間の上板を取替修復したとある。しかし、どの区間なのか不明である。

筋奉行は交替しているが、一瀬、丸山両筋奉行は中筋・北筋の併任であった。川除奉行の田邉四郎右衛門（茂右衛門）は正徳年間から留任している。彦根藩は村びとによる工事人足費用はもちろん、小谷山産木材の運搬、木挽賃、釘代すべてを御救米で充当している。

享保二年に続き、同八年（一七二三）には残り四三間の修復を完成させ、横板の取替も行った。今回の松材は彦根から調達し、杭木のみ小谷山から伐採し、釘と鐶は入札で藩が購入したとある。普請費用の調達法が記載されていないが、前回に比べて親切丁寧な普請であったように思える。知行百五十石の宇津木小左衛門が川除奉行で担当し、筋奉行は中筋・北筋併任の丸山八郎左衛門、高橋新五左衛門であった。なお、これまでと同様に、文書末には證文としての一札が記載されている。

史料、五八の五によると、延享三年（一七四六）にも馬井の樋蓋取替をしたが、高さ、幅の寸法から樋門近くの樋口の蓋と思われ、栗材を用いた樋門引手木の取替も行った。

同年には上井の堤下埋樋の修復も行った（史料、五三の四）。前回の修復は四二年前の元禄一七年であり、同じく上流側上井の修復であった。今回は水道（樋）の幅が五寸大きくなっているが、草槇から松脂材に変えたことが理由なのかも知れない。水門の鳥居木も取替えたが、前回に比べ仕様がやや不明である。鑁の員数も前回と同数丁の支給であった。なお、この工事では作事奉行下の作事方が筋方と協議して請負ったと記載している。

村方の請願と奉行所の姿勢

これまで、工事内容について主に奉行所から出た目録などの史料を示した。以降は、村方役人が差出す底樋修復の請願書について例示しながら両者を対比してみたい。

宝暦七年（一七五七）の史料、五八の三一にみる請願内容は、これまでの底樋修復の経緯を述べながら、本題の馬井底樋が享保二年（一七一七）の修復箇所と同じ三五間の水道区域で土砂が大量に詰まり、水通りが極端に悪くなったというものである。前回は上板の破損であったが、今回も同様に上板の破損と共に長雨で増水して土砂で埋まったことが理由である。実に四〇年ぶりのことであった。

請願側の百姓代表は、「事態が堪え難い状況なので、破損箇所について御憐憫を以って御吟味して戴き、これまでの御約束どおり御普請をお願いしたい。享保二年当時の工事控も添付して請願致しますが、御普請が叶うようであれば、忝く有難く幸せに存じますので、恐れながら書面で以って請願したい」と、極めて丁寧な表現をしている。

これに対して、奉行所は史料、五八の六〇に見るように、翌年の宝暦八年（一七五八）に直ちに修復工事を完了した。普請の詳細は記載されていないが、費用は御救米三〇俵であった。先例によって文末には後々も耐用年数を考慮するとの一札が入っている。担当の川除奉行、知行百二十石の高宮清次および配下の押印のみである。簡略、即決の普請であった。

続いて、史料、五八の六七は天明五年（一七八五）に村方役人から出た、馬井底樋修復工事の完了目録控である。この請願は二年前に村から出されていたものであり、工事内容は馬井底樋口（吹き出し口）周辺の石積みと二五間の引川護岸用に使う伏板の修復であった。

史料の標題が「乍恐出来目證文之事」とあり、工事内容と共に材料費用が記載されているところから、奉行所から御救米などの支払いが未決裁のようである。石垣代、板代、杭代の合計が二八五匁二分と五文になっており、かなり高額である。

「丈夫な普請をして戴き大変有難く幸せです。普請場所は大切にし、また粗末がないように、きっと遵守する」旨を述べている。費用が未払いのようでありながらも、恐れながらと謙譲している。

これに対する奉行所側が回答した史料、五八の四八は、前記工事と併せて今村が別途に請願していた馬井の樋門および上井の工事内容も含むが、これら別途工事に係る請願史料は残っていない。

ここでは、既述史料、五八の六七の三カ所工事に対する費用の支払明細が記載され、馬井樋口の石代は何故か倍額の支払いになっている。馬井引川工事の板および杭代は、五文値引きがあった。なお、上井の引川筋は初出である。これは上井樋口から出る水を、左岸堤の西裾に沿って下流の横井方向へ引いた川筋のことか、あるいは堀越への水路であろう。この工事は前年の辰年秋に終了し、人足手間賃は日当米二升であった。

ところで、本文書は単なる支払い明細でない。川除奉行の川手七左衛門（通称、川七）の直筆であり、奉行が含蓄込めて百姓衆に申渡したい意識が強く、文書の受取人を坂田郡今村役人、小百姓中と記載していることからも窺われる。因みに、奉行の知行は百石だが、先祖筋に初代藩主、井伊直政の重臣、川手良則がいたようである。分家を継いで、そのまた分家と家系が拡がったせいか、「侍中由緒帳」に川七の名は記載されない。

さて、奉行の申渡しとは、次のようである。

底樋施設は年月が経って悉く朽腐し、水が通らず田畑の相続も覚束なく難渋しているとのことで毎度願書を出しているが、当方らは検分、吟味して三カ年に亙って普請を行い、また、支出した費用や人足の給米を支払ったわけだが、今回の普請は特別の計らいで行った。本来、川方の職務とは、姉川のような川筋で百姓が安心して生活できるよう、また、洪水のような危難を救う為なのだから、工事箇所のような場所は内々に修復したのである。このような意向は昔からの仕来りの芸、わざと心得て、以後は慣例にしてはならない。元来、筋奉行、川除奉行が居るのは農作物の豊凶、土地柄を見て、あるいは大規模工事など一村の自力では出来ない様な時に救いを出すというものだ。今回の工事は自力で出来るのではとも聞こえてくるが、近年の郷方は経済的に困窮し、とくに昨年の米は不作で、庶民が患っている様子も聞いている。殿の御仁憐のお考えでは、物資も乏しいからと仰せなのだが、そこを（曲げて）修復したのだから、末々までも大変潤う冥加を有難く思い、あとは農業を大切に守ることのみである。

従って、この度からは旧来の悪い風習や癖を省き改める。仕来りや慣習に拘わらず、御田畑の相続のことは威儀を糺して申付けるので、（今後は）正直に申出るように。百姓が指出ることは、日夜田畑を耕すことのみで、他の事は無く、本業を忘れてはならない。心得違いが無いように。（違反者には）少叩き（軽い刑罰）程度は、村方で取締り、執行するように。この度は、格別に農民を慈しみ育てる御深意を以って申付けるので、よくよく本業を大切に末々までも冥加を拝し奉るよう相守ることを申渡しておく。

以上の文書には、これまで踏襲されてきた念書、すなわち、施設の年数を考慮し、これが朽損すれば普請を考慮しようとの證文を一札入れて欲しいとの村方の要望が消されたようだ。文面にある、旧来の悪い風習、癖を省き改めるとは、このあたりの事情を示すのだろう。事実、奉行所から示達される、この時期以降の出来目證文にはあからさまな表現は記載されなくなり、先例に任せる程度の表現になった。

また、田畑の相続云々とは天明期の凶作が熾烈を極めた結果、離村する百姓が出たのでなかろうか。村の役人でつなぎ止めるようにとの指示とも取れる。

記述が少し前後するが、文政二年の馬井底樋の継足工事以降も馬井底樋のみならず、上井の修復工事は続けられた。天保年間の前半には凶作のため今村の長五郎による一揆未遂事件（本章、第六節で後述する）が発生するが、天保五年の馬井堤下の埋樋の朽損に伴う長さ五間半の取替え工事、天保七年の霞堤下、杉ノ木の水門取替工事あるいは天保一〇、一一年と続く馬井底樋、上井の川囲い工事、馬井底樋の鳥居木、水門取替工事と、村びとは用水確保に必死になった。しかし、前記事件の主導者、長五郎の事件後の処罰に絡んで天保七、一〇、一一年の工事史料が参考になるため、第六節の別途史料として掲載し、工事の詳しい内容は省きたい。

上井については嘉永七年（一八五四）に埋樋および水門の鳥居木を取替えているが、これは現在も使われる上井の方である。なお、上流側の上井は機能が低下し、この頃には既に使われていなかったのだろう。これらの修復費用はいずれも御救米で賄われたことが多かった（史料略）。

以上、馬井底樋や上井の修復工事は、内容にもよるが大よそ二〇年から五〇年の耐用を目途に計画していたことが分かる。

替池の修復

次に示す史料、五八の六五は引川筋にあった替池修復に関する證文である。池の所在地は小字、惣田町になるが、馬井底樋の樋口に近い場所で貯水する目的で、古くから造られていたものと考える。馬井底樋が築造されてからも機能していた。

寛政九年（一七九七）当時、幅三尺に横四尺五寸、深さ六尺の簡易な池であったが、池を囲う板を取替え、費用は御救米で賄ったとある。二カ所ある池のうち修復が一カ所だったので、村方は残りも取替えるようにと例書付を依頼しているが、奉行所は先例に任せるとの記載のみである。川除奉行は、知行百五十石の柏原惣左衛門であった。別途史料によると、未修復に終わった、もう一カ所の池は四六年も後の天保一四年（一八四三）に完了している。現代の古老に池の有無を聞いても全く知られていず、近代になって埋められたか、あるいは自然に崩壊・埋没したのかも知れない。引川の両側を堤が囲み、うっそうとした竹藪と雑木林続きの土地であったので、その管理は困難であったことと思う。

なお、これまで今村と関係が深かった川除奉行は、文化一二年（一八一五）から代官に職務が統合された結果、欠役になった。以後は幕末に至るまで村方との折衝は代官所が中心になってくる。

(二) 馬井底樋の継足工事、底樋を巡る隣村との水論

本節の（一）では馬井底樋、上井の築造とこれらの維持に要する修復工事の歴史を個別に調べ、村方および奉行所の対応も述べてきた。ここでは、先ず文政年間に馬井底樋の能力を向上させる目的で行われた継足工事の概略を限られた史料によって述べたい。

今村が継足工事を切望した理由は、今村の土地柄干ばつになり易く、従前の馬井底樋の水量では田用水が不足

するため、村びとの切実な願いがあったからである。

馬井底樋の継足工事計画は、古くは宝暦一三年（一七六三）に三田村の新規底樋工事に併せて奉行所あて請願し（史料略）、また、上流筋の東上坂村とも折衝したようだが成就していなかった。再度の機運が生じたのは文化年間の終わり頃からであった。

なお本節（二）では前記の三田村との折衝をはじめとして、底樋を巡る隣村との水論とその交渉内容にもふれてみたい。

底樋継足工事の実現

文政元年（一八一八）の史料、五六の三の四をみると、継足樋の距離は既存の七八間を超える八〇間とあり、五〇間は「當時御願」と記載している。この意味は不明であるが、当初は倍の距離を請願したようにとれる。しかも、予め代官所と折衝した場所について村独自で既に工事を始めていたようであり、立替えた出役手当の費用を記載している。

史料には村役人の押印はあるが書出しもなく、従前の請願書の文型でないことから、控あるいは未発出とも思われる。これらの経緯は文化末年の史料が未調査の上、当時の史料が少ないので不確かである。しかし、村方の本音は彦根藩による普請を願っていることは明らかである。

幸いにも翌、文政二年には代官所との折衝が急転したらしいことが次の二史料、五六の三の一、五六の三の五および後述する史料、五六の三の九から分かる。前者の二史料は文政二年十月十日の同日付のものである。

最初の史料では、「新樋継足しについては、莫大の御憐愍を以って自普請工事で許可をして戴いた。他村が上流筋で底樋を造られても異存はなく、もし間違いが生じるようなら、新樋は取払われても構わない。」旨の工事請け書を代官所に提出している。

二番目の史料は新樋のことであり、「近郷（上流域の村々）からの苦言はないかお尋ねになった点も吟味して戴き、莫大の御憐愍を以って長さ三五間の継足工事は自普請で行うことで許可を戴き、冥加金も出して戴くようで有難い。」旨が記されている。また、「何分とも新規事業なので、この先問題が生じるようだと（代官所は）何時でも取払うと言われたことにも一切不服はない。」と言っている。

さらに代官所から念を押されたと見え、三番目の史料には、「（上流にある）大路村・三田村底樋の継足工事が行われても異存はないか念を入れてお尋ねになり、また両村からの申し入れもあり、今村としては毛頭何の問題もない旨を返答している。」とある。

代官所の対応

以上の工事完了に伴って、代官所が発した正規の『底樋出来目證文』が史料、四八である。継足した新樋の仕様明細は長さ三五間と明記され、内容は従来からの仕様である。但し、樋先（水元）を工夫して七間もある大籠二本を折返して締切ったと記載している点が特長である。

本史料には、冒頭の仕様明細に続いて馬井底樋築造後の経緯が述べられ、続いて三田村が宝暦一三年（一七六三）に（同村の血原地先で）新底樋を築造した折のことが記載されている。今村も引続いて継足し工事が出来る筈だったが、隣村の三田村から差し支えがあるとの注文など、何かと事情もあって容易に出来なかったとも述べている。

この宝暦一三年に、今村は奉行所から異存はないかと尋ねられたので、三田村底樋が川表六間を超えると下流の今村の底樋に支障が出ると返答し、三田村底樋の工事の際に立ち会った経緯もあった。しかし、その後に三田村がこれを無視するなど、今村、三田村間で争論があったようである。これらの経緯は断簡の控文書に依るので、本論では掲載を省く。

代官所によると、今村と三田村との間には宝暦以降、五七年もの間、金銭で解決してきたことを述べており、両村間の問題と解決策は代官所も把握済みであった。

史料、四八の前段を続けて読むと、以下のようになる。

この度は格別の思召しで新規に継足し底樋を造ることになったが、自普請にするよう仰せ付けられた。三田村との一件は吟味もするが、何かと懸け合いもするとの仰せである。なお納得できない人達には担当掛を入れて三者で御内意を調停し、仲直りするようにとの仰せである。関係する五カ村も納得していることであり、他に障害もないことなので、これら（関係者の）請書を決裁したところ、十三日から十九日の間に全ての普請は（決裁手続きは）終了した。以後、農業に精を出すようにと仰せなので、この旨を心得て小百姓にも相励ますようにしなさい。出来目證文を永久保存したいとの願いなので遣わすようにと仰せ渡らせなので、印方書を遣わす。

以上のように、代官所は三田村はじめ近隣五ヵ村（三田・大路・西上坂・東上坂・榎木）との調停にも留意したようである。史料、四八にある、三田村との金銭での解決策は次項でも述べるが、文政四年時点でも三田村から今村への年貢払いとして続いていた（史料略）。

代官所からの正規の文書には代官の花押入り、自筆の奥書が添付された。代官は赴任して一年未満の知行百石、佐藤隼太貞寄であった。代官の経歴は後述する。奥書（写3-7）を読むと以下のようになる。

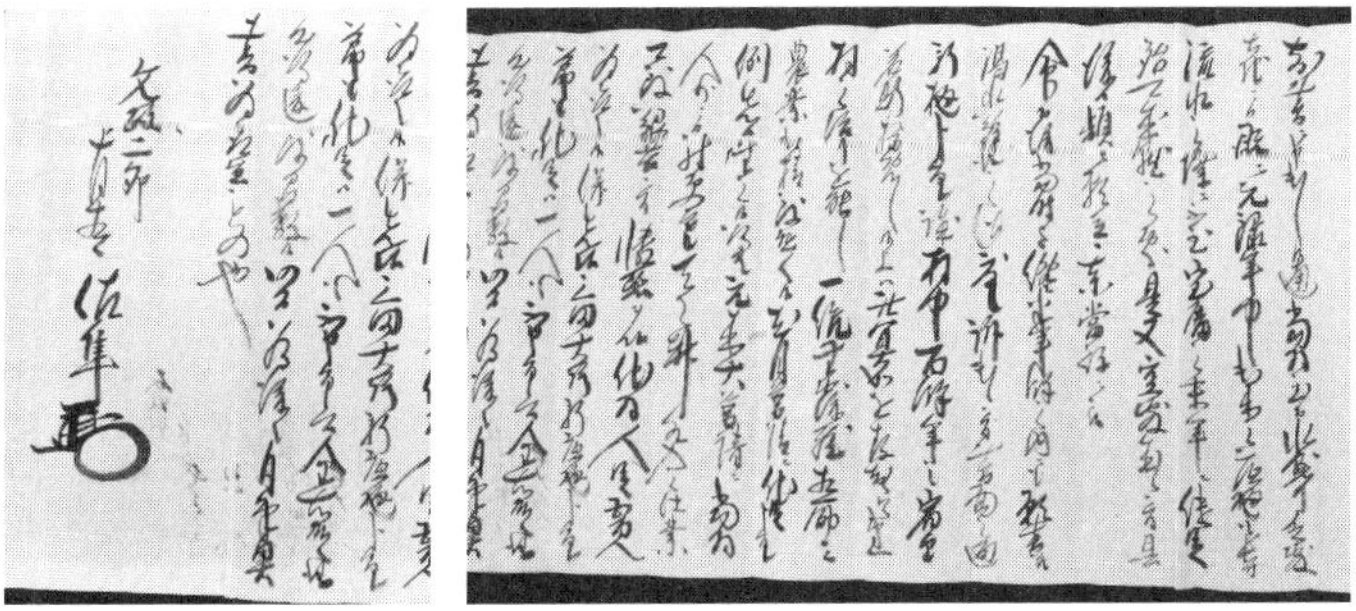

写 3－7　代官、佐藤隼太貞寄による奥書（今共文、48）
注）左側文書の前 3 行は右側文書の後ろ 3 行と重複する。

前書きにも記したとおり、今村は至って水懸りの悪い土地であり、既に元禄年間に出来した底樋の長さでは水が不足していた。宝暦末年に継足工事（計画）がほぼ出来かけていたが成就しなかった。その後は（村方から）しきりに請願に来ていたが、（拙者が）代官職に就任してこれまで半年の間にも願書や渇水の状況が絶後である様子が届き、（村方も）訴えて出てきたので、書面にあるとおり新樋とした。誠に村中にとって百余年の宿望であった。

このように許可した上は、この冥加が分かるならば村の自治を良くし、一同、（冬の）農閑期でもよく働いて精を出すように。尤も、自普請なのに他村から（雇用の）人足手間をいう例は先ずなかったが、元来、大普請なのに村の人数が少ない上に村請けと定めては、田を耕し、水を入れる業に艱苦するだろうから、憐愍を以って他村人足五百人分（の手間賃）を取らせる。

なお、先頃、三田・大路両村が新底樋にした（継足工事した）節には、他村人足は一人分も要求しなかったが、（今回、特例だが）右のような事情があることを心得違いをしないように。依って、後日のために自筆奥書をとらせるものである。

文政二卯　　十月十九日　　佐隼　花押

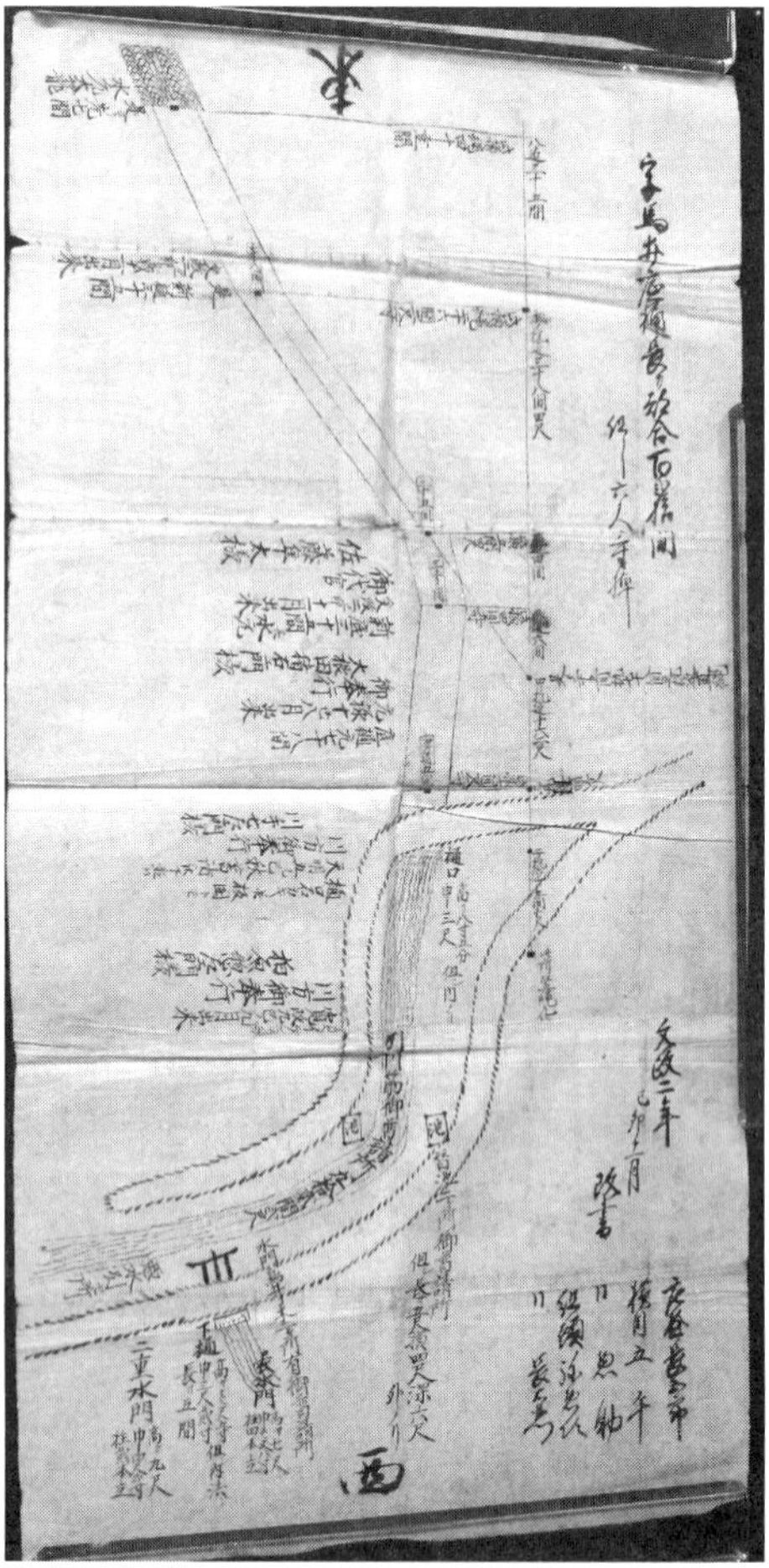

写3－8　文政二年の新底樋出来絵図面（今共文、5－1）
注、絵図面の概説
一、六尺三寸の棹で計測した距離（間数）あるいは施設の寸法が記載され、底樋位置は基準杭石から、あるいは杭石間の距離で示している。
二、本絵図には、それぞれ増築、修復を担当した代官、奉行の名前が記載されている。
三、普請場所が彦根藩直轄となるものには底樋、堤下の埋樋、引川、替池、樋口、水門がある。しかし、場所により樋の掛替えは自普請、その際の人足手間は彦根藩から支給となる場所もある（p.82の姉川筋絵図に記載）。

以上が底樋出来目證文のあらましである。文政二年の新底樋完成を機に、同年十一月に描かれた底樋を中心とする図面を写3-8に掲載した。図によると底樋の長さは都合一二〇間と記載されており、この内訳は旧底樋の七八間に継足底樋が三五間、水元の大籠が七間、合計一二〇間になる。絵図面の概説も注記した。

榎木村の樋

前項で底樋継足工事に伴う宝暦年間からの三田村との争論の経緯と代官所の調停を述べた。しかし、隣村との交渉や争論は三田村だけではなかった。姉川に隣接しないが、古くから姉川の利水を図った榎木村をはじめ、上流域の東・西上坂村とも水論があって、今村はこれら村々との交渉を要した。

史料、五八の二五によると、今村は榎木村との間に生じた問題について奉行所へ訴え出ている。古い経緯などを述べてはいるが、やや曖昧な結論にしている。その大意は以下のとおりである。

宝永年間（一七〇四～一七〇八）、榎木村が馬井底樋の上流、高柳で堀割りしたので奉行所に訴え出たところ、榎木村のやり方は今村領の田養水の妨げになるので、榎木村は堀割りを埋めるよう命ぜられ、今村も幸いとばかり一緒に埋めてしまった。

その後は何の動きもなかったが、寛保元年（一七四一）冬に、榎木村は馬井底樋三町ばかり上流地点に新底樋築造の許可願いを出した。これに対して奉行所は今村の都合を尋ねたが、今村としては宝永年間と同様に今村領七百石の内、六百石を馬井底樋の水に依存するので、この水が細っては甚だ困る旨を伝えている。併せて、西上坂村（当時は同村の枝郷、現在の千草町）内の二カ所の釣り池の水が汲み上げられ、馬井底樋に影響が出ている状況を詳しく伝えている。

同史料によると、榎木村が底樋を申請されるのは気の毒にも思うが、今村は先例のように、底樋が出来ても樋を掘起す許可を願う積りだと回答している。しかし、一村同事のことでもあり、そうされても榎木村に差障りがないと言うのであれば、お互い腹を割って協議したいことに偽りはないとも回答している。奉行所が、旱の際には両村ともに公平に扱って戴いた意味があるのだからとも付加えている。

その後、榎木村が底樋計画をどのようにしたのか、当町には史料がなく不明である。しかし、既述の今村姉川筋の繪図をみると、榎木村は既に三田村からの借堤、高柳に井水の水門を設置している。寛保元年に申請した底樋は成功しなかったとみえるが、堤下の埋樋による井を造ったようである。後年になって、今村も榎木村に対しである程度の譲歩をしたようである。

時代は大分下がるが、史料、五三の五は今村の底樋継足が完成した文政二年に榎木村にこれを通知したものである。今後、榎木村が底樋新設の許可願いを出しても今村は継足工事をしたので、一向に構わない旨の一札である。この時点でも榎木村はやはり底樋を築造していなかったことが判る。

三田村・大路村とのつながり

明和元年（一七六四）、馬井底樋を巡って三田村・大路村の両庄屋が今村の庄屋ら役人に連署して、奉行所宛に出した詫状がある。

史料、五八の二一によると、馬井底樋から引川筋に出る堤下の埋樋が詰まり、折悪しく今村は田植の真最中であった。奉行所に相談したところ、堀を割って樋内の水を通すように言われた。しかし、開けてみたところ、思いの外、樋には木の根がぎっしり張っており、ようやく根を伐り払って砂だけにしたが、皆はこれでは田植え水が取れないと焦り、水路の板まで一気に潰しにかかり止めようもなかった。早速、事の次第を注進し、検分して貰った。幸い奉行所の憐愍を以って事情を判ってもらい、この後、埋樋の伏替工事までして貰った。

事故の際に奉行所による現地検分は全て済んだ積りだったが、普請場所や道具類のことを申告、手続きしないまま、工事に動員した大衆の言いなりに事を進めてしまった不調法を非常に反省している。奉行所はこの詫びを聞き届けてくれ放免してはくれたが、今後、普請場所や道具あるいは杭一本に至るまで、これらの管理には十分注意し村びとにも言い聞かせる。もし今後もこのような不注意があったら責任を取ると記載している。

事態収拾には三田・大路両村から村びとを動員要請したので、今村も含めての謝罪と思われる。しかし、馬井底樋の用水で三田・大路両村が益することはないにも関わらず、両村は何故協力したのだろうか。おそらく、本件は三田村が血原に底樋を完成した翌年のことであり、今村からすればこの底樋完成に恩義を着せていたのだろう。このような経緯もあって三田・大路両村の人びとは、自村でない今村の底樋のことゆえ作業も乱暴になったのだろう。なお、大路村領域の田は三田村底樋水の下流域にあるため、このような作業を負担していたわけである。

既述のとおり、三田村は宝暦年間に血原地先に底樋を完成させて以降、今村に対し迷惑料の補償をしており、奉行所も承知済みであった。今村は文政二年に継足工事を完成したので、これによって宝暦以来の迷惑は解消したかのようであった。しかし、同じ頃に三田村も継足工事をする計画があり、これを今村はあっさりと了解し、差障りは毛頭ないと奉行所に回答していた（史料、五六の三の九）。今村が継足工事を終了して二年後の文政四年時点でも三田村は今村に迷惑料として年貢を支払っている（史料略）ので、今村は続けて補償を要求したのだろう。

三田村の底樋継足工事は、今村より十年遅れの文政十二年（一八二九）十月に五二間余を継足して完成し、都合百十一間七尺になった。宝暦以来六六年ぶりであった。宝暦の底樋は霞堤を割る約六〇間の底樋であったが、文政の工事は内堤を割って継足した。本川から導水して霞堤および内堤を跨ぐ底樋の総距離は今村と大差ないが、内堤下の四方樋（埋樋）はやや大きく、樋底に根木土台を置いた。本樋底にも松張木（丸太か）を置くなど堅固な仕様であった。また、本樋の取水部には留枠を、曲折部には樋保護のための松木枠を置くなど施工法も工夫した。

以上のような底樋からの取水以外に、霞堤内上流からの水を絞った堀越川を利用し、内堤に開けた水門からも取水する二本立ての用水を使い、大路村へのイカリ井、三田村への芝原井に分水したようである（以上、三田町共有文書）。

西上坂村との交渉

榎木村と同様に、今村底樋継足工事計画に伴って西上坂村との交渉事項を示す史料がある。西上坂村の言い分は（史料、五六の三の三）、姉川の水量自体には問題ない。しかし、今村が継足した場所は以前からの論争地に当たり、西上坂村には絵図面もあるので同村の料簡として問題がないと言いきるのは、お上（彦根藩）に何とも恐れ多いことなので、この際一札入れて貰えれば構わない。どうぞご勝手に許可願いをされても結構である。

これに対して今村は村方とも相談の上、西上坂村の言い分を全面的に認め、何の条件も付けず一札入れると随分あっさり返答した。しかし、庄屋の控文書のメモ書きによると、口頭では何かと筋論で難癖を云われたらしく、危ういとみた榎木村の瀬右衛門が取りあってくれ、西上坂村役人に一札を入れたとある（史料、五三の六）。

なお、東上坂村との交渉事項になるが、宝暦一三年の底樋継足工事計画があった際に、同村にも一札入れていた経緯があった。

（三）『村中定目録』にみる奉行所への応対

標題の村中定は文化六年（一八〇九）に作成されたものである（今共文、三四の四）。その理由は今村が川筋にあり、藩の御普請場所が多いため万事につけ世話が多い。また、近年は小雑用も増えたので村中相談の上、庄屋を二人から一人に、また、横目一人、組頭三人とし、それぞれの任期も定めたからと記している。村役人の改正事項も含め全部で三七カ条に亘り、年貢米の扱い方、役人の出張手当ほか多くの規約を定めた。中でも、川筋に関連する規約、とくに奉行所への応対法が以下のように一〇カ条もある。村役人の気遣いは、川除奉行が役職誓詞、起請文において検見などで出張の際には金銀米銭何れも借用せずと書いたほどだから、どうも贈賄に近い状態のようだった。

一、奉行所からの改め（検収）には、夕飯料に米一升宛。御泊りの節は朝飯のみを両寺の役人で、帳面書きと配膳は年行司がする。
一、川原普請場所の下検分がある時は、庄屋の宿米二斗を付ける。
一、川除御奉行様が御見分で庄屋宅に御立寄りの節は米三升を付ける。
一、川除御奉行様には仕出し一担（かた）げ、米二升に銀七分五文、お供には一担げ、米一升に銀三分宛付ける。
一、下御奉行様、一担げに米二升、銀一匁二分五文。
一、川除御普請仕上げ役人中並びに年行司に夕飯料米一升宛。
一、御代官様御内指の節、御馳走は未（見）合す。
一、御筋御奉行様御巡見の節、役人は酒だけ。庄屋宅に御立寄の節は米三斗付ける。
一、御奉行様はじめ、その他御用向きの儀は庄屋宅で応接する。庄屋の都合悪い時は横目が勤める。
一、川除御奉行様御出での節は、飯番を一人付ける。
一、馬井、上井湯浚の節には、初め一度は酒、その後は酒無用。
一、雨乞いの節、初め一度は酒、その後は酒無用。

最後の二カ条は奉行所応対ではなく村独自の申合せになるが、川筋のことなので参考に掲げた。湯（井）浚いは事項で述べたい。

（四）村の利水法

馬井底樋や上井からの水を有効かつ公平に使うため、江戸時代から昭和の戦前まで残っていた番水制度があった。また、番水に絡む江戸時代の麦作についても述べてみる。

番水制

稲の登熟期には多量の水が要るため、現代の水稲栽培ではこの時期のみ用水を順番に公平に回すにすぎないが、江戸時代の今村にとって、番水は代かきや田植え時期から非常に重要であった。水番の作法とも称し、姉川の水を有効かつ公平に使う村びとの知恵と規律であった。

番水の作法には四つの方法があった。その一は、村にふれが回って翌日正午から亦番にすると決まると、用水路の分岐点（俣）で土のうなどを積んで分水し、川下の田から順番に水を回す方法であった。各用水路に同じ田頭（地主）の田があると、面積の多い順に回し、公正に水を回すためには二名の立ち番制もしいた。

その二は、冬に麦作、夏に稲作をする二毛作田での亦番は、荒割り、した田入れなどと称し、漏水の激しい田、あるいは田植え直後の入水を優先した。

その三は、いよいよ渇水期になると本番川浚えと称し、村中の生活用水すら遮断して田用水を優先する方法であった。

その四として、姉川に近く水回りの便利な田は、余水懸りと称し番水制を緩くした。

以上の番水法も雨が潤沢に降り川原が増水すれば、番破れと称して規制は解除された。

安政四年（一八五九）、氏神奉納発句合で詠まれたものに、「川下を先へ植出す田寄かな」美遊作、があった。前述の一が運用されていたことを示している。

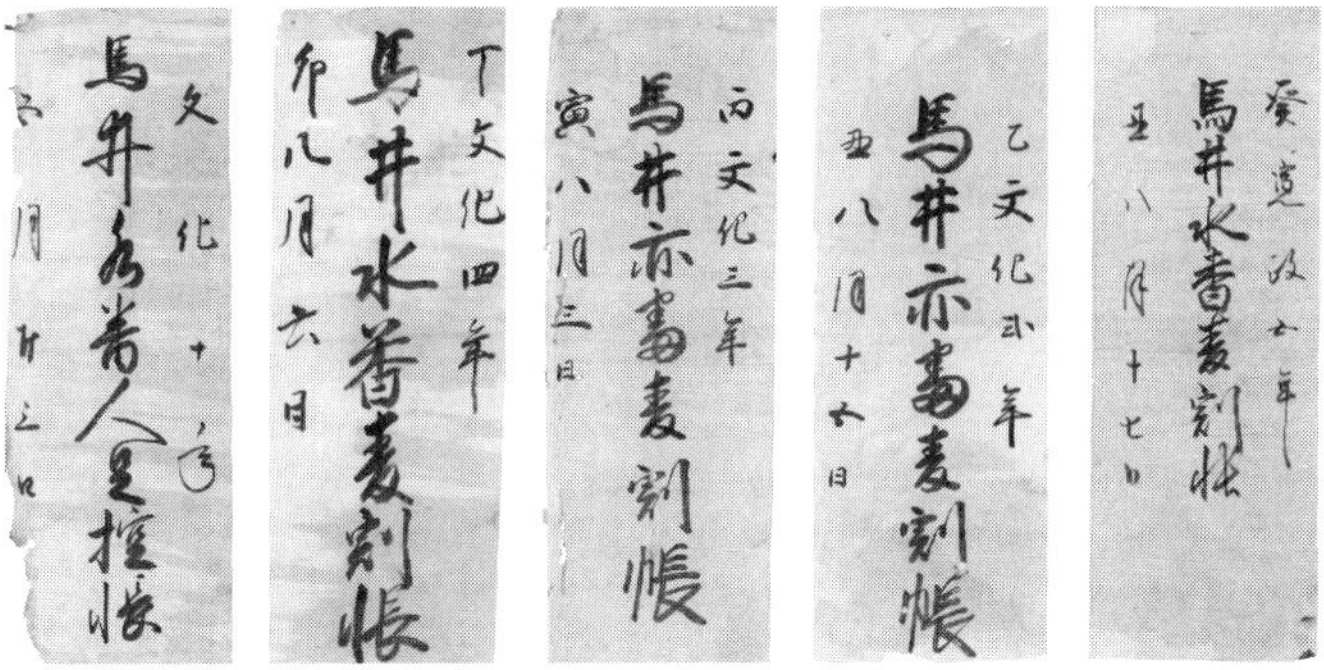

写3-9　水番、亦番麦割帳、水番人足控帳の表紙（個人蔵）

水番、亦番麦割帳

寛政五年（一七九三）から文化一三年（一八一六）にかけて作成された、主に馬井の水番あるいは亦番と麦割とを決めた帳面八冊の年号と標題を次に記載した。これらは今町、岩隆寺屏風の下張用紙に使われた古紙として収集、保管されていたものであり、いくつかの帳面表紙を写3-9に示した。

一、寛政五年癸丑八月　馬井水番麦割帳
二、文化二年乙丑八月　馬井水番麦集寄帳
三、文化二年乙丑八月　馬井亦番麦割帳
四、文化三年丙寅八月　馬井亦番麦割帳
五、文化三年丙寅八月　馬井惣替足人足帳
六、文化四年丁卯八月　馬井水番麦割帳
七、文化十年（癸酉）五月　馬井水番人足控帳
八、文化十三年丙子正月　上井麦割高打帳

この内、一の帳面を除いて帳面の内容は欠落しているが、標題から以下のように考察した。

先ず、帳面の大半が馬井の番水であったことは、上井の水系に比べ馬井の水系には複雑な水路が多く水懸りが悪いうえ、二毛作に起因して漏水過多になる田が多かったことによるのだろう。とくに乾田の麦跡水稲栽培では透水性が増大し、代かき用水量は極めて大きくなる。このような事情もあって馬

井の番水は重要であった。

ところで、当時の今村の百姓にとって、収穫した米の半分は年貢として彦根藩に貢納しなければならず、したがって麦（大麦）は重要な食糧になった。麦割、つまり麦を作付けする田の割当てを水懸り条件などを考慮し、帳面にあるように毎年八月（旧暦）に村役人で計画し、各百姓に連絡したものと思われる。菜種のような換金作物の栽培も考えられるが、二毛作の大半は稲・麦だったといえよう。なお、上井水系は水懸りも良く、湿田も多かったので水番は余り重視しなかったと思う。土壌条件が良ければ大麦を栽培し、不良であれば早生稲あるいは早植稲の一毛作中心であったことであろう。

浅井郡冨田村は今村の水田とは土壌条件が大きく異なり、細粒粘質でありながら用水条件が不良のため、今村と同様に旱魃を生じやすかった。享保一一年（一七二六）の「浅井郡冨田村高反別帳」によると、上田での大麦作付け割合は中田よりも明らかに高い率であった。しかし下田では米よりも麦を優先したようである（川崎、二〇一三）。

水番あるいは亦番麦割帳とあるのは、前述した番水制を指すと考えられる。すなわち、村として二毛作に麦を栽培する田を割当てるなり、あるいは麦作状況の把握と調整をし、それら麦跡稲栽培の亦番を決めたものであろう。現代の水田転作物、麦・大豆の輪作方式を集落で調整することにも通じる。

二の麦集寄帳および七の水番人足控は、水番、亦番に出役した人の報酬を支払うための帳面である。幸い、一の帳面の内容一部が残っていたことから報酬内容が判明した。これによると、番水の報酬は麦の現物払いであった。

馬井水番

一、九町七反弐畝弐拾四歩

壱反ニ付七合宛
〆　六斗八升九勺
二の田入又番共ニ五升宛壱人前ニ付
一、八日半　甚太夫
　此麦　四斗弐升五合
一、弐日半　吉兵衛
　壱斗弐升五合渡し候
弐口〆　五斗五升
　外ニ壱斗三升九勺餘分有

図3－5　水路亦番の図

水番や支給日の記入はないが、甚太夫、吉兵衛の二名は合せて一一日分の水番手間代として、麦五斗五升を現物で支給されている。川下の田が一の田であり、二の田入れは用水路の中流域から上流域の田であったと思われる（図3-5）。

馬井からの水が懸る九町七反余の水田地主から一反当たり麦七合を拠出してもらって費用を賄い、この年は二名の番人で回ったようである。年次は異なるが、反別に応じて麦を寄せ集めたことは二の帳面が示している。

なお、帳面八の上井麦割高打帳の内容が不明である。正月の記帳なので上井水系の麦作に関して費用を精算した帳面のようである。また、五の帳面は次項に関連する馬井の川浚え人足を記帳したものと思う。

安政五年（一八五八）、ある文人が今村の岩隆寺住職、大田翠巌の古希祝いにと初めて今村を訪ねた折、雪融け後に生育が回復して青くなった村の麦を観て、「雪融けて桀（は）えばえ麦の青みかな」の句を詠んだように、麦が盛んに栽培された様子が分かる。

吉田（一九七二）によれば、江戸時代には米の貢租化を十分にするため裏作麦が奨励されたので水田裏作麦が著しく普及し、農民の主食は裏作麦であったという。近世の水田裏作麦は課税されなかった場合が多かったともいう。

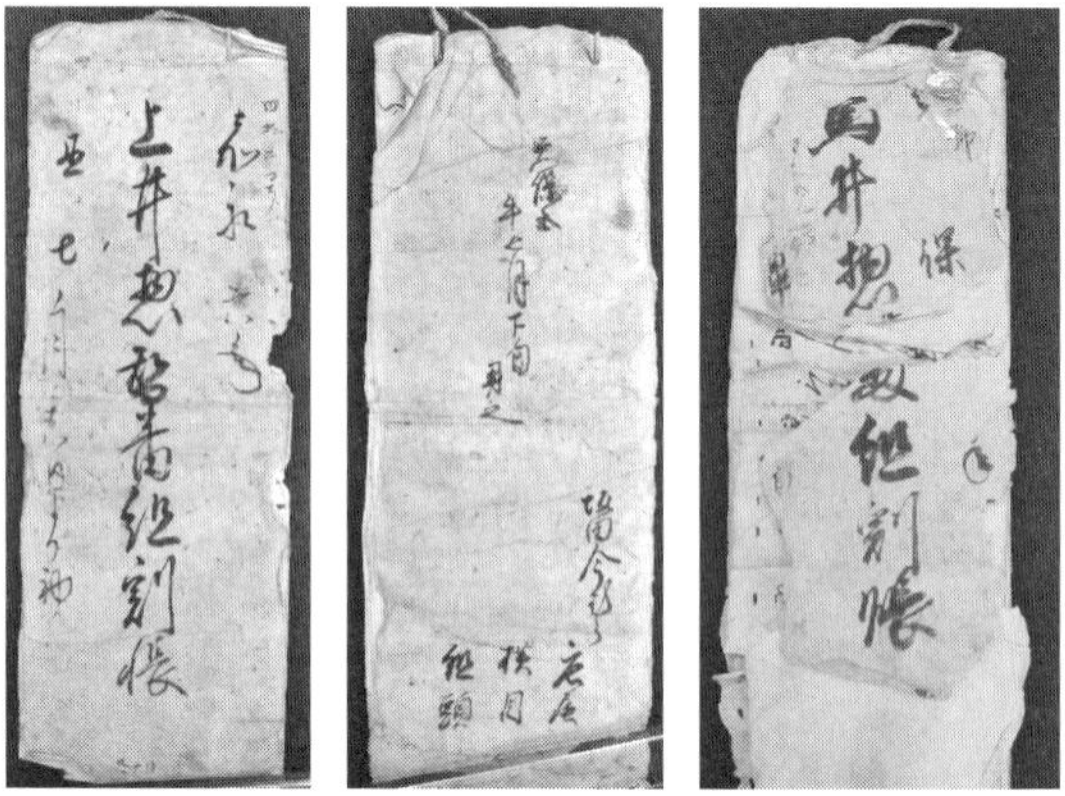

写３-10　馬井、上井の惣替番組割帳（今共文、39-１）
注）右の二つは帳面の表裏（天保期）、左は嘉永期の帳面表

惣替番組割帳

惣替番組割帳が今共文、三九の一として保管されている（写３-10）。幾組もの村びとに回覧されて損耗が激しく、数冊が奇跡的に残った。しかし、惣替え番の運営法が十分判る人がいない。帳面は馬井と上井に分かれていることから、これらの井から出る用水路を惣（村）全体で浚渫・管理する順番組を決めたものと思うが、作業場所をどのように分担したか不明である。

前節（三）で述べた『村中定目録』には、馬井、上井の湯（井）浚い時に初め一度は酒、その後は無用とあったように、井浚えは頻繁に実施されたようにも解される。

替え番は各小字別にまとめられ、例えば馬井水系の場合、用水の最下流域の下市場から順に的場、六反田と続き、上流域の杉ノ木、池田に終わっている。各番を十人前後でまとめ、各小字別耕作者の反別に応じて人数が割りふってある。天保五年（一八三四）の帳面によると、一番から二十番までの組分けにしていた。嘉永六年（一八五三）の上井でも、六から十人編成で二十組の替え番があった。

（五）奉行と代官のプロファイル

江戸末期から挙行され始めたと思われる今村の「底樋祭」は、元禄および文政年間に馬井底樋の工事に関わった彦根藩の大根田、佐藤両藩士の双幅絵像を懸けて顕彰するものである。現在でも自治会初総会の最初の儀式として継承されている。しかし、文政年間に今村の庄屋として底樋継足し工事に貢献した長五郎の功績は、彼が晩年に起した事件によって風化してしまい、当時の権力、公儀にばかり阿るような形式になっている。

写３-11　筋奉行、大根田猪右衛門長寛（右）と代官、佐藤隼太貞寄（左）

注）中谷求馬筆。大根田は元禄期、佐藤は文政期に北筋奉行所で勤務した。（今町共有文化財）

彦根藩の上・中級藩士の役職には寺社奉行、町奉行、筋奉行があり、筋奉行以下は概ね知行の高い順に勘定奉行、普請奉行、大津蔵屋敷奉行、船奉行、用米蔵奉行、松原蔵奉行、皆米札奉行などがいた。奉行職最下位の川除奉行の上位には代官がいた。彦根藩の代官職は当初は町人身分の代官役であったが、亨和元年（一八〇一）に廃止されて以降は、知行取藩士が勤めることになった。文政年間の今村を管轄した川除奉行は欠役だったので、代官が筋奉行と連携して村の支配を行った。

彦根城博物館編、『侍中由緒帳』による両藩士の経歴は以下のとおりである。奉行と代官の肖像画を写3-11に示した。

大根田猪右衛門長寛

馬井底樋が完成した元禄一〇年時点の北筋奉行は、既述のとおり大根田猪右衛門長寛であった。大根田猪右衛門家の三代目になるが、知行は三百石であった。元禄四年には既に弓組の足軽大将の経歴がある。長寛が御書印付き裏書を簡潔に記載したことが先規となって、これが天明五年の改革時まで活き続けたことも既述のとおりである。

大根田家猪右衛門家初代、長則までの先祖は下総の結城家に代々仕官した。大根田家十一代、長品で明治維新を迎えた。その間に四代目も筋役を務めたが、行跡は良くなかった。七代から二百石に減知され、九代目長章は不行跡、不始末で閉門、十代目長綱には遊惰、不行跡、不心得が目立ち、その都度、御叱り、閉門差控えがあって、遂に知行は百二十石にまで下がった。百二十石の内、百一石余の知行地は坂田郡新庄中村にあった。

今村の絵師、中谷求馬が描いた大根田猪右衛門長寛の絵像背景には矢立屏風があり、弓矢を手に持っているのは奉行前職の弓組足軽大将を知って描いたわけだが、元禄時代の侍だったので求馬の想像によって描かれていると思う。

佐藤隼太貞寄

北筋奉行所代官の佐藤隼太貞寄は佐藤隼太家の五代目に当たり、知行は百石であった。本家は佐藤孫右衛門家二百石であって、分家した佐藤隼太家は七代目まで続いた。文化四年当時には南筋の川除奉行の経歴がある。家名は佐藤隼太であったが、左内、左衛門、次郎三郎と名を変えている。

文政二年に北筋の代官に就任したが、既述のとおり、今村の底樋継足工事が間もなく完了する時に就任している。前役は藩校、稽古館での素読方、また、弘道館の書物奉行添役などを歴任した。隠居後には『井家美談』、『教生録』などを編纂した。

中谷求馬が描いた絵像背景に、文机と思われる上に書物があるのも佐藤の経歴を知っていたのだろう。肖像は求馬の在世中、実際に代官に会って描いた可能性もある。

（六）百太郎川の水争い

これまで馬井底樋の用水を巡る水論は、主に姉川上流域の村々との摩擦が中心であった。しかし、姉川下流域、國友村との水論は今村にとって大きな事件になった。この水論の概略は長浜市史、第三巻の第二章「水利・水論と入会山」に紹介されてはいるが、地元民からみると、やや事情の説明に欠けるうえ、國友村の判断を優先しているように読み取れる。そこで、百太郎川水系に係る枝川、井口の位置関係の説明、あるいは國友村が問題にした、今村が持っていた中川樋や上ノ町樋から竹林坊への導水法についても言及したい。しかし、これらの樋は既に圃場整備によって失われており、両村間で紛糾した内容を現代人が視覚として十分理解しきれない面がある。

享保年間に発生した水論は、今共文、三八の五および三八の三の史料が中心となる。前者は享保一五（一七三〇）年二月二五日付のものであり、事件が未だ決着しないまま、今村側の曖人（扱い人、仲介者）になった三カ村の庄屋が連署したものである。後者は同年六月五日付のものであり、事件の決着が付いた結果、関係者全員が連署して取り交わした證文である。御家流の達筆で記載された、法量が幅三二センチ×長さ七七八センチもの長い史料である。

これら以外にも、國友村との水論は文化一一年（一八一四）にも同じ百太郎川沿い、下流の別場所で再発したが、享保年間のものに比べて小事で済み、村どうしの相対で済んでいる（史料略）。以下少し長くなるが、後者の史料、三八の三に基づいて、享保年間の水論を中心に述べてみる。

事件の発端

事件の発端に対する國友村の言い分は以下のようであった。

享保一四年六月、今村は百太郎井樋口の上にある、竹林坊へ導水する懸樋を持ちながら樋口から二七間下った百太郎川の地点で、これまで取決めた井口とは異なる場所に新たな水路を開けて水を盗み取った。國友村はこの井口を塞いで番人などを付けたところ、同月の六、一五日の両夜にかけて今村から石を投げつけた。双方が石の投げ合いをした結果、國友村の人数が多かったので今村側に怪我人が出てしまった。一六日に（國友村の）地頭役人には届けたが、彦根藩の代官の検分もあったので井口を塞ぐように代官に依頼したが、沙汰あるまで待てとのことであった。

その後、奉行所代官の計らいで下之郷村、中澤村、橋本村、榎木村の庄屋四名が数度現地検分したので、庄屋らにも理解を得るようにと挨拶したが、庄屋らは結局引下がってしまった。しかし、この水論は下々で決着したいと今村側から國友村地頭へ願ったので、大和郡山藩領の國友村には同藩領の上野村、能登瀬村、勝村の庄屋が仲介者として指名された。また、今村は彦根藩領なので初めに仲介した下之郷村以下の四カ村を除いて、北方村、中野村、三田村の各庄屋が新たに仲介を引き受けた。しかし、双方の村の曖人三名宛の仲介で相談しても埒が明かなかった。

今村には埋樋一カ所、掛樋二カ所ありながら、國友村用水を止めて新規に井口を開けたことは迷惑の限りである。百太郎井は國友村一分の井水ではあるが、國友村から今村領の田へ二町六反の出作もしており、この分の割水も与えてきた。この井口には井疇を付けて横止めしないように配慮してきた。今回の水論箇所はこのような井疇もない場所である。

同じく事件発端に対する今村の言い分は以下のとおりである。

昨年（享保一四年）の四月廿二日夜、國友村から二百人余が来て、枝川沿いの畦にあった百姓持分の木々を理不尽にも（ことごとく）伐り倒し捨てた。今村から三十人程が出て伐り倒す理由を尋ねても、挨拶もなく石を投げつけた。斧や鎌でも打付けるようなので、今村は多勢に無勢、引下がった。翌朝見たところ、川筋の延長二百三十間ばかりに径四寸、木周り三尺ほどの木々九〇五本が伐られていた。これらの木々は姉川の洪水が心配される時、百姓持ちではあるが、古来（非常用に使うので）、勝手に伐らないよう地頭から言われているものである。國友村の狼藉は早速訴えたい処だが、生憎と耕作の最中であり、植付け終わり次第、お願いすることで見合せていた。

六月十五日夜、國友村からまたぞろ、百五、六十人程来て、竹林坊の井口を掻き落とした。ついに見廻り中の今村の者と石打ち喧嘩となり、今村側には重傷者が出た。國友村年寄にも二名の負傷者（の容態）を見せている。そこで今村は、後日、この件で金堂村の奉行所へ願書、図面を併せて告訴したところ、奉行所役人は吟味する旨を明言された。従って、國友村が水論を訴えることは迷惑と考える。

今村七百石余の内、八二石を百太郎井養水の枝川五カ所に頼り、領内に限ってこれまで川の整備も行って来た。これまで何の申し分もなかったが、竹林坊川筋は横通りだったので、新規に開けた如く言い立てられ埋められてしまった。手段を選ばずに立木を夥しく伐り倒した上、支配地内の如く木々を掠め取っておきながら、奉行所の評定では何も言わずに卑怯なことである。

國友村一分の水といいながら、今村領内には二町六反の出作があり、割水もしてきた。竹林坊川筋は横通りなのに、新法に堀開けたと紛らわしく申し立てる。出作さえなければ、ここには水は不要とさえ言う。不埒な申し分であり、古来のとおり非法なことをしないように願ったところである。

曖人たちの協議と仲介案

両村の曖人六名はたびたび協議し、また奉行所にも出頭して以下のような報告をし、仲介案も出した。

先ず、國友村が百太郎井筋の立木を今村に無断で大量に伐り倒したため、今村が怒って百太郎井筋を上流で堰止めた。國友村の出方は不届きなので訴訟の上、御下知を受ける処だが、奉行所は双方共にやり方は不届きとお考えである。

國友村の申し分として、竹林坊の養水は他にもあるのに百太郎井筋に井口を開けたことは、新規のことなので迷惑だという。竹林坊井口を塞いで田が枯れたにしても、年貢米の損害高は二十石余、國友村は弁償するという。これに対して今村も百太郎井口を塞がれ難儀している。しかし、これによって下流域の國友村の田地が損耗しても、年貢米を弁償するとまで言っている。

竹林坊は小高なので弁償は如何様にも出来るだろうが、國友村の百太郎川の水懸りは大高なので、容易には弁償出来ないだろう。奉行所も彼是思案された結果、今村の迷惑も余儀なく聞こえるが、双方に確かな証拠もない。詰まる所、御裁許があり、どのような判決になろうとも従う旨、両村および六ヵ村の曖人は証文を書くことにした。

國友村曖人の三カ村庄屋は、仲介案として次のことを提案した。すなわち、百太郎井筋の田疇木を國友村は古来、勝手次第に伐り払って来たが、今後は年数を限って今村に案内してから伐り払うこと。今村領内にある二町余の出作田の井口はこれまでどおり干渉しないが、竹林坊田地の養水に限って、今村には埋樋、懸樋があることなので竹林坊の問題の箇所は常時塞いでおくこと。但し、渇水時には井口を開けて水を通す旨、了解すること。

今村曖人の三カ村庄屋の仲介案は、國友村が理不尽に木を伐り倒したので、今村は井口を堰止めた。この結果、水論が生じた。今村とて竹林坊井口の下流に田があるので、堰止める存理はない。今村領内の木々は姉川要害の木ではあるが、井水の通水に妨げになるものは両村が相談して善処されたい。

竹林坊二十石余の田地は百太郎井水が常時懸らぬ場所だが、中川原、上ノ町樋が全く利用できない時には百太郎井水を利用して来た。新規の井だと称して堀開けたように言い、古くからある井口を塞ぐことは罷り成らない。竹林坊井筋の川床は高く、二分八分くらいは堰上げたいと今村は言っている。

國友村の強硬な態度と奉行所の裁決

國友村は前記のような仲介案でも不服であった。この様子は今村側の曖人が遺した史料、今共文、三八の五からもうかがえる。

奉行所で双方曖人からの聴取があった。奉行所はこれを聞届けられ、双方が和順するよう両村に意見具申せよと言われた。意見調整の上で相手村に伝えたが、國友村は受容れない。その言い分はこれまでと同様であった。

國友村が昨年（享保一四年）四月に今村領の井疇の木々を多数伐り倒したことは良くない。養水の妨げになるようなら、両村が立会で伐ること。川浚えで疇木の根が鍬や鋤でも取り兼ねて枝川の水流に障害が出るようなら、両村は相談して欲しい。

今村が昨年六月に堰を上げて懸樋まで水位を上げたやり方は良くない。今村の樋を修復して竹林坊への養水が取れるようにすること。それでも渇水するようなら、両村が立会のうえ竹林坊井口を少々堰上げして、百太郎樋表にまでも水が込み上がらないよう注意して取水するように。

このような取曖をしたものの、國友村は依然として得心がいかぬと仲介案を拒否するので、どうすることも出来ない。奉行所におかれましては、御慈悲を以て如何様にも御裁き下さるようにお願いしたい。

奉行所は再三に亘る書面での訴訟と争論があったことも承知し、前記のような事も勘案していた。ところが、國友村は奉行所裁決が出されるまでに京都町奉行所に上告する挙に出てしまい、事態は思わぬ展開となった。以下は、奉行所の最終裁決の要約である。

元来、百太郎井水は今村地内を流れるものである。今村田地内にも四ヵ所の井口があって、竹林坊に水をとってはならぬという道理はないと考える。向後、百太郎井疇に生える立木が水通りの妨げになる時は、國友村の方から今村に相談すること。

竹林坊井口を二分、八分にする仲介案は、竹林坊の高が僅か二十石なので、曖人たちの判断は不相応である。しかし小高だから無益なのではなく、また、竹林坊井が國友村養水の支障になるようにも聞こえない。姉川が渇水し、上ノ町、中川原樋の養水が絶えて竹林坊に水が廻らない時は、國友村と相談の上、百太郎井口を堰上げて竹林坊に水を引くように。但し、國友村の養水に支障が生じないようにせよ。

総じて、養水懸引き井路の件で、再三に亘って書面での手続きを取らせた。お互い相対で済むことを、意地を張って争論にまで及んだ。将亦、出入り（喧嘩）にも及び、村々を困窮させたことは不届きだと奉行所は考える。

詮議中に巧みな言訳をしていることも知り、咎めもある処だったが、再び取曖に応じるようにしたにも関わらず、御憐憫を破ってまで國友村が上告したことは公儀を軽んじることなので、吟味中は國友村の庄屋、三郎左衛門を入牢させることになった。

（京都）町奉行所は庄屋に対して子細の吟味をされる処だったが、裁決されたなら違背しない旨の書面を双方から提出し、今村からも庄屋御放免の嘆願も出ていることなので、庄屋の吟味は差止、出獄と相なった。

今後、竹林坊への養水ほかは、少量であっても今村領以外の養水ばかりに一切取らぬよう裁決する。若し不埒なことをするようなら、井口を差し塞ぎ落度にする。また、國友村も強儀にならぬよう申合せるべき旨を仰せになった。

百太郎川水系に係る枝川、井口の位置関係

水論が起きた場所を図3-6に示した。併せて枝川および四ヵ所の井口などの位置も図中に示した。

図3-6に見る小字、竹林坊は南北二区域に分かれており、図は明治八年（一八七五）に改正された野取図（今共文、一の一）に準拠している。竹林坊の南区域中央にみる薄い黒色域は昭和末年の圃場整備時点で遺跡調査の

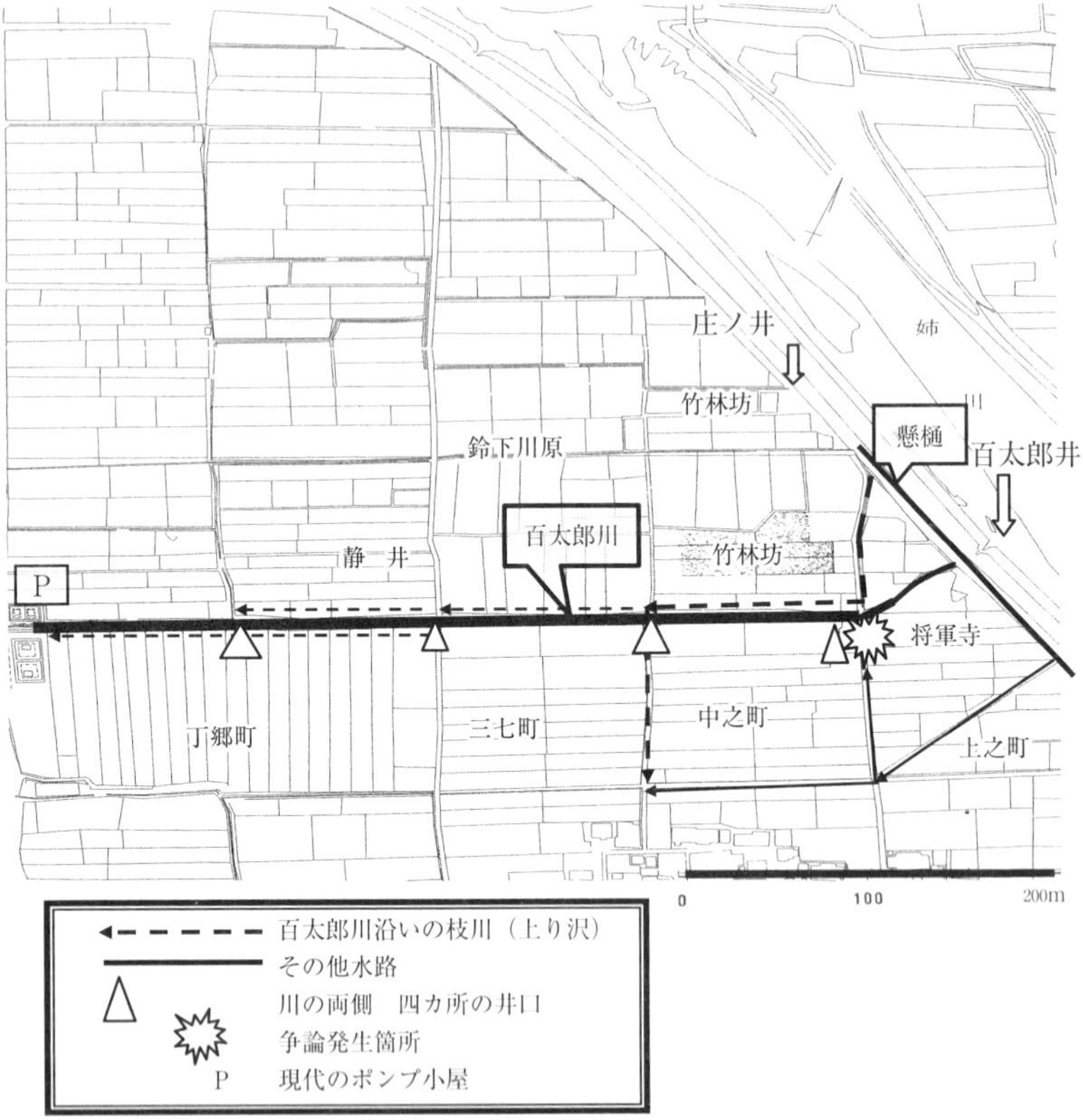

図3－6　百太郎川水系と水争論の場所

行われた場所であり、その面積は約六反歩であった。

水論が生じた享保一四年よりも八〇年前、慶安二年時点の竹林坊の水田面積は、わずか八反四畝余、一三石であった。水論発生時点で二〇石余に増大していたことは、この頃、既に小字、竹林坊は明らかに開田されており、とくに北方面へと面積が増大していったと考えられる。明治八年の改正野取図から計算すると、畑地を除く水田面積は南北の竹林坊を合せて約二一反であった。しかし、南竹林坊の百太郎川沿い、二筆の東水口側には「水」と記載した不定形の区域が設けられ、そこから残りの北側の筆に出る水路もあった。

漑がい用に常時貯水できる規模の小さい沼沢池と思われ、事件後に採られた用水確保策だったものと考える。

原史料（國友村の言い分）によると、享保一五年より一六年前の正徳五年（一七一五）、当時幕府領であった國友村の代官、竹田喜右衛門が百太郎井の樋伏替え工事を行ったが、井自体は往古に樋普請を行った古いものであったという。おそらく中世からの井だったのだろう。このような問題が生じた政治的背景には幕藩体制も確立されて両村は異なる藩領となったが、百太郎川が今村領内を流れる井路だったからであろう。

次に、百太郎川水利の仕組みを詳しく知るため、同川から田用水を引くために用いた枝川の模式図3-7を次に示した。

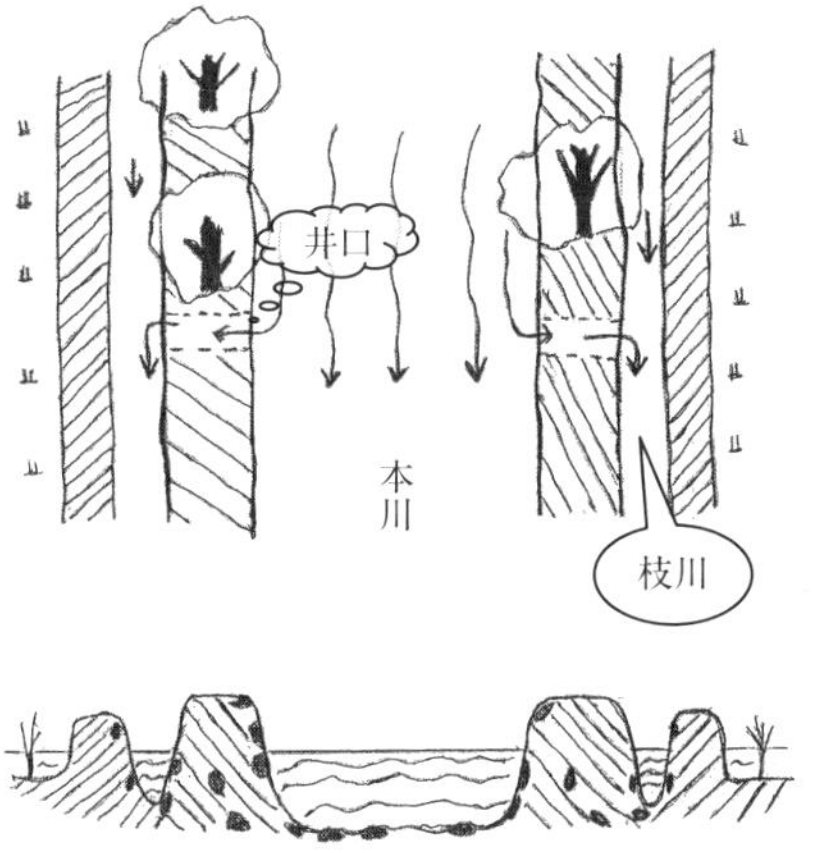

図3-7　百太郎川の平面模式図および断面模式図

百太郎本川の土手には多くの疇木《あぜき》が植えられ、さらに田寄り側に井疇と称した小疇を土手に平行して造り、ここへ井口から導水した。これを枝川と称した。枝川の下流部を堰止め、井口からの導水を逆流させて各筆の水口に漑がいする区域は上り沢とも称した。この方式によって、今村が使える枝川、井口は百太郎川沿いにそれぞれ五本、四ヵ所と決められていた。但し、竹林坊南側の枝川は田と平行に走り、あまり有効な枝川ではなく、また、竹林坊東側にある水路は枝川ではなかったようである。

竹林坊への導水法

竹林坊内の田への導水法として、年配者の話あるいは史料によると今村は百太郎井樋口の真上を堤に沿って横に通る懸樋あるいは上ノ町経由の中川原樋を用いた。懸樋の数は二カ所とあるが、前述の箇所以外の所在は不明である。同様に、中川原樋も現代になって場所を特定することが困難である。二百年以上の間に洪水による土砂堆積などで水路や樋の改廃があったものと考えられるからである。

姉川左岸堤内の法面下部には上流域の上井、あるいは横井から来る流出水や浸透水が用水として使われたが、潤沢ではなかった。近代になって掘削された百太郎井樋口の南近傍には貯水池もあって堤内の地下水も溜池に利用された。しかし、開田された北域の竹林坊の田面は高く、庄ノ井が近傍にありながらも水懸りには苦労したようだ。水論では、南竹林坊と北将軍寺との間に井路が昔からあったと今村は主張しているが、竹林坊に導水するには百太郎川を堰止めて水位を上げなければ、この井路は有効でなかっただろう。事件発生当初、今村は百太郎井の樋口上まで川の水位が上がるほどに堰止めし、懸樋を通しても導水したようであり、かなり思い切った乱暴な方法を使ったようである。北側に開田した高い田へ導水するためであった。

論　考

この水論はまさしく水掛け論であった。今村側にすれば、國友村が最初に多数の田疇木を無断で伐り倒したことへの報復措置として、竹林坊へ導水するために前述のような乱暴な堰上げをして百太郎川を塞いだことが発端となり、また、國友村側にすれば、田疇木の伐り倒しは慣例であったと判断して、多人数で随分思い切った川浚えをし、今村が塞いだ井口を破ってしまったことから事件が大きくなったと言えよう。どちら側にも非はあったと思う。奉行所も指摘したように、今村が主張する竹林坊に通じる横通り、古来の井路、あるいは國友村が主張する田疇木の伐り倒しの慣例は、いずれも証拠がなかったのだろう。しかし、奉行所は國友村の勇み足を戒め、公平な裁きを行ったものと思う。また、今村が庄屋の入牢を放免嘆願したことも立派であったと思う。

なお、百太郎川水系で今村領内に出作する國友村百姓の田は、慶安年間には小字の三七町、東静井、中ノ町および丁郷町内に計約四反程度であったが、水論が起きた享保年間には二町六反と大幅に増えていたが、この内訳は不明である。

曖人たちは今村、國友村でそれぞれ缶詰になり、両村間の仲介もさることながら、大和郡山藩奉行所のある金堂村（現、東近江市五個荘金堂町）まで度々歩いた当時の苦労は、実に大変な労力であったことと偲ばれる。

第六節　百姓一揆の企て

本章第三節で江戸時代の初期、慶安検地時点で各百姓の持高階層構成をみたところ、今村にも零細農民の数はかなり多く、中には住居がない者も多かった。また、今村には姉川右岸域中心に「河原田」という低位等級の湿田が多く、土地の生産性は低かった。全般に一筆当たりの耕地が小であったことも特長である。

江戸時代を通じて、農民が領主に貢納する年貢の負担は決して軽いものでなかったが、幕末には天災も多かったことで農村の食糧が減って飢饉が頻発し、このため各地に農民一揆が多発した。近江の白姓一揆の発生件数は全国的に見てもやや多く、幕末に近づくにつれて増加したとされる。以下に述べる長五郎の事件が起きた六年後の天保一三年（一八四二）には、有名な甲賀、栗田、野洲三郡を跨ぐ百姓大一揆が勃発している。

今村では火山噴火のような自然災害こそなかったが、旱魃の常襲地帯であったために凶作による飢饉のおそれが常にあった。これまで余り知られていなかった、幕末に一揆を企てた長五郎の事件の顚末を述べたい。

事件のあらまし

天保七年（一八三六）、今村の長五郎が主導者として各村宛に檄文を書き強訴、徒党する一揆を企てたため、これが藩役人に発覚して長五郎は捕縛され、村には帰らぬ人になった、百姓一揆未遂事件である。長五郎が企てた一件は、当時の幕府が厳禁したものである。しかし、事件の史料は当町に存在せず、長五郎一族の系譜は手継ぎ寺の過去帳からも余り明らかでない。後難を恐れたのか、村びとも長く口を閉ざした形跡もある。彦根市内で文書のみが史料として遺され、藤野（一九六二）、傳田（一九八四）の発表にすぎず、地元では筆者（二〇〇七）の発表程度である。

長五郎は、文政二年（一八一九）当時に今村の庄屋として非常な努力をし、今村が彦根藩の援助を得て馬井底樋の継足工事を完成させるのに多大な功績をあげた人である。長五郎が庄屋を務めた時期は、おそらく四、五〇台の壮年期であったと思われる。

訴願文と檄文

長五郎が書いたとされる訴願文、檄文を『彦根市史、中冊』から引用し、この全文を現代文に直して記述し、次項に解説を加えた。

そもそも、お上は民の父母であり、百姓を子供のように可愛がって大切に育てれば、賞しなくても民は歓ぶ。刑罰は二の次にして民を治めることが君子の任である。このような恩徳に報いようと、（百姓は）毎年の年貢を納めて今日に至り、民は怠ることがなかった。

然るに、最近では凶作が起きて納める年貢米もなく、草の根を掘ってまで、あるいは木の実を食してまでも、唯、飢えを凌ぐだけの有様である。村では既に餓死者も出て、中には乞食になる者も半数近くいる。憐れむべきこと、悲しむべきことである。

これについて公儀には五つの罪がある。

一　賄賂を以て高位に上り、権威を欲しい侭にして民の財宝を集め、百姓を苦しめている。

一　凶作なので検見を受けて、年貢減免を願っても許されず、検見で却って誅求されて乞食同然にされている。これでは亡国を願うような佞臣というべきか。

一　百姓が心力を尽して耕作したが、ひどい凶作なので貢納もできない。年貢貸しも許されず、全て完納さえすれば救済もあろうなどと欺かれる始末、言語道断である。

一　取り立てた年貢米は大津へ出して売り捌いていることが隠しても聞こえて来る。民が餓死しても構わないとばかりである。貧乏人が一人いても国に乱が起きることの喩えもある。このような上層階級に罪があっても、下層階級は乱を好むのではない。唯々願いの趣旨をご承知戴くことが肝要なのだ。

一（具体的な願いとは）年貢を半分の上納にすること。但し、銀六四匁換算とする。また、村中の飯米は蓄え、その余りを貢納する。

一　銀納の場合、一俵当たり金一両とする。拝借米などは休納にする。無作だった村は余貢（収穫に余裕ある年の貢納の意か）にする。したがって、昨年のことを引き合せても、半分の年貢でも（藩には）不足が生じるはずがない。

もし、願いの趣旨が許されないようなら、田畠の耕作などは到底出来ず、今にでも一揆が起きることは疑いないので、是非とも願いを採択して戴くことが肝要だ。

彦根藩領内の村役人、御用懸り、米の世話方一統は残らず相談して、これらの事を火急に彦根表へ訴えるべきだ。

もし、村役人の中で違反するような者がいれば、その家は打ち壊し、三日の内に家財は全部微塵にしてしまう。また、村びとが（打ち壊しを止めて欲しいと）願っても、許可が出なければ、本件は止めることが出来ない。

坂田方面の人は伊吹山に、浅井方面の人は小谷山に、伊香の人は山本山にそれぞれ狼煙が上がるので、それを合図にする。一五才から五〇才の男子は一人残らず全て蜂起せよ。（各方面の代官）支所などを破って坂田は箕浦川へ、浅井は國友姉川へ、伊香は馬渡川へ結集後、長濱で三人の年寄宅三軒を打ち破って、三郡の全勢力が米原で合流後に彦根藩役所に訴えるので、各々その用意をすることが第一である。

この廻状を村々に遅滞なく、火急第一で順番に触れ流すように。狼煙は一二月二日の夜に上げる。

（彦根）領分中村役人、用懸り中米世話方、百姓一統より

上書

茂三郎殿　嶋津九郎右衛門殿

坂田今村　長五郎

（天保七年）霜月二十三日　出

長五郎、決死の覚悟と背景の考察

天保四年（一八三三）に続く村の凶作を目の当たりにした長五郎は、彦根藩に差出す上書および檄文の案を村役人とも練ったのだろう。しかし、これが一旦表に出れば村役人も確実に重罪に処せられるため、上書の連署は不可能と考え、結局、元庄屋として一身を村びとに捧げる覚悟を決めたものと思われる。馬井底樋の継足し工事の完成から一七年を経て、長五郎にも過去の業績に対する自信があったにせよ、既に六〇台後半の高齢だっただろう。死を覚悟したものと思われる。

彦根藩への請願を奉行所に所定の手続きも経ずに上訴し、まして一揆を企てようとの檄文を秘密裏に書いて村々に連絡を取るようなことは、当時は重罪に処せられた。これを十分に承知の上で、長五郎は彦根藩役人宛の上書とし、訴人は彦根藩領の各村の役人、用掛中の米世話方および百姓一統だが、大胆にも訴人代表者名は、坂田今村、長五郎と単独で署名したわけである。

江戸時代の三大飢饉（享保、天明、天保）の一つ、天保四年から続いた全国的な凶作は、天保五年を除いて天保七年にはピークに達した。新暦に換算して、六月から七月にかけての低温と長雨、八月から九月の暴風雨や低温による冷害があったといわれ、稲の病害が多発したうえに台風害も重なったのだろう。今村でも餓死者や乞食になる人も多かったようである。翌年の飢饉の例ではあるが、天保八年に浅井郡東草野の甲津原村で生じた飢饉の惨状は以下のように述べられている。

食不足に付、木の根を数日食物に仕候故、青腫に相成候上、・・・
男女人数九七人相果、相残候もの共も過半精力相衰へ、病人同様に而、扨々難渋の始末、右申上候にも彌増候間、・・・

五百余人いた村びとの約百人が餓死して村役人は難渋している。かく報告する間にも死人が増え続けていると代官所に訴えている（滋賀県史、一九七一）。

飢饉を目の当たりにし、長五郎は今村一村だけの願いとせず凶作の酷かった湖北三郡の彦根藩領の村々に檄を飛ばして一揆を企てたのだろう。具体的な訴願内容は前段六カ条の最後二カ条に記し、檄は前・後段に亙って重複する、体裁の整わない書面になっているが、集団の実力行動を背景に訴願を認めて貰おうとの内容である。公儀に五つの罪があると主張するが、前段の四条目までが罪であろう。実史料は裁判で証拠品として公儀に押収されているので、書面の体裁がどのようであったか明らかにできない。

長五郎の要求項目第五番の年貢半上納とは、年貢を二分の一で上納する場合、米一石について金六四匁の銀納額を指すのだろう。当時は十分の一、三分の一の銀納による換金があったようである。

続いて、要求項目第六番目は米の単位を一俵とするが、江戸期を通じての米価格は一石当たり銀五〇匁から七〇匁の相場であったこと、また、金一両は銀六〇匁相当であったことから、一石の書き誤りでないかと思われるほどである。

しかし、一俵当たり一両であれば玄米一升当たり約一〇〇文に相当する。松好（一九九三）が引用した『天保紀事』によると、天保七年の京都の米価は日々に高騰し、年末には一升当たり二百七、八十文にもなったとあり、『川崎文書』（滋賀大学史料館）では、翌八年には一俵当たり銀三〇〇匁にもなった（川崎、二〇一三）ので、これは一升当たり四九〇文にも暴騰したことになる。このような高値では、長五郎は拝借米については（返済を）休納すると弁解していることから、あるいは上書が米の端境期に当たる霜月（一一月）に書かれたことからも、一俵一両の相場が正しかったのかも知れない。

檄文後段の中には一揆の方法を記載しているが、随分と無鉄砲、無謀にして不用心といえるものである。予め密談もし、周到な準備もあっただろうが、檄文に酔ってしまい戦術も一緒になったようである。広域の村々に呼びかけても、必ずしも同調、協力する人たちばかりでなかった。名指しで密告する人もいたのだろう。

何故、長五郎が湖北三郡の総代のような挙に出てしまったのだろうか。過去の功績を評価する地元の今村には信頼できる協力者がおり、他村にも協力者がいたのだろうか。あるいは彼の自信過剰から来た勇み足だったのか、いずれも不明である。

文政年間、馬井底樋工事に関連する奉行所との文書写し、他の史料を多く読む限り、彼の筆跡は実に佳麗で細かく、奉行所役人よりも達筆にさえ思える程であった。奉行所にも度々出所し、あるいは彦根表に出張するにつけて、藩役人が行っている不正なども知っていたのかも知れない。

結局、長五郎の訴願・檄文は彦根藩吏が捕縛する証拠文書となり、彼はおそらく酷い拷問を受けて、獄死あるいは刑死したとみえ、とうとう村には帰らぬ人になった。

なお、長五郎の庄屋任期を共有文書から考証してみると、事件前の天保三年、五年には既に別の村びとが庄屋を務めていたことが判る。ところが、事件があった天保七年および事件三年、四年後の天保一〇年（一八三九）と一一年（一八四〇）、小字の杉ノ木東側にあった霞堤下埋樋の水門取替、上井および馬井底樋の川囲いならびに馬井底樋の鳥居木や水門普請について、北筋奉行所からの三つの文書宛名は庄屋、長五郎および他の役人となっている（今共文、五五の八、五八の一八、五八の五七）。すなわち、長五郎の長男、常右衛門（慶応二年、一八六六、没）が長五郎を襲名して家督を継ぎ、今村の庄屋になっていることが判る。なお、前記三文書は常右衛門あるいは他の村役人による写しであり、先代、長五郎の筆跡とは明らかに異なっている。現代に至って、手継ぎ寺の元住職（故人）が、同寺過去帳から常右衛門を初代長五郎の父と転記していることをみると、天保七年の事件に関わった長五郎は過去帳にも記入されなかったようである。没年不明のようであり、葬儀も出せなかったのでないだろうか。村びとは馬井底樋に多大な功績があった長五郎の不幸を悼み、子の常右衛門を庄屋として再度推してはいたが、肝心の長五郎の成仏は、事務的には手継ぎ寺に登録されなかったことになろう。

なお、慶安年間の古い検地帳には先祖と思われる長次郎の名が見られ、常右衛門の子(婿養子)も長五郎を襲名した。また、その後にも長治郎がいたことから、長の字は世襲されていた。現代になっても「長やん」と呼び親しむ家系だが、過去帳の記載法では常右衛門の子が初代長五郎だと誤解されてしまった次第である。

第七節　今村の傑出人物

江戸期の今村で僧侶以外の村びとは全て百姓あるいは商人であったが、百姓の子弟にも傑出した人たちがいた。絵師、鉄砲鍛冶師であり、それぞれの分野で名声を博した。また、文人僧侶もいた。以下、生存時期の古い人の順にみるが、詳しい伝記は『今町歴史保存会誌』の五、六、七号(二〇一〇~二〇一一)に掲載した。

中谷求馬

今村出身の狩野派絵師であった。寛延元年(一七四八)に今村で生れ、天保三年(一八三二)に今村で没した。本章、第五節、(六)で記述した百太郎川の水争い騒動で負傷した今村の百姓一人は求馬の父親であったようだ。幼くして画才を認められた求馬は、一五歳になった時に良き縁があって紹介を得るなかで、江戸に出て狩野派の門人として修業することになった。求馬の師匠は奥絵師の狩野木挽町家六代目、狩野栄川院典信といわれているが、一説にはこの絵師の高弟であった白雪斎養州興俊ともいわれる。

求馬が郷里に何時帰ったのか不明であるが、おそらく三〇歳後半であったのだろう。号は白雲洞、諱は貞幹、俊徳、俊興と署名した絵が多い。しかし、求馬が画いた長浜曳山の青海山、舞台障子の腰襖に描いた「四季花卉図」には住吉求馬正文とあり、また、藤原俊興と署名したものもあって、彼は多様な名前を使っている。

求馬の作品は多いが、多くは個人蔵である。口絵にも掲載した。本章の第五節、（五）で紹介した奉行および代官二人の肖像画も、求馬の筆によるもので今町の共有文化財になっている。また、今町岩隆寺内陣の障壁画や襖絵も彼の作品であり、竹生島の絵馬も有名である。仏画として登場する僧の絵画も多い。

求馬の作品中、超圧巻で精緻な仏画としては大津市坂本の聖衆来迎寺の六道絵が有名である。江戸時代に創られたという六道絵伝承によると、平安時代中期に円融天皇が巨勢金岡《こせのかなおか》に描かせた三〇幅の六道図の半分は、叡山焼打ちの際に焼失したが、残り半分が当時の聖衆来迎寺に秘蔵されていて、同寺から求馬はこの模写を依頼された。文政四年（一八二一）から着手して、三年後には模写を完成した。求馬七六歳の時の快挙であって、これによって彼は一躍名声を高めたといわれる。正本の六道絵は現在、国宝として東京、京都、奈良の国立博物館、そのほかに分割寄託されている。なお、国宝の六道絵は、もともと鎌倉時代中期の作品であって、平安中期ではなかったことが判明している。

求馬の晩年は、今村の実家で絵画のみならず、村の寺社建築の設計にも関わったといわれる。村びととの信頼が厚かったのだろう。

また、真宗の信心をいただき念仏門葉の記念にと画いた親鸞聖人の絵像には、帖外和讃の私釈と大経の一節が書かれている。いずれも信心の贈物として子孫に遺したかったのだろう。これらは中谷家の内佛に大切に保管されている。

大田翠巌

翠巌の名は正道、坂田郡乾村（現在の長浜市山階町）の園乗寺で寛政二年（一七九〇）に生まれ、縁あって文化六年（一八〇九）、二〇歳の時に今村の岩隆寺に養子として迎えられて入寺した。安政六年（一八五九）に入寂し、享年七〇歳であった。法名は圓海という。翠巌の号名が広く知られたのは、彼が漢籍に秀で多くの漢詩を詠んだからであろう。漢詩集の『翠巌集』が著名である。また、多くの墨跡を遺し、書にも秀でた。

翠巌は、頼山陽や梁川星巌を師と仰いだことから尊攘派の志士とも交流があったようである。頼山陽は著名な歴史家であって『日本外史』を著している。頼山陽は思想家でもあり、同書は尊王攘夷運動に大きな影響を与えたとされるが、儒学者、漢詩人でもあった。梁川星巌は漢詩人として著名であったが、梅田雲浜、頼山陽の三男、頼三樹三郎、吉田松陰らとの交流があったため、安政の大獄の捕縛対象者になった。

このように、思想家、儒者、漢詩人のような文人墨客との交際範囲が広かったのは、翠巌が文人として優れた資質を有したこともあったが、本山への出仕期間が長く、京で多くの文人に会う機会が多かったためと思われる。交流した僧侶たちには、京の高倉学寮の法海、雲華や貫名菘翁（海屋）の名がある。とくに貫名は幕末の三筆と称えられた。

一方、地元の長浜では徳勝寺の雲山禅師、大通寺の勝縁尊者とも交流したが、中でも新栄村の日蓮宗常昌寺住職、日野霞山とは親交が深かったようである。真宗の僧侶をはじめ、禅宗や日蓮宗の僧侶たちとの交流があったことは、おそらく漢籍を介してであろう。また、曽根村出身の中川雲屏など地元画人との交流もあった。

翠巌が遺した作品には、『西遊記』、『西遊謾草』の紀行文もある。前者は湯治のため但馬、城崎温泉への旅行日記であり、旅行中の詩文は後者の詩集に載せた。一月と五日間の長旅であったが、漢詩を楽しんだようである。

翠巌在世中、岩隆寺住職としての大きな仕事は本堂の再建であった。この再建計画は翠巌より二代以前から練られていたが、長らく中断していた。彼が入寺して間もない頃から本堂再建の再計画が立てられ、ついに文政元年（一八一八）には本堂屋根瓦の葺上げが終了し、二年後には御堂全体が完成し、御繪傳も下げられた。ところが、岩隆寺の本堂完成間もない文政六年（一八二三）には、本山境内の失火によって本山両堂や諸殿が焼失する一大事が発生したため、末寺としてもこれらの再建に協力せねばならなかった。不幸にも天明八年（一七八八）の京都大火で両堂が焼失した火事に次いでのことであった。門跡からの懇志願いは諸国門徒にも発せられ、また、本山へ諸国門徒が奉仕作業にも出ることで、幸い天保六年（一八三五）には再建が成ったという。

翠巌は多才な文人僧侶ではあったが、多事多難な時代に強く、しかし優雅に生きた人でもあった。口絵に翠巌の書巻子、書軸を示した。

中谷佐吉・佐十郎父子

中谷佐吉は文化一一年（一八一四）に今村で生まれた。家業は代々、農具鍛冶職であった。佐吉は幼少から刀剣に興味を示し、一八歳の頃に備前、岡山まで赴き、有名な刀匠、長船祐永の弟子となった。修業年数は明らかでないが、懸命に技をみがいた結果、伊賀守佑次を名乗れるまでになった。当時の今村には、刀鍛冶師の先輩格、兵太夫がいたので佐吉は彼と何らかの縁を持って備前まで赴いたのであろう。帰郷後は刀鍛冶職人として一家をなすようになったが、偶々、鍛えた刀剣を彦根藩主に献上したことで藩主に嘉賞されたようである。

しかし、その後は隣村の國友鉄砲の影響もあって、佐吉は刀工から鉄砲鍛冶工に変わり、これに専念するようになった。早くも天保の中頃には、製作した火縄銃を彦根藩に献上し、藩主から賞賛されて何人扶持かを貰って召し抱えられたようである。

当時の日本は、諸外国から開国を迫られる中で攘夷論と開国論とが対立した。この時期の弘化四年（一八四七）

から、彦根藩は会津藩と共に幕府の命によって相州（神奈川）、江戸湾の沿岸警衛にあたった。しかし、彦根藩の防備体制が不備との悪評が流れ、藩主以下警備に全力を挙げたようであり、佐吉も相州に派遣されることになった。同年六月に佐吉が記した『相州鉄砲覚』には、警備に使われる鉄砲数とその見分人の名が多数記されている。

嘉永年間になっても、佐吉は鉄砲細工執行として彦根藩の飛び領地、下野（栃木）の佐野に大砲製造のため再度派遣された。佐吉が製造に関わった大砲の鉛弾は一貫目、大砲の末口外寸は一尺五寸、砲身長は五尺以上もあった。大砲の拓本から砲の口径（実寸）を測ると、四寸五分（一三六粍）もあり、当時としては大掛かりな砲であった。大砲の鋳造に使われる鉄材は約二五〇〇貫目を要したことも、大砲の指図から読み取れる。しかし、佐吉が苦労して鋳造した大砲が海防に使われないことに痛憤し、職を辞して郷里に帰国してしまった。

佐吉の他国での活躍ぶりとは裏腹に、彼は男児に恵まれなかった。相州に派遣される前年に、縁あって京都、今出川から七歳の喜三郎を子養子に迎えている。喜三郎は器用な子であった上、養父から厳しい指導を受けながら次第に成長し、名も佐十郎と改めた。長じるに及び、國友村の鉄砲鍛冶師とも交流し、遂に鉄砲細工の技法を会得した。

養父の留守を預かるうちにも銃の製法をすっかり習得した佐十郎は、慶応三年（一八六七）には馬上砲で短筒のミネヘル銃（佐十郎文書による表現に準拠。ミニエー銃か）を彦根藩に献上している。しかし、同年、突然にも佐十郎は二八歳の若さで夭折してしまった。佐吉には元治元年（一八六四）生まれの実子、定吉がいたことがせめてもの幸いであった。

佐吉は時代に翻弄されつつも腕の良い鍛冶職人ではあったが、二男の定吉が一五歳になった明治一一年（一八七八）には没している。享年六五歳であった。口絵に父子の指図や作品を示した。

第八節　浜蚊帳製造と今村の関わり

これまで今村の近世農業、とくに農業用水を中心にして述べてきた。農業以外の産業では、金属工業ともいえる國友村の鉄砲鍛治技術を習得して傑出した人材も出たが、江戸後期の今村には繊維工業の一種、蚊帳製造を副業にする多くの人たちがいた。機織りの農村女性たちであったが、その中で今村の住人が浜蚊帳の仲買、製造に関わった歴史をみたい。

浜蚊帳の起源と生産の隆盛時期

蚊帳が一般庶民に使われるようになったのは、江戸時代からとされる。往時、近江の蚊帳生産は奈良とともに隆盛をきわめ、浜蚊帳は八幡蚊帳とともに全国に流通した。浜蚊帳の起源はあまり明らかにされていないが、発祥地の八幡から伝わったとされ、八幡では、既に天文・弘治年間（一五三二～一五五七）に製造された記録がある。

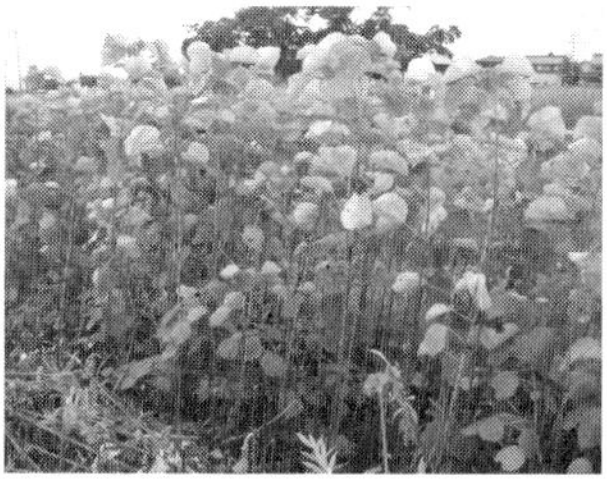

写３-12　自生苧麻（上）と半乾の繊維状表皮（下）
注）今町内で７月上旬採取

八幡蚊帳の盛況に影響されて、寛文年間（一六六一～一六七二）に坂田郡中村の桝屋治平が八幡蚊帳の製法を習得して村に帰り、地元の婦女子に賃織させたのが浜蚊帳の始まりといわれる。明和・安永年間（一七六四～一七八二）には浜蚊帳の生産量が増大した結果、地元産の纑《ろ》（以下、麻糸と称する）では不足し、越前産の麻糸を多く買うようになった。

原料麻は冷温帯に適する大麻（ヘンプ）から製糸したと考える。現在でも今町に自生する苧麻（ちょま、ラミー、写3-12）がイラクサ科、多年草の麻であるのに反し、大麻の草丈は断然長く、アサ科の一年草である。しかし、両者の繊維特性は余り変わらない。蚊帳製造に用いる麻糸は麻綛《あさかせ》にして製織した。なお、苧麻は和名でからむし、まおとも称し、越後上布、小千谷縮（おじやちぢみ）などが古くから麻布として有名である。戦国時代には麻の粗皮、青麻（あおそ）が越後、上杉氏の産物になった。

越前の今庄、栗田、今立、鯖江あるいは若狭では麻織物、特に麻糸の生産が盛んで、麻糸は江戸中期以降に近江の八幡や長浜方面に販売された。麻糸は用途によって太さの違いはあるが、通常、一束は三十匁であった。五百束で一括り、一駄で二括りにして出荷したようである。越前から北国街道を行き、柳ケ瀬越え、川並経由で飯の浦からの水運を利用したように思う。

浜蚊帳生産が隆盛になった江戸中・後期には、主に坂田、浅井郡の村々の百姓が副業に製織し、生産者は数百戸にのぼり、生産量も数万疋（注記）に上ったという。今村での蚊帳地生産が何時頃から始まったのか不明だが、盛時には四〇戸以上も副業として従事したようである。今村以外には、寺田村、田村、加田村、加田今村、保多村など坂田郡内の村落のみならず、浅井郡内にも多くあったものと思われる。江戸時代の蚊帳製造絵図を口絵に示した（滋賀県立図書館蔵、『近江国六郡物産図説四』をダウンロード）。

（注記）ひき、蚊帳地二反で一疋とした。

京都・江戸での蚊帳販売

製織した蚊帳地は、古くは寛文年間から十軒町の布問屋、木綿屋市良平によって京・大坂方面に売捌かれていたが、寛政年間（一七八九～一八〇〇）になると神戸町の吉兵衛、伊部町の甚兵衛、三ツ矢村の久次郎も加わって四軒の問屋で売捌かれるようになった。このような盛況を反映して、寛政十二年（一八〇〇）に北田付村の周蔵が越前麻糸買入問屋として新規参入を願ったが、越前の麻糸問屋から新たな問屋増は値崩れが生じる等の理由で断わられ、長濱町問屋の意向も同様であった。

なお、商取引と彦根、福井両藩に絡む引用史料は、以下の項あるいは続いて述べる五項ともに、『近江長濱町史』の「産業志、工業」、「浜蚊帳」（一九八八）に掲載された原史料の解読文を現代文に読み下したものであることを予め断っておきたい。本書では今村に関連する個人蔵の新出史料あるいは江頭（一九六二）から引用した史料に限定し、これを第五章の史料編に掲載した。

京都方面での蚊帳の需要増に応じるため、宝暦一三年（一七六三）、京都町奉行所は在京の江州布・蚊帳問屋数を従来の一五軒から三〇軒に増員して問屋買入れ、直買禁止としたが、その後、明和元年（一七六四）に再び一五軒に戻して直買を禁じた。同奉行所は文化十三年（一八〇四）、江州織元への直買があったため触書を出し、十五軒の厳守を言渡した。この時、長濱の問屋は蚊帳については従来から自由に売捌いてきたので、布問屋を経ずとも直買を許すように嘆願したが容れられなかった。翌文化一四年、長濱の郷方、寺田村の喜八、田村の五平、加田村の長蔵、三ツ矢村の久次郎らの布・蚊帳織人、仕入人も、京で問屋十五軒に限定されると値段付けが限定されて難渋するので、宝暦の例に準じるよう嘆願した。これに続いて、長濱町でも十軒町の市良平、神戸町の吉平らも布、蚊帳については従来から問屋はなく自由に売捌いてきたので、十五軒に限定されては値段を括られて甚だ以て難渋する。嵩高になる蚊帳荷のことなので、目印や絵札の数も壱個に壱枚を認めて欲しいなどの嘆願を出した。これら嘆願書は、蚊帳布織り出し人の商売が領分（百姓）の年貢上納に助力していることも強調し、寺田村ほかの村々は庄屋、横目と共に、また、十軒町や神戸町なども町代、横目との連名で嘆願した。このような運動があって、ようやく京都町奉行所は蚊帳のみ従来からの直買を許可するとした。

江戸方面の販売では、文政八年（一八二五）に蚊帳値が高騰した上に品質不良、規格外のものが出回り、また、近江屋の名をもつ店が安売りしているなどの苦情が寄せられた。長濱問屋は、越前麻糸の生産が減って布製品も高騰、蚊帳も同様であると回答し、問題のあった店は長濱の問屋とは仲間の外だが、事情を知っているので善処する、製品の品質は今後とも一層吟味するなどと回答している。

越前の要求と浜蚊帳製造の変革

文政十三年（一八三〇）正月、福井（越前）藩は突如、麻糸の出荷統制を彦根藩に通告し、会所開設を要求してきた。要求とは、長濱に蚊帳地売買会所を建て、「為御替一手に」すなわち、麻糸の買取り方あるいは代金支払い方の責任者を一本化しなければ、麻糸を今後一切出荷しないというものであった。

長濱の蚊帳商人たちは迅速に福井との交渉を持ち、会所設立許可を彦根藩に願い出て、藩はこれを許可し浜蚊帳を産物に認定することになった。福井藩が麻糸出荷に対する統制を彦根藩に求めたことは、彦根藩にとっては浜蚊帳を藩の御産物にする良い機会でもあったので、藩からは改印を下付し、先述からの長濱の商人、十軒町の木綿屋市郎平、伊部町の俵屋甚平、神戸町の保多屋吉平、三ツ矢町の坂本屋久次郎の四人を会所支配役に指名した。これによって、浜蚊帳は彦根藩統制下で生産・販売されることとなった。

さらに、この年四月には越前の麻糸屋仲間八軒が長浜蚊帳仲間四軒から金千両を月八朱の利息で借用した。多い人で弐百両、少ない人で五拾両の預かり金であったが、返済は長濱に売込んだ越州産物の代金で引当て、現金は一切国許に持ち帰らないという借用證文であった。この證文には越前国産御用掛りの二名が証人になっていた。

　ところで、福井藩が出した麻糸の出荷統制のような産業保護政策には、藩の已まれぬ事情があったようである。福井藩は親藩・御家門の大藩（松平氏、三十万石）でありながら、有力商人からの借財など多額の債務を抱え、藩財政の再建が大課題であった。このような事情もあって、既述のように浜蚊帳の会所が正式に発足する前に、越前の麻糸屋八名は長浜の問屋四名から計壱千両を借用しており、借金の返済は麻糸代金を当てることにした。福井藩公認の借金返済法であって、内実は福井藩の借金を麻糸屋が肩代わりさせられ、これを現物返済によったという推測もされている（高島、一九九九）。

　続いて、同年八月には長濱の蚊帳問屋四軒が越州に赴いて、運送仲間からの約定一札をしたためさせた。運送仲間は世話方の一名を筆頭に二五軒からなる大きな組織であるが、この内、前記の借金をした麻糸屋八軒全部が含まれていた。麻糸を扱うと同時に運送も扱う商人たちであった。

　長濱問屋衆宛に出された一札の内容は、（一）麻糸代金は融通、為替になるよう言われているので仕法どおりに行う。（二）運送した麻糸を蚊帳に織り上げた場合、これは長濱の会所に差出すこと。さもないと、融通・為替にならないので不承知の者には渡さない。（三）八幡方面には運送しない。（四）朽木織嶋に使う麻糸は長濱会所改めを受ける。（五）売込先での仕入れ屋、仲買人への荷渡しは、仕法を承知する人に限り会所発行の目印札が渡される。同目印札のない人には運送しない。（六）運送代金は融通の前金から運送高に応じた割合で引受け、月極で精算する、等の八カ条であった。この契約には福井藩の国産会所掛り役人、渡辺唯右衛門による、「為替支配御頼み申し入れ候」との念書が添えてあり、千両の預かり金返済は麻糸現物で支払う旨が明記された。

　かくして、長濱四軒の問屋衆は同年八月に御用会所取締方の名前で九カ条の「定」を決めた。これを要約すると、（一）御法度は堅く守る。（二）蚊帳地売買について問屋四軒は相場を正しく、厳重に取引する。（三）蚊帳

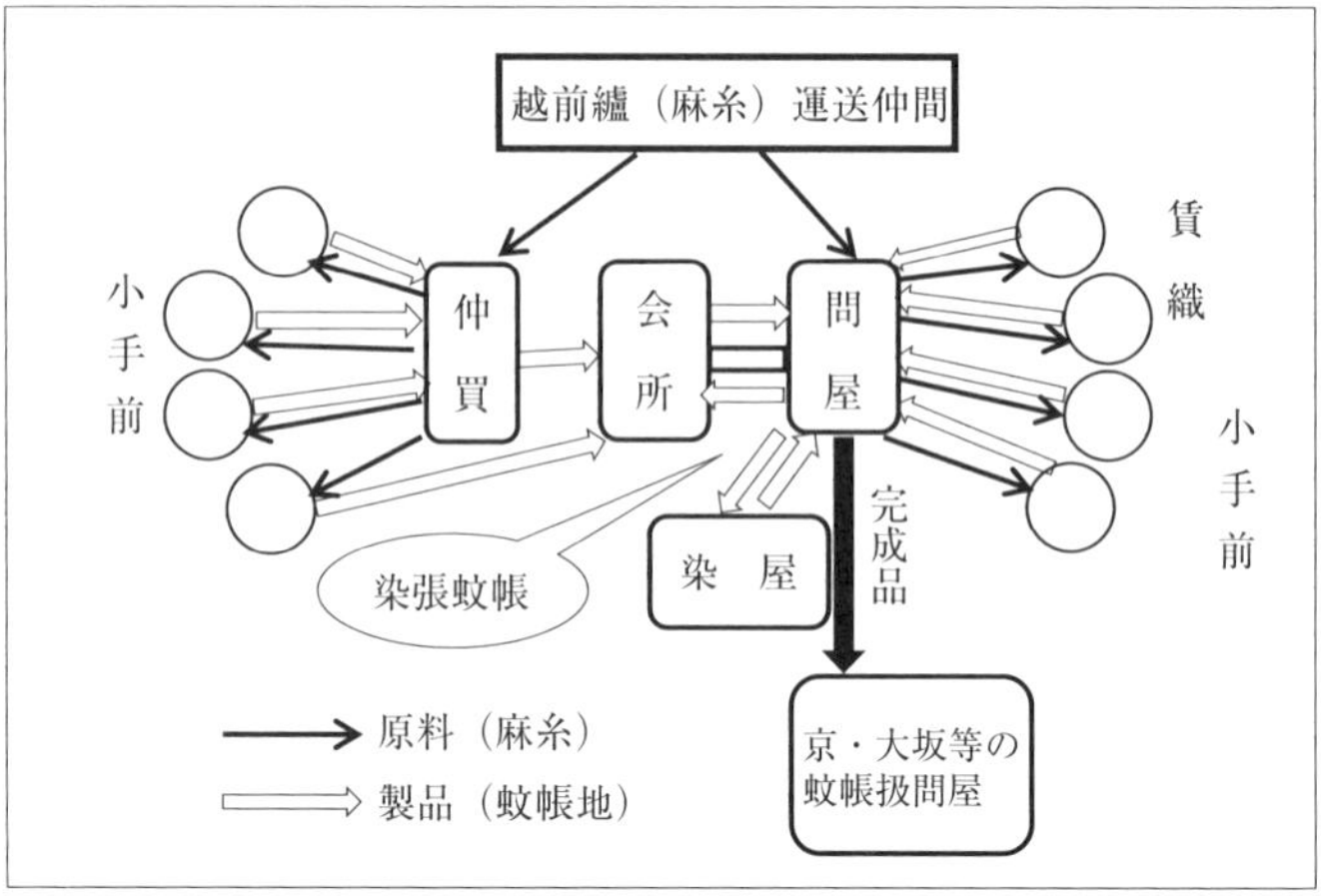

図3－8　浜蚊帳の生産構造（江頭、彦根市史、中冊、1962から）

地の幅尺は規格どおりにするが、短尺物には極めの値引きをし、疵物があれば織元へ厳しく忠告し、粗末がないようにする。（四）印料、口銭は蚊帳一張につき三分を売人、買人から請取る。（五）蚊帳地の代金は四軒の問屋が決済する。（六）郷、町、小手前からの蚊帳売り、買いは会所で受ける。（七）問屋四軒の仕入蚊帳地には会所印を付す。（八）目印札の扱い方を問屋四軒の手代に徹底させる。（九）何れかの問屋が定に背けば、問屋株は取り上げる、であった。

従来の民間による取引で納屋物と称された蚊帳は、彦根藩の御産物蚊帳会所設立によって生産・配給（流通）機構が大きく改革され、藩の統制が効く制度確立によって製品品質が向上する期待が持たれた。また、藩としても製品検査や改印を捺すことで印料収入が増大した。会所設立後は、越前の麻糸運送仲間を通じて会所が発行した目印札をもつ者しか原料供給が受けられなくなった。原料を入手した問屋や仲買人は、小手前という自機経営者と賃織製織者（織屋）にこれを給付した。このような生産構造の流れを江頭（一九六二）から引用すると、図3-8のようになる。

流通の実態と郷方仲買人の対策

文政十三年八月の会所「定」制定以後も、同年十月に掟や条目の追加があって、彦根藩御産物としての統制は一層厳しくなった。しかも、蚊帳の販売は長濱四軒の問屋が独占することになり、仲買人は越前糸仲間と会所の間を仲買するのみとなって、これまでの販売法が難しくなった。

しかし、現実には製織や販売の統制は困難であって、特に福井藩からの抜け荷は深刻であった。別ルートで福井藩以外の麻糸が売買されると、越前麻糸の値崩れが生じ、越前の運送仲間や麻糸問屋への打撃となる。また、長濱問屋にとっても先の借金返済に充当される現物量にも影響が出てくるので、双方が困窮した。

このような統制不徹底背景の一つには、統制が福井藩の事情から生じたものであって、この時流に乗った長濱町問屋の独占を不服とする、郷方の仲買人同業者が考えた商い上の競争、対処策があったからである。すなわち、福井藩産だけの麻糸購入でなく鯖江藩（間部氏、五万石）内からも購入し、これを彦根藩の統制外に置こうとする動きであった。第五章の史料編に掲載した今村の藤九郎らから鯖江藩の麻糸屋、河内屋と小松屋に宛てた約定書写しをみると、従前からも江北の仲買人たちは鯖江産の麻糸について取引があったらしく、約定書を出した時期は福井藩による一方的措置に伴う一連の施策と同年の文政十三年（一八三〇）十月付けであった。この背景は『近江長濱町史』には従来説明されていなかった。

同文書には郷方署名人の所属領地名をそれぞれ明記し、彦根藩以外の仲買人を強調しているようにも思われる。「京都・江戸での蚊帳販売」の項で述べたように、文化一四年に京都町奉行所への嘆願筆頭人であった寺田村の喜八をはじめとし、浅井郡の高畑村、瓜生村、湯次村、山ノ脇村の仲買人との連署であった。本文は加印のうえ送付し、藤九郎らは続いて鯖江まで交渉の旅道中を余儀なくされたものと思われる。仲買人によっては福井藩内の麻糸屋との取引を持つ人もいたであろうが、会所設立で統制が厳しくなったために、その対策として急遽、鯖江藩内麻糸屋との取引を強化したものと思われる。

麻糸市場の混乱と福井藩の内情

天保二年（一八三一）八月、越州麻糸仲間の世話方惣代から長濱問屋衆あての願状によると、文政一三年の双方取決め後に差障りが生じたという。越州藩主への義理合せ（面目立て）があって、旧格通りの産物出荷の取締りが等閑になってきた。江州方領主へも頼んで決めて戴きながら恐縮なのだが、運送仲間からの願いだけでは取り締って貰えそうにないので、江州からも願い文書を上げて欲しいとのことであった。参考に下書きまで添えているることからも、福井藩と彦根藩との正式合意を取り交わしたいとの文面にも取れる。

長濱の問屋衆四軒は早速、同年、同月に越州の国産奉行あてに嘆願書を出した。すなわち、過去の浜蚊帳製造と流通の経緯を述べながら、同書には前述したような（江州北筋の郷方が意図したような）、福井藩以外の他藩領からの新規運送人が出るようになって売捌きが混乱し、運送人は勿論、仕入れ人共に旧格を崩している。越州の麻糸も価格が破却して嘆かわしい。ついては、旧格通りに新規運送を差止めし、また越州一手になるように取締まって欲しい。永々、四軒にのみ麻糸を送り、売捌き方も一任して貰い、こちら側も出精して大切に扱う。また、新たに冥加金壱千両を追加して納めても良いとの文面であった。

北筋郷方の藤九郎らのねらい通りとなった。越州福井藩以外の鯖江藩などからの麻糸の流入が長濱問屋衆にとっては喫緊の課題となり、藩対藩という福井藩の思惑どおりの文面とは異なるような嘆願書になっている。

さらに、天保三年（一八三二）の正月、長濱問屋衆が彦根藩奉行にあてた嘆願書によると、福井藩の内情が見て取れる。以下、微妙な内容なので現代文で述べてみたい。

「長濱問屋衆は会所設立前に越州へ行き、越州の仕法にいささかの変更もないことを確認したので、会所の設立、四軒の問屋衆の株も許された。この件を伝えるために再度越州に行き、勝手役の渡辺唯右衛門様（前々項で念書を記載した越州国産会所掛り役人）にも面会して（念書まで貰い）、越州運送仲間からの約定を受領してきた。

ところが、（前述の混乱も含めて）越前表は一向に取り締ろうとしない。世話方にも毎々相談してきたところ、元締役の西尾茂右衛門（敬称なし）が麻糸の員数改めと称し、かなりの得分を取り上げていたので運送屋が難儀していた。この件が上部に伝わって西尾は改所を罷免され、産物取締になったという。西尾はこれに意趣（遺恨）を懐き、運送人などを言いくるめた上で、渡辺様はじめ世話方や長濱の四人が同心（共謀）している、長濱が伺い願っていた蚊帳会所、また御赦免によって下げられる問屋株などは一切ないとまで藩主に偽って讒言（ざんげん）したらしい。このために渡辺様は昨年末に役取上げ禁足、これまで相談した世話方も追払われ、一人は入牢にまでなった。残った世話方から藩主側の内意を聞いたところ、藩主側は長濱の四人を査定の上で彦根様にも申上げ、赦免されるようならば越州まで懸合いに出頭せよ。もし来ないようなら、愈々以て馴合いだと疑われると聞いた。このような事になれば産物蚊帳地の取締りどころではない（一大事になる）。お上（彦根藩）から添翰（添状）を賜われば、長濱衆は今一度越州に行って厳重に懸合って来たい。何とぞ御憐愍を以て（添翰を）お下げ戴きたい。」

問屋衆は、福井藩にこのような内情が潜んでいたことを驚くと同時に、出資した千両の行方も随分心配になり、彦根藩からの添翰を願い出た。前々項で述べた福井藩公認の借金返済法云々との推測も、あながち的外れでもなく藩士の汚職まで絡んでいた。

他藩からの麻糸流入に伴う市場混乱もさることながら、天保三年、二月に問屋四人衆は別件で奉行に嘆願したこともあった。無印のまま他国で販売する仲買人が出て、彼らに長濱問屋株の期限を定めていない不備を衝かれたようである。現代文で述べてみたい。

「問屋四人衆が従来取扱ってきた浜蚊帳地を御産物に願っていたところ、一昨年の寅年（文政一三年）、御用蚊帳会所をお建て戴き、また御産物御印済みの会所印もお下げ戴いた。問屋衆四人には株札をお下げ戴き、猶また会所取締方も仰せつかったが、永続仕えのお願いを申出ていなかったために、心得違いをする者が出てきた。御印ぬきで勝手に取扱い、他国でも色々と申す者が出て御産物、御会所の意義が薄れているので、御領分中に即日、御触れをお出し戴ければ幸いである。」

彦根藩の対応

先の願いを受けて、長濱町年寄から彦根藩町廻り衆に宛てた、「覚」文書を要約すると次のとおりである。無年の二月十二日付だが、天保四巳年（一八三三）のものと思われる。

「（彦根藩から四軒問屋に対して）一昨々年の八月、蚊帳会所および問屋株を許可されたことで四軒は非常に感謝している。しかし、越前表がこれまでの取締りを破法のようにしているので、懸合いに行っても再定で考慮中であり、未だ取決めも出来ないという。（問屋衆は）この法が破法になれば会所での取締りもできないので、越前表の仕法が再び立つまでの間、藩への上納金免除を願いたいと申している。それぞれ事情を糺したところ、これに相違はなかった。問屋衆の差出す奉行あて書付と越州からの書状写しを共に御査収の上、願い上げて戴きたい。」

四人の問屋衆から奉行あてに差出した、天保三年辰、十一月付けの書付内容は、次のとおりであって、先と同様に現代文で述べてみたい。

「越前から出る麻糸の件は、越州の御産物として一手に引受けて呉れるようにと（越州から）段々に仕法や約定書を以て（整備して）御依頼が来たので、お願い申し上げた通り、一昨年の寅年（文政一三年）に浜蚊帳会所並びに問屋株御赦免を戴いたところであり、たいへん感謝している。しかし、越前表の麻糸の御仕法の取締りがないので、彼の地の世話方に毎々懸合いに行っても（一向に）取締りを付けない。

ところが、昨年末、越州表の懸り役並びに世話方にお咎めがあった由。越前表の仕法が破法になるようだと、当地での取締りも出来なくなるため、当（天保三年）正月に始末書（前項で述べた、越州内情についての問屋衆報告のこと）を差し上げたところである。猶また、その後に御添翰も戴いたので懸合いに出かけて申上げたのだが、お聞き届けにもならず、勝手に来て懸合いを申すとまで言われたので、畏れ下ってきた。その後も懸合い申上げたところ、何分暫く見合せて呉れるように仰せ聞かされたので、是非もなく罷り帰って待っていたが何の沙汰もなかった。致し方なく今度は代人を亦々立てて越州に行かせたところ、別紙の書面のとおり、一両年の内には取締りはできるだろうが、現在考慮中と言われてきた。これ以上は押しての懸合いも出来ないので、沙汰あるまで待つより仕方ないと考えている。

ついては、前述の条々申上げたように越州表の仕法が立たなくては、当会所の取締りも出来ないので、大変恐縮ですが（彦根藩への）冥加金の上納は越州表の仕法が相立つまで御赦免戴くようにお願いする。御憐慇を以て願いのとおり御聞き届け戴くと有難い。」

次に、福井藩の勝手役と思われる四名からの天保三年、九月二日付の書状写しの内容を同様に現代文で述べてみよう。

「お札（鑑札か）拝見致し申した。秋冷の候になり申したが、各位愈々御壮栄にお勤め珍重（ちんちょう）に存じる。さて仕法の義について、当夏、御出福の上でお懸合いがあった処であるが、右の趣き、法による取締りはあるので暫時、相絶やし、追って詮議に及ぶ旨を懸合い申したが、今に於いて何の沙汰もなかった処、此の度亦々、吉右衛門殿（代人のこと）指し越されて、（取締りの）否哉お報せを得たい旨の御書面の趣旨を承知致した。

右趣旨の義は当方に於いても種々心配し取調べをしたが、兎角差障りの筋があって整い兼ねているので見合せている。何れ決評あれば態飛脚（わざ飛脚、特別飛脚の意）を以て通達に及ぶべきだが、此の度は惣代、吉右衛門殿を差向け、御演説（力説）の趣意は取計ったが、前文のとおりなので、心痛が少なくない。なお、此の上も精々取締りの件を心配されるだろうが、前文の如く兎に角整い兼ねる。いずれ一両年の内には取締りも出来るだろうが、年月の件は取決め難い。

尤もその内、趣法どおり決まるようなら、こちらから態飛脚を以て申し入れるので、この段、御承知なされるように。右お報せをし、御意を得られる為に、斯くの如くに御座候。」

富田長左衛門

松村善八郎

福田二右衛門
喜多嶋孫太夫

木綿屋市郎平様
俵屋甚平様
保多屋吉平様
坂本屋久次郎様

彦根藩への冥加金（上納金）の額は不明である。あからさまではないが、問屋衆は彦根藩への上納金延納を盾にとって、彦根藩からの応援、すなわち福井藩が仕法（協定契約）を速やかに履行するようにと求めたわけである。

浜蚊帳生産その後の推移

長濱の商人たちは、浜蚊帳会所設立と問屋株の免許までにも、あるいはその後も福井藩との再三、再四に亘る交渉に三年以上を費やして随分努力したことが、これまでの史料から読み取れる。彦根藩への上納金云々もさることながら、独占商法による利益も大きかったのだろう。しかし、越州側に支払った麻糸の前払い代金に、さらに、（もし払っていれば）冥加金も合せると金弐千両になる。これらが運送料金を含む麻糸の代金にどの程度運用されたかまで明らかにできない。しかし、福井藩の煮え切らない態度や内部汚職には、何か隠された藩内事情があったことは十分推測できる。

郷方の藤九郎らがねらった商い上の競争は、長濱四軒の問屋衆を悩ませたようである。後年の話になるが、嘉永三年（一八五〇）になって、長濱問屋衆の一軒、坂本屋久次郎から郷方代表、藤九郎あての一札がある。これによると、従来、何かと事情もあったが、今後は貴家のお得意場での競売りなどは行わず、もし、こちらで貴方あての注文を受けるようなことがあれば、会所から荷を運送するが、仕切り値段については双方が協議して決めようとの文面である。後述する福井藩が仕法決定をして、やっと一件落着した翌年の一札であった。

ところで記述は前後するが、ちょうど麻糸市場が混乱していた頃、天保二年の暮に福井藩や大野藩の商人が浜蚊帳製織地の浅井郡、伊部村や尊勝寺村へ女工をスカウトに来る事件が起きていた。越前今庄の大黒屋由兵衛が蚊帳地を製織できる五～七人の女工を両村から引抜いて、製織技術を越前にも普及しようとする動きがあった。

これを受けて、天保三年の正月、四軒の問屋衆は越前表で織立てする者の技術が見習われると産物の浜蚊帳が失われ、小前の者たちへの打撃も大きいので是非引戻して欲しい旨、奉行所あて訴えた。

奉行所からは引き抜かれた女工の名前を報告するように言われたところ、幸い尊勝寺村から出た女工は戻った。しかし、伊部村から出た娘五人らは越前表で蚊帳地織り方を教えているようなので、名前を上げて彼女らの引戻しを願っている。

こうした幾つかの事件発生や商売上の競争はあったが、変則でありながらも蚊帳生産と販売は盛んに行われたようだが、そのかげりは徐々に進んでいた。しかし、嘉永二年（一八四九）六月には、越前の仕法（協定契約や取締り）がついに決定、許可されることになった。文政一三年の福井藩からの申し入れ以来、実に一八年も経過していた。問屋衆四軒には、さらに八人の買次元や買次職が許可されたうえ、物主取締肝煎掛り役を仰せ付かったが、これら新規の役割分担法は明らかでない。また、蚊帳地染紺屋仕法取締方についての仕法鑑札も許可され、八軒の染屋に紺屋職の鑑札が下りた。八軒の染屋は、長濱の問屋衆四軒、坂田郡田村の庄兵衛、五兵衛、同郡寺田村の利兵衛、それに同郡今村の藤九郎であった（江頭、一九六二）。

御産物浜蚊帳染紺屋職として、八幡町（現、朝日町）の吉右衛門、七条村の源平の二名が当初任ぜられていたが、両名は染屋が八軒になった時点で年行司となって、前記八軒の染屋を監督した。年行司は染屋仲間から集まる蚊帳地の員数を改め、確認印を押して物主に渡す。染屋の染賃は年行司から受取る。染屋八軒の染入れ数も六月から十一月までと十二月から五月までの二期に分け、それぞれの員数を年行司に報告するなどの規則を細かく決めた。

一方、越前では先に述べたような形の技術移転が影響したせいか、後年の安政年間（一八五四～六〇）になると、蚊帳地の製織が定着し出したとされる。このため、長濱や八幡では麻糸の購入が愈々困難になり始めたが、近江商人達は積年の取引と修練によって製品販売に習熟していたので、越前で製織された蚊帳地も彼らが買い取って、その後染め上げ・仕立てを行い、浜蚊帳あるいは八幡蚊帳として京・大坂方面に販売した。越前側も販売経路の利便性を考慮して近江商人に託したほうが利益は多いと考えた。

天保九年（一八三八）の浜蚊帳は三万～四万張の生産高であったが、天保十四年（一八四三）には二万張に減少し、幕末の生産高は一万張程度にまで落ち込んだ。

今村の藤九郎、寺田村の喜八らは幕末まで蚊帳商売を無事に継続出来たようであるが、明治維新を迎えると、廃藩による不統制のため蚊帳地の粗製乱造が目立つようになった。しかし、明治一一年の長浜町の製造物の首位は蚊帳であって、東京および県内を売り先として十八万円の販売額、次いで西京方面に販売する縮緬の五万六千円、絹縮（きぬちぢみ）の二万八千円であった。これらの製品で総生産額の九六％を占めていた。

明治一九年になると組合の設立で統制が再開され、以後、明治二三年には近江麻糸紡績会社の設立など蚊帳生産も近代化の波に乗っていった。時代は下り、明治後期から大正期にも長浜の蚊帳生産は盛んであった。しかし、蚊帳製造は昭和四〇年代初めまで続いたものの、殺虫剤や下水道などの普及によって、伝統的な織物業もついに衰退する運命になった。

第九節　幕末、彦根藩倹約令と今村の実勢

やがて幕末を迎える頃、これまで商工業に従事した人々の活躍を記述した。この頃、彦根藩が領内の村々に触れた倹約令の写しが残されていた。時代は天保の改革に沿った藩政改革の一環であって、農民の生活に直接影響を及ぼす多くの箇条が記されている。

また、万延元年（一八六〇）の宗門改めによって、当時の今村の実態が見られるので、併せて紹介したい。

彦根藩触書

彦根藩触書は藩からの公文であり、細部に亘る村方への藩命書であった。大田翠巌はこの写し、いわゆる留書を岩隆寺に遺したので紹介してみたい。

触書は、彦根藩の寺社奉行、北筋奉行から天保十三寅年（一八四二）に発給されており、同年八月中旬に岩隆寺が写したとある。触書内容は細部に亘っており、諸事改革、祭礼神事、冠婚葬祭および衣食住に関する諸規制に分けられ、全部で五十三箇条にも及んでいる。これまでの触書とは質・量とも大きく異なっているので、この概要を記述してみる。

彦根藩は領内を統治する上で、元禄期以降幕末までに倹約に関する触書を十五回前後も出し、倹約対象は年によっては衣類、家造作などであったり、あるいは家中、諸役人、惣役人への厳重倹約であったりした。享保年間には幕府倹約令に合せてか、十二箇条の倹約内容があり、家の造作、衣服、歳暮、嫁取り、供廻り等について命

令が出ている。

　本書で紹介する触書が発給された天保十三年前後は、江戸幕府にとって実に多くの内憂外患の時期であった。老中水野忠邦が中心になり、天保十二年に天保改革令を発している。株仲間解散令、出版統制令、異国船薪水給与令、農民への倹約令などがあった。中でも、三方領地替、江戸・大坂十里四方上知令は撤回を余儀なくされたことで有名である。諸藩でも幕府改革と前後して改革政治を次々実施したようであり、彦根藩もこれに追随したのであろう。国家権力としての幕府改革と地方の藩改革とは同列ではないが、幕府には諸国巡見使制度があり、諸大名、旗本などを監察したので油断できなかったのであろう。

　しかし、幕府老中らによる天保の改革は成功したとはいえなかったようである。作家の中村彰彦氏によると、改革を主導した水野忠邦は膝まで埋まるほどの書類の山を次々に処理して行ける能吏であったが、ちまちました法令を連発したことも改革に失敗した原因があるとする。

　彦根藩が出した天保十三年の触書も、ちまちましていると思われるが、紙面の都合で全文五十三箇条の解読はできない。当時の今村の住民にとって関連したであろう条文に限定して、六割程度まで削った諸箇条の要約を記載し、続いてこれら箇条を現代の今町の様相と比較したい。

（一）　諸事改革の箇条

イ、農は国の本、人を養うことが第一。農は工商に優る。常に五倫の道を守り、上を敬い、国恩を有難くおもい、古風質素にし、本業に精を出せば、一生安穏、子孫繁盛するのだが、時には農業を不精して余業に傾く者もあって、自然と田畑の耕作が行き届かず、ついには困窮して田畑の荒廃地が出て来るようでは心得違いである。このような者が村にいれば、村役人は説得し、それでも聞かないようなら訴え出よ。等閑にすれば村役人の落度である。
ロ、人別に田畑の耕作高を代官所に毎年報告しているが、家族人数とは不相応に少ない耕作高、あるいは、記載高と耕作高との違いなど不正な報告をしてはならない。
ハ、田畑家屋敷の売券を定法に違反し、面積や分米（一筆ごとの石高）等を記載せず、紛らわしい売券にしている。検地帳を取崩し勝手な高を付けての売買もあるらしい。高を減じて買得する者は年貢地の掠取りであり、また、正規の年貢高を出さずに高を残して売る者は、以後土地がないのに年貢が残ってしまい、破産することになる。これら誠に不法の至り。不正な売券を扱った土地は検地帳どおりに訂正すること。また、売券には村役人の印を押すこと。
ニ、藩領からみだりに他所へ引越し、あるいは奉公すれば、人口が減少して田畑が荒廃することになるので、定法を守ること。
ホ、郷の居住者が町奉公に出ると筋骨柔弱になり、帰村しても農業が出来なくなる。農に疎くなり田畑耕作も行届かなくなって風俗も乱れる。村役人は厚く世話をし、どうしても町家に帰るようなら、その訳を申上げて指図を待つこと。
ヘ、郷中の休日は、村によって定まっていず、小百姓が言い出して休日を取るようだが、村役人から触れを出すように徹底すること。
ト、雪駄、こんご（金剛）、塗り下駄差止、但し鼻緒は布、木綿以下。
チ、女髪飾り、櫛、簪（かんざし）、笄（こうがい）、金銀、べっ甲は勿論、奢侈がましい品やまげ・くくり・切類、手ごまり等目立つ物も停止（差止める）。
リ、上巳（桃の節句）、端午、雛人形、幟差止。

ヌ、子供の凧揚げ、十五歳以上は差止。
ル、講会などと寄合い、酒肴取って囃すことは違反なので禁止。
オ、村々の寺院、道場で他国領の僧侶を招き法談すること差止。
ワ、若者組は禁止。何事につけ若者が決めて役人の申付けを聞かないことは不届きなので、隣村役人であっても分れば届けること。
カ、躍り、相撲禁止。
ヨ、屏風、唐紙に金銀箔を使うこと差止。

（二）　祭礼神事の節の箇条
イ、祭礼は五穀豊穣・村成立・子孫繁盛を祈ること肝要。誠を尽くし質素に執り行うのだが、奢侈が増えて外見を飾るようでは神慮に叶う道理なく、心得違いである。質素に礼式を執行すべし。
ロ、祭礼に鉦、太鼓など鳴り物、遊興がましいことは禁止。二尺以上の大太鼓製作は禁止。既存の太鼓は、寸尺記載して届けよ。
ハ、雨乞い返礼は村役人と村惣代で参詣し、湯の花上げのみにする。

（三）　婚礼・養子・其余祝儀の箇条
イ、総じて礼式は万端古風を守り、質素に執り行うこと。祝儀の節、心得違いの制服を用い、客に大仰、高価な料理酒肴で多額の費用を使わないこと。衣類は布・木綿、酒食は其所に有合せの粗食で、一汁二菜二種二献。分限に応じてなるだけ簡略にし、客は近い親類、仲人、隣家の他、招いてはならない。

ロ、結納贈りも手軽くすべし。分限良い者であっても礼式を表す程度にすべし。
ハ、婚礼祝儀の道具、分限者でも有合せの手道具にする。部屋見舞等の贈り物もしてはならない。
ニ、祝儀にことよせ、あるいは分限に応じて氏神、寺院の経費にと支出することも、きつく差止。
ホ、元服・名替等の節、若者を招き酒肴を振舞うことは違反で、禁止。

（四）　葬式・仏事の箇条

イ、喪は哀しみを尽し、誠を以って万端執り行うこと肝要。仏事も同様のこと。中には外見を繕い、無益の費用を使うようだが心得違い。主意を忘れず、聊かも饒がましい費用は使わないよう、万端、質素に礼式を執り行うこと。
ロ、野辺送りに輿は一切差止。葬場には親類・近隣の者以外は参ること差止。また、女が衣類など着飾って参ることもいけない。
ハ、野辺送りの際、村方が多人数打ち寄せて世話（埋葬など）するようだが、費用が掛かるようでもあり近親、隣家に限ること。時刻になれば、有合せの野菜で一飯差し出す程度にし、聊かも費用の掛かることはしないこと。
ニ、同様、野送りの節、導師の僧は一人だけ。仮令有縁の僧であっても諷経は断ること。尤も頼み寺の住持が来るなら少人数にすること。
ホ、忌中見舞多少によらず贈物も止めること。寸志までに野菜手作りの品を贈る程度は構わない。
へ、法事の節も近親・隣家の他招いてはならない。料理も有合せの麁菜にし、一汁二菜の他は出してはいけない。

ト、仏壇も近年結構な品を用いるようだが、心得違いであり奢侈がましいものにしてはならない。

（五）衣食（住）の箇条

イ、衣食住は寒暑飢渇雨露を凌ぐことが専要であり、外見を飾り、奢侈がましいことをすべきでないにも拘らず、太平のご恩沢に浴して奢侈になり、近年は愈々増長している。毎々申渡すとおり万端質素節検を守るべし。

ロ、家作りも、近来猥（みだり）になっている、定法を守り、奢侈がましい結構な木品を用いてはならない。

ハ、家の建替え願を出すときには新旧建て坪数を明確に記載して提出、その後の指示を待って工事にかかること。

ニ、衣服についても追々奢侈増長しており不埒である。布・木綿以外は一切禁止。六一歳以上の者は、有合せの横紬様の物であれば着用して良い。

さて、これら箇条を項目別に現代の今町に則して比較すると以下のようである。

（一）の諸事改革の箇条冒頭には士農工商、農本主義の思想が強調されている。次に、土地の売買について詳しく記載されている。今村でも土地の売買は頻繁であったことと思われ、売り主の多くは年貢に窮して土地を手放すが、買主は未納の年貢米は負担し、差額を引いて買求めたのであろう。土地の売買を行う際、検地帳との整合性を厳重に言渡す箇条であり、取交わす一札の売券には村役人の加印も必須であった。

村内にも町家へ奉公する者は少なからずいた。男子が町家で独立すれば成功といえるが、年季奉公が明けて帰村する場合に問題である。いろんなケースがあったことだろう。

農繁期の休日は少なかったが、現代のような兼業農家でなかったから、農閑期の春秋の例祭や半夏生、盆休みには休みが一斉に取られた。農村婦人たちの風俗・衣装は、箇条のように大よそ質素なものであったことと思われる。子達も質素なもので、遊びにも工夫したもので満足したであろう。他国領の僧侶が法話に招かれることが差止められ、若者が組を結成すること、躍りや相撲も制限したのは思想統制し、徒党結成の防止策であったのだろう。

（二）の祭礼神事は現代とは大きく異なっていただろう。外見が飾られることを除けば、太鼓もなく雨乞い後の湯の花も明治、大正時代で消滅している。当時は祭礼・儀式の委細を書付で届ける必要もあった。

（三）の婚礼・祝儀は比較にならないほど様変わりしている。現代では全て商業ベースで誘導されるようになってしまった。

（四）の葬式・仏事の箇条も現代は大きく変貌している。墓地で土葬する際に野辺送りに使われた当町の輿は、おそらく江戸期には無かったのでないか。明治になって調達されたのであろう。火葬になってからも、近年の当町の葬儀形式は変貌しつつある。

（五）の衣食住の箇条は、時代の進歩・発展によって文明・科学技術が変革したことで、最も強く影響された項目と考えられる。

以上、全部で五項目に分けて多くの箇条を記載した最後に、次のことが追記されているので、この全文を現代文に読み下して掲載してみる。

「以上の箇条は見聞したこと、気になったことを申出し置くものである。この他にも、兼ねてから触れていたことも大切に守るように。何事によらず従来の悪い習慣を改め、倹約することは人々の覚悟次第であり、どのようにも省略が可能なのだ。他を顧みず節検を守ってもらいたい。

近年の大凶作の折、困窮した者たちは既に飢渇の場（お救い場）へ来て、御憐憫によって漸く露命を繋いでもらったのだが、すぐに農業を疎んじるようになってしまい、商い向きに心を傾けてしまっている。甚だしい者は放逸に過ぎ、凶作年の苦しみを忘れ去っているとは、全く心得違い、不埒の至りである。

此の度、御公儀からも格別の御触れが届き、旁々以って藩の意向を右のとおり申出すので、領民は十分心得て凶作時の損失なども返済し、手堅く百姓を相続して子孫を繁昌させ、後年に飢饉になっても免れるような手当てをしておくことが肝要なので、十分心得るように。

なお、村方にある寺院にも本件は洩らさず通達し触れるものである。件の趣旨は一統末々まで心得違いしない様、大切に守るべきである。

触れの箇条は、村中に一通り触れただけでは会得しない者があっては良くないので、人別に触れを達して、なお夫々捺印させるように。」


以上のとおり、ややくどいほどに念を押す書面になっている。幕府からも天保改革の触れが廻っていたようである。最後に村の戸主全員に捺印させて触書の徹底を図ったほどである。

天保の飢饉は、この触書が発布された六年前の天保七年頃に厳しかった。既述のとおり、今村でも長五郎が一揆企ての檄を飛ばして捕縛された事件があった。書面にある、飢饉の救済策とした飢渇の場とは藩の御救い小屋のことであろうが、どこで、どのような規模で設置されたのか不明である。今村辺りでも天保のこの頃から、「てんぽもない」飢饉だと、驚く際の表現が使われたのだろうか。

万延元年、宗門改帳

万延元年庚申（一八六〇）、坂田郡今村の実勢が彦根藩の宗門改帳からうかがわれる。史料は彦根藩山方北筋宗門御改手帖（彦根市立図書館蔵）による。

長濱大通寺下道場当村
一、岩隆寺　恵昭　旦方　弐百弐拾壱人　自分手形
右同断
一、蓮澤寺　法厳　旦方　百九人　自分手形
当村中は右弐カ寺の旦那
家数　百六拾壱軒
内、七拾九軒　本家
弐軒　庫裏
弐軒　寺号付道場
壱軒　鐘楼堂
壱軒　門
壱軒　渡家
壱軒　明家
拾九軒　物置
九軒　隠居

弐拾軒　　土蔵
弐拾三軒　小屋
壱軒　　惣蔵
　未御改より申御改まで無増減
人数　参百参拾人、百五拾人　男、百八拾人　女
　未御改より申御改まで　三人増

前記の史料について注釈すると、旦方は老若男女すべてについて寺の檀家の人びとを意味し、檀家の全人数であって軒数ではない。寺の自分手形とは、毎年実施される宗門改めの際、自分の寺の信徒であるという証明（宗門手形）を発行できる寺院を指す。宗門手形がないと他領への旅行も儘ならない時代であった。

渡家の構造は不明だが、本屋と隠居などがつながった家のことを指すと思われる。なお、惣蔵は現在の自治会館敷地にあったものと思われる。主に彦根藩への年貢米の収納蔵として使われた。家数の合計が若干合わない。なお、元禄八年（一六九五）の実勢は、男一八一人、女一九三人、合計三七四人であったが本家軒数が不明である。現代と比べて、本家軒数や人口に大きな変動はなかったといえよう。

第十節　今村の幕末余話

慶応三年（一八六七）一二月、王政復古の令が出されると、各地に旧幕派の反乱が起きた。同四年に新撰組隊長の近藤 勇が江戸から京都に向う途中に國友村に立ち寄って、一時身を隠して同志を募ったことが伝えられている。この時、國友村の伊藤 保が応募したという（湯次、一九九六）。しかし、今村出身の人も応募したとの伝

承もあるので紹介したい。

新撰組隊士、近藤芳助

この情報は、世界文化社刊、ビッグマンスペシャル「新撰組」による。原書を読んでいないが、近藤芳助は本名を川村三郎と称し、天保一四年（一八四三）に生れ、大正一一年（一九二二）に没した。彼は生国を江州國友村と自称したようだが、明治初年、二一五戸の國友村で川村姓は一軒もなかったので、今村出身だった可能性が非常に高い（国友町、吉田一郎氏談）。確かに明治初年の今村には川村姓を名乗る家が五軒あって、現況が畑地になっている土地には子孫に継がれなかった川村姓を名乗った居宅一軒があったようである。

江戸中期までの村の古文書をみると、今村はほとんど國友今村と記載されている。幕末が近づくにつれ、國友は外されて今村の単独名が多くなっている。國友村は全国でも有名な鉄砲鍛冶師が多くいた村なので、ほとんど百姓の今村よりは知名度は断然高い。前述した川村三郎も近藤 勇に売込むには、当然ながら國友村を名乗ったのであろう。あるいは川村三郎は國友村で鉄砲鍛冶師の習練を積んでいたのかも知れない。

三郎には兄の隼人がいて、兄弟そろって入隊したようだ。兄は近藤隼雄を名乗った。兄弟でありながら、弟の三郎、近藤芳助の方が新撰組で出世した。新撰組では伍長職になって鳥羽・伏見の戦いで負傷したが、一命を取りとめ明治維新以降も生存した。明治二一年（一八八八）横浜市議会議員になっている。また、明治三九年（一九〇六）、新撰組時代の体験記を某氏あての長文の手紙に託したようである。

付表　関連年表

近世編を今町歴史との関連で年表にしたものが左表である。

年　表（近世、主に江戸時代）

時代区分・年号		西暦	今村の用水工事など	地域、国内事項
	慶長	1602	東本願寺創建（慶長７年）	
江戸時代前期		1603		徳川家康江戸幕府を開く
	元和	1615		大坂夏の陣、豊臣氏滅亡
	寛永	1627		長崎奉行のキリシタン処刑
		1633		幕府の鎖国政策始まる
		1637		島原の乱（～1638）
	慶安	1649	今村の慶安検地（慶安２年）	検地条目（江戸幕府、慶安２年）
	寛文	1669		全国の枡を京枡に統一
	貞享	1687		生類憐みの令出る
江戸時代中期	元禄	1696～1697	今村の馬井底樋築造（元禄９～10年）	助郷制度定まる（1694）
	宝永	1704	今村の上井修理（元禄17年）	赤穂浪士の討入（1702） 生類憐れみの令廃止（1709）
	享保	1717 1723	馬井底樋の改修工事（享保２、８年）	享保の改革始まる（1716）
	享保	1729～1730		今村と國友村との百太郎川の水論（享保14～15年）
	寛延	1750		幕府、農民の強訴・徒党を厳禁、この頃一揆・騒動多い
	宝暦	1757～1758	馬井底樋の改修工事（宝暦７～８年）	
	天明	1783		浅間山大噴火、冷害で諸国 天明の大飢饉（～88年）
江戸時代後期	天明	1785	馬井底樋水門・樋口、上井の改修工事（天明５年）	農民倹約令（1788）
	文化	1809	今村、村定作成（文化６年）	
	文政	1819	馬井底樋継足工事完成（文政２年）	江北、郷方蚊帳仲買人と長濱四軒問屋衆との商競争（1830）
	天保	1836	長五郎の一揆企て発覚（天保７年）	長州藩一揆（1831）、秋田藩一揆（1834）、天保飢饉激化
	天保	1842	彦根藩諸事改革の触書発布と村内徹底（天保13年）	大塩平八郎の乱（1837） 幕府の天保改革始まる（1841）
	弘化	1845		天保改革の老中、水野忠邦罷免
	弘化	1847	佐吉、相模沿岸警備へ（弘化４年）	幕府、相模などの沿岸警備厳重
	安政	1858		五ヵ国通称条約調印 桜田門外の変（1860）
	慶応	1867		王政復古を令す
（近代）	明治	1868		五箇条の御誓文、政体書交布

第四章　近代・現代編

はじめに

日本の近代の歴史は明治・大正・昭和前期までの約八〇年間を指す。第二次大戦で敗戦国になって以降の日本は、現代の歴史を歩むことになる。本章では近代の歴史を中心に述べ、現代の歴史は今町との関連がとくに大きいものに限定した。この場合、近代と関連する同一節に続けて述べることにする。なお、凡例でも示したように、とくに必要としない限り明治以降の年号記載は日本年号のみとした。

さて、日本の近代をごく大まかに概説すると以下のようである。

近代日本の幕開け、明治時代は天皇制に準拠する国家体制を確立し、資本主義の推進と西欧文明の吸収が急務であった。本県でも学校の設立、地場産業の発展、銀行設立が相次ぎ、鉄道開通や湖上交通も整備された。しかし、軍備を増強した日本は、日清・日露の戦争勝利を通じて朝鮮を併合した。大正時代になると、第一次大戦による工業の発展はあったが、民主主義運動が広がり労働運動や農民運動が盛んになった。このため、反国家的運動が弾圧された時代であった。昭和の大恐慌を経ると、都市部の失業者の増大と農村部の窮乏が激しくなった。政府は新たな武力解決策として、昭和六年には満州事変を起こし、翌年、満州国を建設した。この植民地政策は抗日運動を激化させて、昭和一二年の日中戦争となった。軍部は次第に実権を握り昭和一六年、太平洋戦争へと突入してしまう。戦時の統制経済で国民生活は窮乏したが、昭和一八年には地方行政の推進が強化されて長浜市の誕生をみた。しかし、アジアのみならず日本にも多大な犠牲を払って日本は敗戦国となり、かくして日本の近代は終わり、現代が始まった。

第一節　明治維新後の地方の変革

（一）廃藩置県と民政

王政復古の大号令が下がると同時に、彦根藩は朝旨を遵守した。藩主の井伊直憲は、慶応四年（一八六八）八月、藩の新体制づくりのため藩機構の大改革を断行した。旧藩時代の評定所を民政所とし、南・中・北三筋の奉行所を民政所の出張所とした。明治二年（一八六九）の版籍奉還からは藩知事となった直憲は東京に帰参した。

明治四年（一八七一）七月、新政府は廃藩置県を断行した。これによって封建制度は完全に廃棄され、新政府は全国統一的な行政区域を布くことになった。近江ではこれまで藩扱いであった大津県は廃県となり、新しい大津県が置かれた。同時に彦根・宮川・朝日山・山上・膳所・水口・西大路の合計八県が設けられたが、これらは過渡的な置県であった。なお、旧幕領は全県にわたって潰滅した。

同年一一月には近江国を二分して大津県、長浜県が置かれた。近江を二分した区域とは、湖南六郡（滋賀、栗太、甲賀、野洲、蒲生、神崎）を大津県に、湖北六郡（愛知、犬上、坂田、浅井、伊香、高島）を長浜県にするものであった。長浜県は翌年の二月、犬上県に変更された。最終的には、これら二県は明治五年（一八七二）九月に合併して編成替えをし、滋賀県と改称した。

明治五年（一八七二）には、徴兵令の発布と同時に地租改正法が公布された。地租改正とは、旧幕時代には貢

写４－２　明治一〇年発行の地券書（上は表、下は裏面）、個人蔵

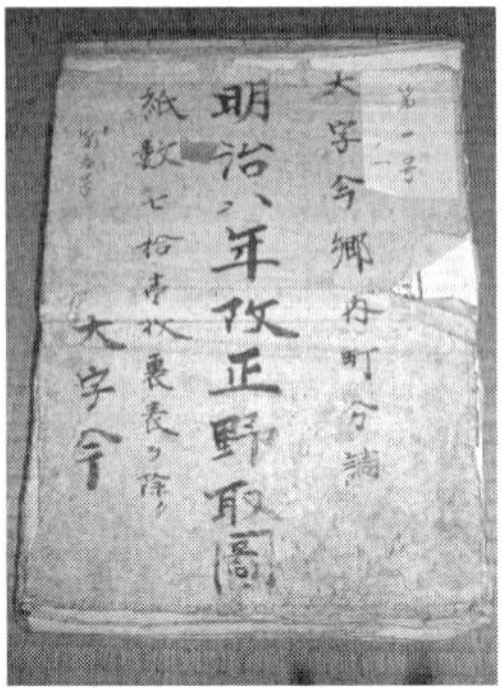

写４－１　明治八年今村改正野取図表紙（今共文、１－１）

租を石高で算出して物成（主に米納）としたが、これを上・中・下の地価に応じて地租を金納で課税することとし、税率は作物の豊凶に関わらず地価の一〇〇分の三とした。このため、各村では戸長が中心になって野取り図、野帳を作成するようになり（写4-1）、新政府は農民に地券書を発行した（写4-2）。

地券制度の設定は私的土地所有権を法的に確認するものとして重要な制度であったが、ここまでの手順には時間を要し、地租改正は明治一〇年末になってようやく完成できた。しかし、この地租改正によって地主と小作人が生じることになった。また、旧士族は禄を失い、農民の負担する地租は中央政府の税収になった。この間に農民や不平士族の反対もあったので、新政府は明治一〇年一月に地租率を一〇〇分の二・五に減額した。

（二）地方行政区画の変遷

明治新政府は中央集権を徹底するため、明治四年四月に戸籍法の施行によって戸籍編成を行った。これによって地方の新しい行政区画が動き始めた。

区　制

明治四年（一八七一）の戸籍法によると、四、五町あるいは七、八村を組み合わせて一区とする区制が布かれ、今村は、明治五年（一八七二）に坂田郡全二〇区、一八二町村のうち、近隣の村々と共に第一三区に入った。第一三区内の近隣村々では、明治七年に区内の宮川村と下司村が宮司村に、戌亥村と辰巳村が山階村に、新庄東村と新庄西村が南方村にそれぞれ合併して村名を変えることになる。この理由は、地租改正によって各村には「村界不分明」、「地所錯雑」などがあるため、合併願いが出された経緯がある。その後も各区内で町村の合併、改称が行われた。

地方の村や町は種々の形で行政区画を制度化した。すなわち、村の庄屋、横目のような呼び方は旧幕時代の体制と同じなので、明治五年（一八七二）には各村の庄屋相当の役職には戸長を、横目あるいは年寄相当の役職には副戸長を置き、正副戸長の選出方法は村中の直接選挙によった。同六年には各区の総括役として区長と副区長を置いた。

郡　制

明治一一年には郡区町村編成法が府県会規則、地方税法と共に公布された。新三法とも称され、今日の地方自治法の嚆矢となる。中でも、郡は古代からその地方の区画（線引き）の形にすぎなかったが、この編成は大正の行政改革まで地方の行政区画上、重要な役割を果たすことになる。これによって区制は廃止された。明治一二年、滋賀県は郡制を布告すると、町村は郡制の下で郡直属となった。また、明治一三年に浅井郡は東西二郡に分割された。

なお、明治一七年には前記新三法が改正され、戸長役場管轄区域の拡大などが図られた結果、明治一八年五月、連合戸長役場制が布かれた。今村は新庄寺村ほか一九カ村との連合になった。この連合範囲は坂田郡内では最大の村域となり、後述する学区制にも連動したであろう。また、現在もある、種々の神照連合組織の前身になったともいえよう。この後、明治二〇年には郡長による新町村設置案も出されて、今村は上新庄村一〇カ村に入る案であったが、県は戸長役場所轄の各村を基本線とすることで反対したため実現しなかった。

市町村制

明治二二年には近代的な町村制が布かれた結果、連合戸長役場制は坂田郡内で長浜町、六荘村、南郷里村、北郷里村、神照村、西黒田村、法性寺村の一部（同三〇年、加田村に独立）の一町、六ヵ村として、それぞれが独立した。今村は神照村に入り、全村数は連合戸長役場制の時と同数の二〇カ村であった。神照村役場は当初、神照寺の源明院に置かれたが、後に南方村に移り、昭和一八年の市制発布時点まで存続した。

町村制から長浜市制に変遷するまでには長い年月を要した。これに至る歴史的背景と経緯は、住友（二〇〇〇）が詳細に述べているので、本項ではその要約を述べてみたい。

長浜の大合併計画は明治二九年に始まっている。当時、長浜町に隣接する大字七ヵ村が長浜町長、神照村長、六荘村長に働きかけた合併案であった。七カ村は縮緬などの製織業を主とする村々であったが、背後には神照村、六荘村を中心に養蚕業が盛んな農村があった。長浜町との合併による経済成長がねらいであった。しかし、明治二九年九月の大水害によって立ち消えになった。続いて、日露戦争と第一次世界大戦を経ると、長浜町中心の縮緬業、製糸業と周辺地域のビロードやヴェルベットのような農村工業が好況となり、県内でも有数の工業地帯にと変貌した。このため、北陸線の鉄道敷設替えによって工場誘致を推進するには、周辺農村に工場用地を求め、長浜町は周辺農村を包み込むような合併案が必要になった。しかし、当時、長浜町が多額の負債を抱えていたことで、合併を誘われた六荘村、南郷里村および神照村は重くなる住民負担を予測して、これを忌避した。

昭和五年には鐘淵紡績株式会社長浜工場が完成、翌年には長浜商工会議所が設立されるなど、長浜町中心の商工業都市、「大長浜」論が大きくなった。さらに、長浜町が都市計画法の適用指定申請決議をしたことで、昭和一〇年に、県は長浜町、六荘村、南郷里村、神照村、北郷里村を都市計画の区域にすることを認可した。また、都市計画事業には長浜町の文化や伝統を取り込むことにした。

町村合併の運動は昭和一二年から再燃した。当初、前記の四ヵ村には時期尚早論が優勢であったところ、長浜町が主体であると明朗な進捗に支障が生じるとのことで、合併推進は長浜町から滋賀県主導へと移行した。しかし、合併運動の転機は日中戦争の勃発であった。戦時下であり、国家総動員法の公布や軍需工業への転換、町村間の財政不均衡と市制実施が不可避の様相を呈してきた。さらに昭和一六年から始まった太平洋戦争によって、長浜町を含む周辺農村の経済的基盤だった繊維産業が、戦時動員によって打撃を受けたことが町村合併の機運を一層盛り上げた。

その後、合併に向けた協議は県の斡旋によって市制施行懇談会の開催、合併促進委員会の開催と続き、途中から神田村、西黒田村の二ヵ村が加入した。南郷里村のみ合併促進委員会を組織できないこともあったが、後日、県あて合併に白紙委任する表明があった。昭和一八年一月から町村合併の申合せ事項について種々の取決め協議が開始されて、同年四月には長浜市制スタートが決定した。市制施行にかかる各村から市長への要望もあり、軍需工場誘致によって時局産業への労働力転換、社会資本の整備が期待された。長浜市は面積・人口で彦根市を抜く県下二番目の都市となった。また、商業・工業人口は約二万人、農業人口は約一万六千人であった。

第二次大戦後の時代はさらに飛躍・進展した。地方分権推進、超高齢社会への対応、国、地方の財政強化、規模適正を図る市町村合併の特例法によって、平成の市町村大合併が行われることになった。平成一八年二月に旧の浅井、びわ両町が長浜市と合併、その後平成二二年一月には旧の虎姫、湖北、高月、木之本、余呉、西浅井の各町も長浜市と合併した結果、人口十二万人余りの広域の長浜市が誕生するに至った。

（三）交通の発達と変貌

江戸時代の物資や人の大量輸送は湖上交通に依った。今村の年貢米などは長浜湊から彦根あるいは大津まで運送された。元禄年間、長浜湊の大小丸小船は八〇艘前後であったが、天保年間になると五八〇艘に増加していた。しかし、明治維新以降は船運から陸運へと大きく変わることになる。政府による旧来の宿駅制度の改廃と鉄道の敷設計画によるためであった。以下、近代の長浜を中心とする船運と陸運の発達や変貌によって、交通の骨格が完成する明治三〇年代までの歴史を、年次を追って、主として門上（二〇〇〇）から引用して記述する。

明治五年（一八七二）、日本で初めて新橋～横浜間で陸蒸気（おか蒸気）が開通し、同七年に大阪～神戸間、また、同一〇年に大阪～京都間がそれぞれ開業した。なお、明治五年（一八七二）、長浜では蒸気船の湖龍丸が長浜～大津間で就航し、翌年には長運丸、一一年には湖東丸が就航するなど、江戸時代以来の湖上交通の様相は、多くの蒸気船就航によって一変した。

明治一三年、敦賀線（米原～敦賀）の工事に着工し、明治一五年三月に長浜～敦賀間の内、長浜～柳ケ瀬間と柳ケ瀬トンネル西口～敦賀港間とが開通して長浜駅が開業した。また、東方面では明治一五年五月に長浜～関ヶ原間の工事が着工され、一一月には長浜停車場（現在の鉄道資料館）も竣工した。

明治一六年五月、長浜～関ヶ原間（二三キロメートル）の鉄道が開通し、大垣への延伸工事も着工された。同年九月には湖上運送としては初めての鋼鉄製蒸気船、太湖丸が就航した。

長浜～関ヶ原間の鉄道開通に伴い、明治一七年五月、大津港から長浜港まで三隻の蒸気船が日本で最初の鉄道連絡船として就航した。また、長浜～大垣間も全線開通し、柳ケ瀬トンネルも同年三月に開通したことで、長浜～敦賀間（敦賀港）も全通した。

明治一八年に米原～長浜間の北陸線の工事が始まったが、明治二二年七月になるまで開通が遅れた。同年同月には、神戸、大阪、京都を経て大津港まで開通していた鉄道を延長して米原までの湖東線が開通した。湖東線は大津から草津、彦根を経由し米原から長浜に至る当初計画であったが、春照から深谷（米原市大野木町の小字）まで、あるいは深谷から藤川峠を越えると急勾配になる長浜経由を避け、米原から関ヶ原へ直行する経路に切り替わって東海道線が全通した。これによって、長浜～深谷間は運行休止、また、東海道線からの貨物が来なくなった長浜港の鉄道連絡船も足掛け六年で廃止になった。

長浜にとっては、東京と京阪神を結ぶ列車が長浜を経由しなくなったことで、旅客と物資の集散が激減する結果になった。しかし、連絡船廃止後も長浜・大津航路は健在であって、水運はやがて観光航路へと変わっていった。

なお、先の一七年に開通していた長浜～関ヶ原間の連絡点に深谷駅を設けて連続させていたが、明治二四年一月、東海道線との合流地点に深谷貨物駅を新設して貨物専用線の深谷線とした。東からの物資は米原を経由せずに長浜に運送する役目があった。しかし、明治二九年一一月に貨物輸送が休止になったうえ、東海道線経路に急勾配箇所を避けるため、明治三二年一〇月には深谷を経由せず、柏原を経由して関ヶ原に至る路線に再度切り替った。このため同年一二月、長浜～関ヶ原間の路線が正式に廃線となり、同路線は工事着工からわずか一七年で終わってしまった。しかし、この廃線跡は整備されて乗合馬車を運行する、通称、馬車道になった経緯がある。

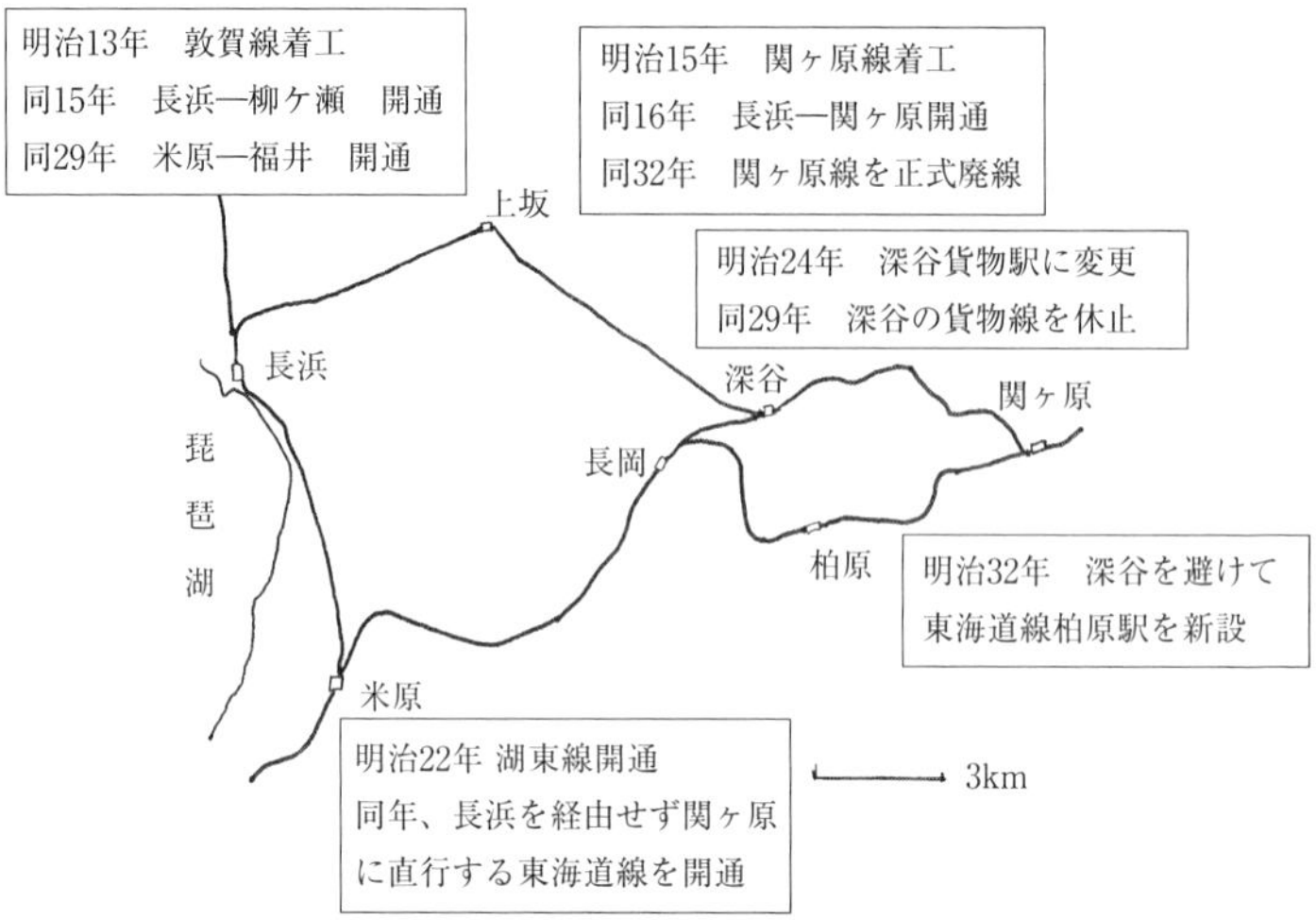

図4－1　鉄道路線の変遷

明治三四年、廃線跡は国から県に移管され、八幡中山村分木〜東上坂村間の約六・三キロメートルを馬車による運行であった。馬車が実際に走ったのは、明治三五年以降とされる。馬車は大正七年頃まで走ったようだが、やがてバス運行へと変わっていった。

以上述べた鉄道路線の変遷を図示すると、図4-1のとおりである。

明治二二年四月、東京・新橋から長浜までの直通列車一往復の運行が開始された。同年一一月の湖東線開通時、汽車による大阪〜東京間の所要時間は一九時間と報道されている。また、東京〜長浜間は約一五時間を要した。北陸線の米原〜長浜間は一五分〜二一分、長浜〜敦賀間は約一時間四〇分を要した。当時の長浜駅には機関車庫、客車庫、貨物倉庫や転車台があったとされる。

明治二九年には米原〜福井間が北陸線として開通し、また、同三二年には富山まで、大正二年には直江津まで開通した。

門上（二〇〇〇）は、長浜駅を東海道線が経由しなかったことで貨物出荷量が昭和初期まで回復しなかったが、米原は北陸線と東海道線の中継を行うのみであって、長浜がそれまで担っていた貨物取扱を肩代わりするまでに至らなかったという。

第二節　農業、土地制度の変革

旧幕時代の藩への貢租米が明治新政府によって政府への金納制に変わり、封建領主の土地から農民主体の地主へと土地制度が近代化された。しかし、明治政府下の近代的土地制度になったとはいえ、日本の農業自体は依然として稲作中心であり、今村も同様であった。これまで今村の農業用水の歴史を詳細に述べてきたが、本節では最初に農業技術の歴史、とくに稲品種について簡潔にふれておきたい。次に、近代化に伴って、今村の土地制度や農業が具体的にどのように変革したかをみたい。

(一) 稲作農業技術の向上

近代化によって明治農法が発展したといわれる。例えば明治三〇年代になると、水稲の収量が急に増大した。これには近代化による農民生活の安堵感や生産意欲の向上もあろうが、品種について科学的特性が明らかになる、肥料の施用技術が導入される、その他の耕種技術が向上するなどの要因によって集約的栽培技術が向上したためである。

明治以前の稲作

奈良時代の『万葉集』には早田、早稲が詠まれた歌がある。また、直播きと田植えの両方を詠っているものが少なくないといわれ、糯米も作られていた。

中世荘園時代には「めぐろ」、「ほうし」など稲の名称があった。赤米も近世まで比較的多く栽培されていたようである。これは、玄米の皮の色から赤米の名称が出たとされ、少肥向きで旱魃に強いこと、病害虫抵抗性が強いことから作り易いが、収量性や味が劣るため、明治以降の近代的な商品になり得ず、赤米の生産量は減少したといわれる。

近世、江戸時代には稲の品種は多様化したが、全て異品種ではなく同一系統でも土地や目的によって選ばれたものが多いようである。享保一一年（一七二六）の「浅井郡冨田村高反別指出帳」には、早稲、中稲、晩稲および糯稲がそれぞれ二、三種記載されているが、これより約七〇年前の江戸時代前期に見る品種名とは大きく変わっているという（川崎、二〇一三）。しかし、幕末になると各地の篤農家が数種の優良品種を選抜した。

耕起、田植え、施肥などの耕種技術は近世当初のものとほとんど変わらず、肥料は稲藁、青草主体に厩肥、糞尿であった。鰊などの魚肥は百姓にとって高価であった。収量は、慶安検地帳調査でも述べたように、反当たり二〇〇キログラム程度であった。

近代の稲作

明治になると、幕末期同様に多くの優良品種が全国の篤農家によって選抜された。『滋賀縣物産誌』（注記）によると、今村では大川晩稲を最も多く作付けしていた。本県の主な品種は、明治末期から大正中期のものであるが、神力、近江錦、滋賀渡船、滋賀旭二〇号、滋賀旭二七号が多く栽培された。

近世には、魚肥や大豆粕のような金肥は商品作物専用であって稲作には余り使われなかったが、同じく『滋賀縣物産誌』によると、明治初年の今村では鯡、白子を多く施用した。金肥は明治二〇年代から積極的に使われるようになった。また、農機具では、犂の改良と普及あるいは回転式中耕除草機の発明で、除草作業の軽易化さらには正条植の進歩があった。

その他の栽培管理面では塩水選の新技術や苗代改良もされて、明治三〇年代から大正期にかけて水稲単収は急激に上昇した。しかし、続く大正時代の技術体系は明治農法の延長と定着であって、大正末期から昭和にかけての水稲の単収は停滞傾向であった。また、明治末期に足踏み式脱穀機が発明され、大正末期には石油発動機の導入で脱穀作業や揚水作業の機械化も可能になった。

大正期には大豆粕に加えて硫安が普及して多肥化し、多肥耐病性品種が要求されるほどになった。このため品種では旭や銀坊主が普及した。その他品種には善光寺、寿などがあった。金肥では魚肥以外にビス、蚕蛹などが、また、過リン酸石灰も大正から昭和にかけて利用された。

昭和期に入ると栽培技術も進んだが、多肥栽培のため増収効果が生じなかった。これは多肥化によって水稲病虫害が多発生したことによる。昭和一〇年代の本県湖北地方では北中七号、同八号、伊吹などの改良品種が多く栽培された。栽培技術では、水苗代の改良のため不耕式折衷苗代や保温折衷苗代法が普及した。その他、稲藁堆肥利用、緑肥としてのレンゲ利用などの栽培技術も発達した（滋賀県農業試験場、一九九五）。

なお、労働生産性をみると、反当たりの労働日数は大正年間には約三〇日間であったが、大正末期から第二次大戦期には約二〇日間に減少したといわれる。これは人力作業から畜力あるいは機械化されたことによる。

（注記）『滋賀県市町村沿革史』第五巻の資料編中に掲載されている。

（二）近代化と農業、土地制度の変革

近代化に伴って農家は自作農家、小作農家あるいは自・小作農家と三つの経営形態に分かれ、それらの経営規模あるいは所有規模によって農家の階層が分化してきた。なお、以下に引用する一部の統計資料には明治一八年

合併前の神照村も含まれるが、本書はすべて統一した区域で説明している。

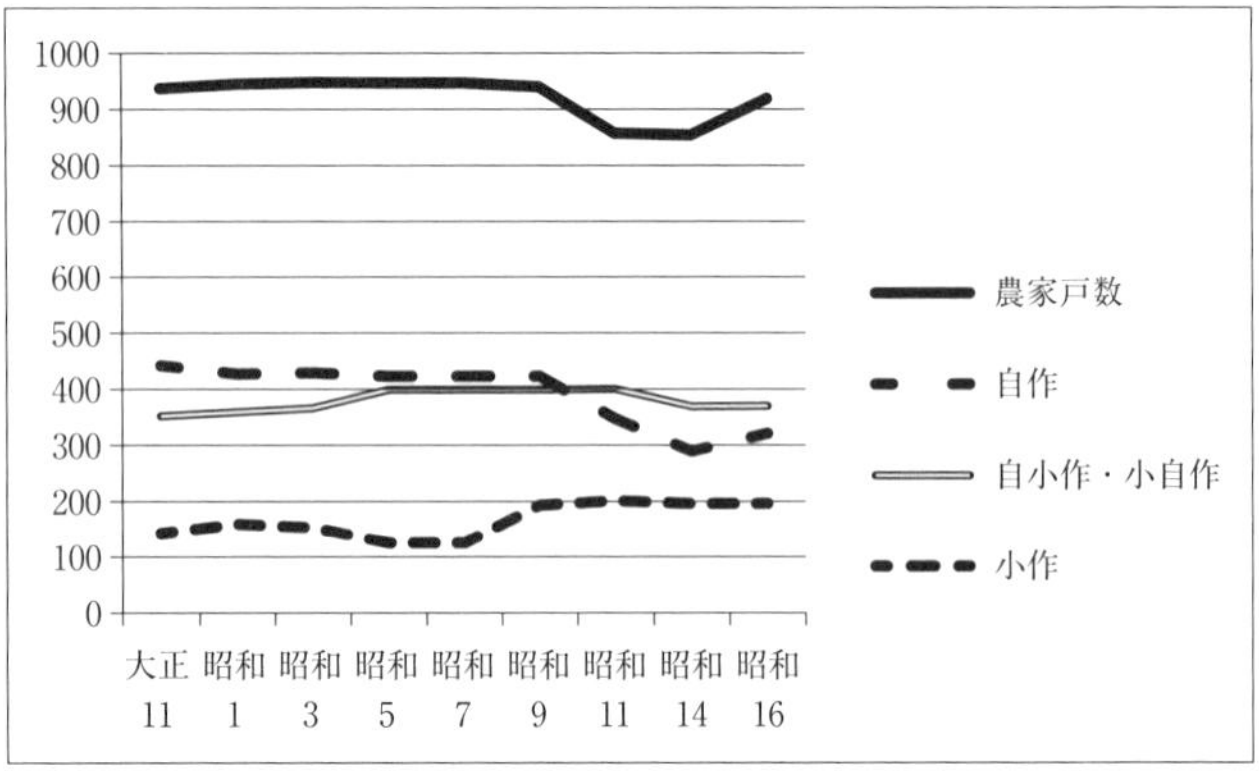

図4－2　神照村、自小作別の農家数推移（大正11年〜昭和16年）
注1）自作面積が小作より多い農家を自小作、逆を小自作とする。
注2）滋賀県市町村沿革史（1960）から引用、著者作図。

表4－1　神照村、経営規模別の農家数推移（大正11年〜昭和16年）

	5反未満	5反〜10反	10〜20反	20〜30反	30〜50反
大正11	295	427	213	2	-
昭和1	250	425	270	-	-
昭和3	241	432	275	-	-
昭和5	200	428	305	14	-
昭和7	179	448	300	20	-
昭和9	185	430	310	15	-
昭和11	251	342	235	28	1
昭和14	246	352	229	26	1
昭和16	262	274	363	19	1

注）滋賀県市町村沿革史（1960）から引用。

農家の階層

第二次大戦以前の今村の農家階層をみるには、『滋賀県市町村沿革史』から神照村の統計をみることで大よその傾向が把握できると考え、大正末期から昭和一六年までの自小作別の農家数を図4-2に、また経営規模別の農家数を表4-1で示した。なお、以下の解説も同書から引用した。

大正期から昭和七年までの農家戸数に変化はないが、以後は自作が減少して自・小作が増加した。小作は昭和初期に一時増加したが、後に自・小作に上昇するものが増加して減少に転じた。これに対応して経営規模で五反未満の層が減少し、一町以上層の増加が顕著となり、昭和七年には全農家の三四％にもなった。昭和九年には不況のためか、自作から小作への転落がみられ、所有規模五～一〇反層が減少し、五反未満の層が増大した。

昭和一〇年頃には浜縮緬が盛行し、長浜は活況を呈した。この影響を受けて自作、自・小作が減少し、経営規模が零細化した。しかし、耕地所有者数は増えて五反未満と一町以上層への分解が顕著となった。これは、工業化、都市化の影響で所有と経営の分離が進行したためであろう。そして、戦時体制下、縮緬業が縮小した昭和一六年には再び農家が増加し、経営規模一町以上の層が急増した。こうして、全般に自作の減少、小作の増加をみたことは、経営と所有の分離が行われつつ、五～一〇反層が五反未満層、一町以上層の両極へと分解が進行してきたことを示す。

また、同書による小作の実態解説をみると、縮緬や養蚕の盛んな神照村では労働力が不足したためか純小作は一般に少ないが、経営規模は大であり、小作地の占める割合は五〇％前後であった。また、小作契約のほとんどは口約束で、証書の作成は神照村で一割に満たなかった。契約期間も不都合ない限り年々継続が一般的であった。

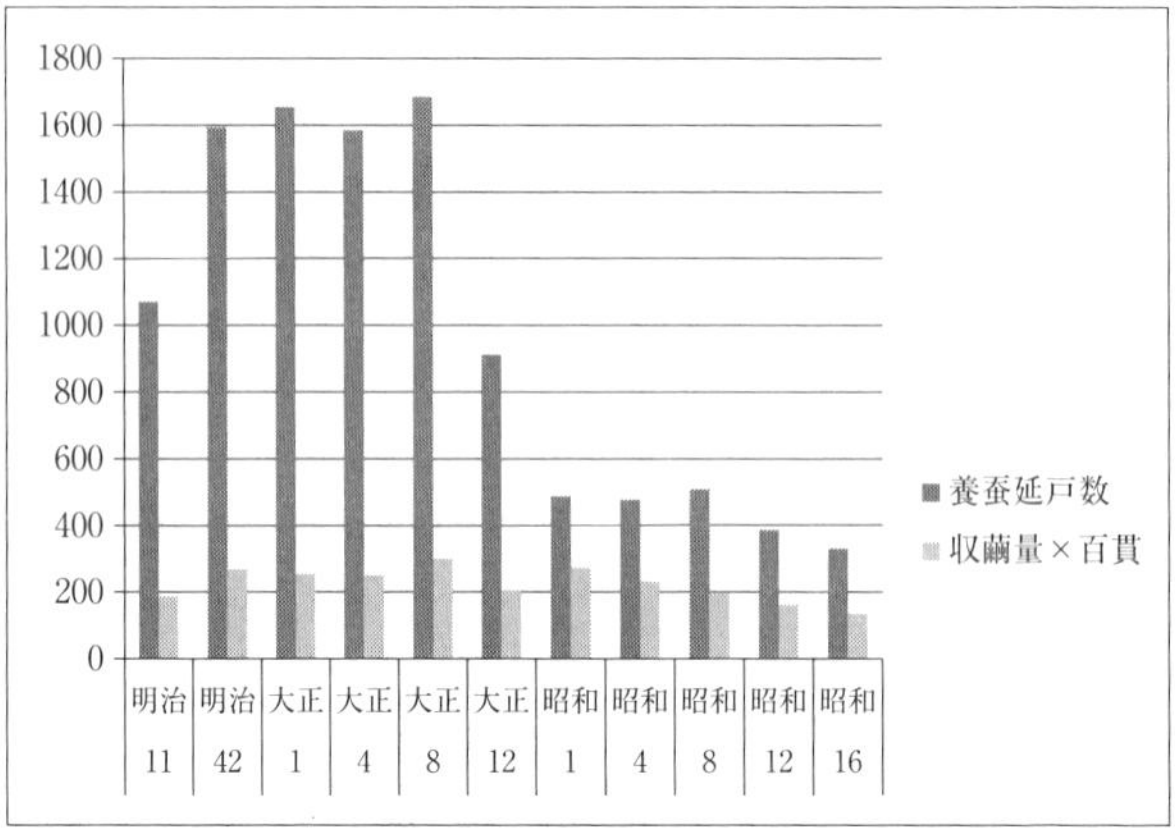

図4－3　神照村の養蚕業（明治11年～昭和16年）

注）滋賀県市町村沿革史（1960）から引用、著者作図。

養蚕・製糸とビロード製織

神照村は、『蚕飼絹篩大成』を著した相撲村出身の成田思斎を輩出したことで古くから養蚕の盛んな地域であった。養蚕業についても『滋賀県市町村沿革史』などから引用してみると以下のとおりである。また、同書から養蚕農家戸数ならびに収繭量の統計を明治一一年から昭和一六年までみたものが図4-3である。

明治一一年当時、蚕種や生糸輸出の進展で養蚕・製糸業は発展途上にあり、主要地帯であった神照村と六荘村のほとんどの村々が養蚕を行っていた。両村の全農家数からみると六五%の農家が養蚕に従事し、神照村は全戸の八三%、六荘村は四九%、北郷里村は五二%、南郷里村は六五%が養蚕を行っていた。坂田郡内の繭産額は、これら四ヵ村のみで全産額の実に九四%を占めるほどであった。

神照村の一戸当たり平均一七貫の収繭量に対して他村は一〇貫であって、神照村では集約的な養蚕が行われていたといえる。養蚕農家は同時に製糸も行い、繭の大部分は地元で生糸にして近隣の村あるいは長浜に出荷した。明治二七年には長浜に生糸取引所が開設された。日本の生糸輸出が中国を凌いで世界一になった明治四二年時点で、神照村の場合、明治一一年よりも養蚕農家数は五二三戸、収繭量も八千貫増加して米国への輸出が増大した。

大正三年の第一次大戦直後も好況であって、その後もさらに増加し、大正八年にピークに達した。大正六年当

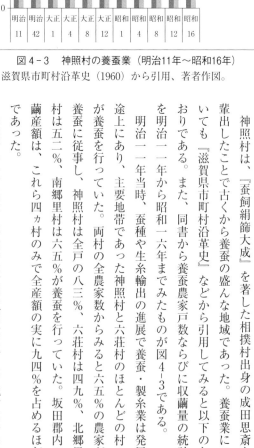

時の製糸は座繰《ざくり》が主体で、生糸は縮緬原料となり、機械製糸したものは輸出用になっていたが、長浜周辺の大規模新会社に圧倒されて大正末期には座繰製糸も姿を消すようになった。大正九年には、戦後恐慌が起こり繭価は大暴落して養蚕農家にも打撃となった。総じて、大正期を通じて神照村の養蚕業は一進一退であった。

昭和元年から収繭量は急激に減少し、昭和五年にも繭価が再び大暴落した。化学繊維のレーヨンとの競合もあって、以降の収繭量は全般に下降し始めた。昭和一六年には養蚕農家は遂に三三〇戸となって大正元年時点の二割に、また、収繭量も最盛期の半分に減少した。神照村のみならず他村の衰退も大きく、第二次大戦前までに南郷里村、北郷里村などは潰滅的であった。したがって、桑園面積も明治四二年当時の三九六町が昭和元年には三〇九町に、また昭和一四年には一七五町にそれぞれ急激に減少した。

なお、昭和三〇年には長浜市全体で二八五戸、収繭量は七八三二貫と、主に相撲町、列見町ほかの養蚕であった。今町もこの中に入っていたが養蚕農家数は少なかった。今町の池田、上川原地区の桑園（注記）も昭和三四年には開田され、大半の面積が消失したことで養蚕に幕が閉じられた。

養蚕時期について、戦後から昭和四八年まで国友町の養蚕農家の変遷を調査した結果をみると（吉田、二〇〇一）、稲作と作業が比較的競合しない夏蚕、秋蚕の養蚕が多かったが、稲作の機械化進展と共に春蚕も飼育する、年間三回の養蚕農家があったという。

以上のとおり、明治期から昭和三〇年代初め頃まで、神照村の統計などを基に今村あるいは今町の養蚕業の推移の概要をみてきたが、製糸については十分な調査ができなかった。しかし、江戸時代から明治・大正期にかけて養蚕とともに製糸も盛んに行われており、生糸（繭）の大半は近隣の村あるいは長浜町に運ばれて浜縮緬あるいは浜ビロードになったことは事実である。しかし、今村あるいは今町では、いずれの織物も大規模に製織されたものはなかった。浜縮緬もビロードから転業した二軒のみが今町で製織したに止まり、十数年前に廃業している。

表４－２　神照村の裏作状況（明治42年～昭和14年）

	裏作/全水田 %	裏作総面積 反	普通裏作 反	緑肥裏作 反
明治42年	50.0	3858	-	-
大正５年	10.0	770	-	-
大正11年	13.8	751	131	620
昭和３年	8.9	772	89	683
昭和８年	22.0	1687	200	1383
昭和14年	28.8	2117	837	1125

注）滋賀県市町村沿革史（1960）から引用。

明治以降に綿ビロードの輸入があって浜ビロードも打撃を受けたようであるが、戦後は化学繊維の普及でレーヨン糸やナイロン糸が製織され、生糸（正絹）が用いられたのは経糸の一部のようである。今町で、戦後多く見られたものは家内工業的なビロード製織であり、農業のかたわら兼業的に農閑期の製織作業を行う八軒があった。ほとんどが下駄の花緒用に使われた（森岡、二〇〇一）。

（注記）慶安二年の検地時点で上川原には水田一町三反余があったが、桑園あるいは畑への転換時期は不明。

兼業化のきざし

神照村の裏作状況を同じく『滋賀県市町村沿革史』などから引用すると表4-2のとおりであって、近代終期頃には兼業化のきざしが見え始める。

明治四二年当時、神照村の裏作率は全水田の五〇％もあって、普通作物、とくにナタネ栽培による裏作であった。湿田が多かった地域では麦作よりもナタネ作が多かった。ところが、大正一〇年頃から昭和一四年にかけて緑肥レンゲが栽培されたものの、裏作率が一〇％前後に低下した。これは養蚕や製織業が発展したために、裏作に労力が回らなかったためであろう。元来、神照村の水田単作農家数は明治期から多かったが、並行して養蚕・製糸の農業経営が大正期にも続いていたことによる。

しかし、この傾向は昭和期になると徐々に変化してきた。とくに戦争を契機に養蚕・製糸が低迷して裏作が増加した。これは、農業の多角化が進んだわけではなかった。現代の昭和三〇年の調査によると（表示なし）、全耕地の七一％は一毛作田であり、二毛作田はわずか一五％、桑園二％であった。経営面積も三反未満の層は二七・四％、三～五反層が二三％、五～一〇反層が三三・八％と一町未満層が八割強にもなって、一戸平均で五・七反と県平均よりも少なかった。前記一毛作田が卓越する事情は、農家の非農家化と兼業農家化を強めてきた表れである。既に昭和一六年時点でも専業を上回った傾向があって、昭和二五年以降には兼業農家数が過半を占めるに至った。明治期の水田単作プラス養蚕・製糸経営から昭和期には水田単作プラス兼業化が並行する時代となった。

農地改革

太平洋戦争後の日本民主化促進の一環として、革命的な大事業であった。

昭和二〇年、幣原内閣は食糧生産確保と農業停滞の要因であった地主制を根本的に改革しようと、自作農の創設、小作料の金納化および市町村農地委員会刷新を骨子に改革案を閣議決定し、議会に提出、第一次農地改革を発表した。さらにGHQは「日本農民を数世紀の間、封建的圧政で奴隷化してきた経済的桎梏を打破するため、耕作農民に対して労働の成果を享受させ、現状以上の機会を均等に保証すべき」との内容を発表したことで、改革案のGHQ提出が義務になった。

続く吉田内閣は、第二次農地改革の勧告を受けて農地改革の徹底に関する措置要綱を閣議決定し、「自作農創設特別措置法」、「改正農地調整法」の二法を前年にさかのぼって実施することにした。これらの法律によって小作農の保護と耕作権が確立され、「農地法」がやがて公布されることになった。

「自作農創設特別措置法」の具体的内容の三項目および「改正農地調整法」の概略は以下のとおりである。

（一）地主保有面積は、内地平均一町歩、北海道四町歩とする。自作地は内地平均三町歩、北海道一二町歩とし、それ以外の小作地は買収する（滋賀県では、地主保有面積は七反歩、自作地は二町四反とされた）。また、不在地主の農地は全て買収対象とする。
（二）買収すべき農地は市町村農地委員会で決定する。
（三）買収価格は田の賃貸価格の四〇倍、畑四八倍。報償金は田が反当二二〇円、畑は一三〇円、その支払いの一部は現金で、他は年利三分六厘の農地証券で三〇年以内の年賦支払いとする。
また、農地の移動は全て知事の許可、または農地委員会の承認を要し、耕作権に対しても、農地の賃貸借解除、解約、更新の拒絶は市町村農地委員会の承認を得て、さらに都道府県農地委員会の許可を必要とする。

市町村農地委員会は地主三人、自作二人、小作五人で構成する。


このようにして小作農の保護と耕作権の確立が法によって定められたが、山林の解放は除外された。

市町村農地委員会は三階層に分けられ、農家は地主、自作、小作のいずれかと同じ階層にいる委員を選挙した。なお、農家の階層は世帯単位の所有面積で決定された。

農地買収は昭和二二年三月から二六年六月までの五カ年に亘って行われた。また、小作料は地域によって多少の変動はあったが、昭和二一年当時で小作米一石当たり八〇円前後に抑えられた。しかし、戦後インフレによる物価高騰のため小作料は昭和二五年には反当たり六〇〇円に統制された。戦後二〇年余り経た時点で、約一町歩近い買収を受けた今町の小規模地主、某氏が述懐した小作料に対する考えを史料編に示した。当然ながら、大地主ほど農地改革によって大打撃を受けることになった。

米の供出から生産調整へ

米の供出制度自体は大正一〇年に「米穀法」で定められていた。しかし、太平洋戦争開戦で主要食糧の安定供給を確保するため、昭和一七年に「食糧管理法」が制定された。これによって政府は米を生産者から強制的に割当てて購入し、配給制度で国民に公平に配分することが基本的な大原則になった。

しかし、敗戦国になってしまった日本の農業生産力は、資材不足や労力不足によって最低水準にまで落ち込んだ。さらに戦地から復員してきた人たち、満州などの海外居住の引揚者で消費人口は急増し、配給米の遅配や欠配で食糧事情は危機的状態になった。滋賀県（注記）は食糧供出委員に委嘱して米の確保に努めたが供出拒否者が続出した。昭和二一年に「食糧緊急措置令」が制定されて未完納農家への強権発動が行われた。元滋賀食糧事務所職員だった某氏の想い出によると（一九九三）、係員が某郡内の農家屋根裏に上がり、隠されていた糯米五斗を押収したところ、家の老婆がそれだけは猶予して欲しいと哀願したが聞き入れられなかったという。また、食糧事務所の供出台帳を基に、完納農家に対する報奨物資として、木綿、作業服、地下足袋、酒などが出された。

昭和二三年には「食糧確保臨時措置法」が公布・施行され、主要食糧各種の実収高が把握された。食糧管理台帳の作成で農家個々の供出可能数量の算定、保有農家の算定など徹底した食糧管理が行われた。しかし、一方では終戦直後からの不法なヤミ米取引は各地で続き、昭和三〇年代に入った今町でも見られた。

昭和二〇年代の後半には食糧事情がようやく好転し、生産者と消費者への法整備が進められた。昭和二七年には食糧管理法の改正があって、生産者の再生産確保と消費者の家計安定を図るため、強権供出から経済供出へと変わったことで、二重米価制になった。

昭和三〇年代は日本経済の急成長による所得格差是正のため、昭和三五年から「生産費および所得補償方式」が導入され、以後米価は毎年引き上げられた。昭和三八年から売買逆ザヤになって、不自然な価格体系になった。

こうしたことが農家に米の生産意欲を向上させた結果、昭和四二年産米は全国的な大豊作となり、滋賀県の作況指数は一一二にもなった。

しかしながら、米の消費量は昭和三七年をピークとして（年間一人当たり精米一一八・三キログラム）、以後は確実に減少し始めた。現在の消費量はピーク時の半分、六一キログラム（一日一合）程度である。今後も人口の減少および米依存度の高い世代の高齢化とパン、麺依存度の高い世代への交替で米消費量は間違いなく減少の一途をたどる。

さて、米の過剰が問題になって以降、昭和四四年からは稲作転換が始まった。米の生産調整である。また、古米の持越しも問題になった。昭和四七年には政府米の消費者価格に対する物価統制が撤廃され、昭和五三年からは生産者米価の抑制が始まった。また、昭和五六年には食糧管理法の改正で、ついに配給制度は廃止された。

豊（飽）食の時代、米余りの時代になり、あるいは自由貿易による外圧などがあって、食糧管理法は平成七年をもって廃止となった。現在は新しい時代に即する食糧法へと引継がれた。しかし、近い将来、米の生産調整をしても米は最大限に生産されないだろうと思われる。そうなると、水田を近い将来どのように維持管理していくか、大きな課題と考える。

（注記）昭和二三年、滋賀県の組織であった、滋賀県食糧検査所と農林省の大津食糧事務所とが統合されて滋賀食糧事務所となった。従って食糧供出委員による米の確保は統合以前の業務であった。

第三節　学制の変遷

明治五年（一八七二）八月に学制が発布され、全国に学校が設置されることになった。学校は国民各自の「立身と治産昌業」のためのもので、一般国民は全て学校に就学し、地位、職業、男女の区別なく教育を受ける、近代教育の基本理念が明らかにされた。

滋賀県は学制発布の翌年、県下各区に小学校の設立、小学区の制定、学校経費、校舎の場所などの計画、提示を促した。県下最初の小学校は学制発布よりも早い明治四年（一八七一）九月、浅見又蔵らの主導によって長浜町に開設された。五つの寺子屋を支校として開き、滋賀県令松田道之は「滋賀県第一小学校」と命名した（注記）。明治七年（一八七四）には神戸町に洋風三階建て、四階に鼓楼を置く校舎を新築して、「開知学校」と改称した。

その後、明治六年（一八七三）から各地に設立されていくが、国、県からの補助はなく、県下の町村は寄付に依存した。明治六年（一八七三）二月、国友村に郁文学校が創設され、これが神照小学校の誕生とされる。明治七年（一八七四）、県下の小学校設置数は二九二校、生徒数二万三九四五人であったが、同一一年（一八七八）になると設置数七九三校、生徒数は五万一七九七人と増大した。

（注記）明治四～五年当時の県名変遷は激しく、滋賀県第一との時系列は、厳密には明治五年九月以降になろう。しかし、明治四年一一月時点で既に滋賀県と長浜県が両立したことから、あながち矛盾する命名でもないが、おそらく滋賀県一本に統合されて以降の命名なのだろう。

今村学校

今町に関連する小学校の変遷記述は、『神照小学校百年誌』を引用、要約した。

明治八年九月、口分田村に勉習学校が開校された。今村の子弟たちは、この勉習学校に通った。学区内の村々は口分田村のほかに今村、保田村、山階村、川崎村であったが、明治九年二月には今村のみ分離して今村学校が

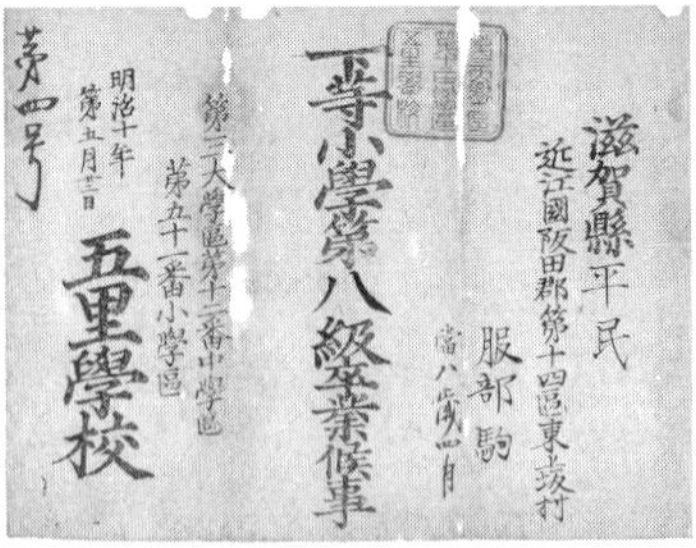

写4－3　下等小学校八級卒業証書（個人蔵）

注）五里学校は長浜市東上坂町に明治8年開校した。

単独で開校した。今村学校は現在の自治会館敷地内にあった。

当時の学業課程は六歳で入学し九歳までは下等学校（四年間）、一〇歳から一三歳までが上等学校（四年間）であった。上・下等学校の課程はそれぞれ八級に区切られ、各級は六カ月の修業年数であった（写4-3）。八級から順次進級して行き、一級を上がった児童が卒業できた。この制度は明治一一年に廃止されたが、府県によっては旧課程のまま四・四制、あるいは三・二・三制などと明治一四年までしばらく混乱が生じたようであるが、今村学校がどのように対応したか不明である。

明治一四年に小学校教則綱領が制定された結果、小学校は初等科三年、中等科三年に高等科二年の三・三・二制となった。今村学校もおそらくこの制度に移行したものと思われる。しかし、明治一九年には今村学校は国友小学校に統合されて廃校になった。

廃校になった今村学校校舎の一部を利用して、三〇年近く前まで町内某家が物置小屋に改造して利用していた。旧校舎建坪の約半分であったらしく、二間×三間の平屋建て、瓦葺、ササラ天井、土壁、板敷の床であったが、入口扉には多くの落書があったらしい。今村学校、明治九年の他に二、三の生徒名の落書もあった。この規模から推定すると、今村学校が二階建てであれば階上、階下とも六坪の間取が取れたであろう。

先に、明治一八年に連合戸長役場制が布かれた結果、地方の行政区画が大きくなり、今村は新庄寺村ほか一九カ村との連合になったことを述べた。このため、明治一九年一一月には、学区についても一行政区一学区の制度が発令された結果、今村は神照連合体制の影響を受けることになって、今村学校は廃校になったものと思われる。なお、町村制施行によって神照村が正式に成立したのは明治二二年からであった。

国友小学校から神照小学校へ

一学区が拡大される以前、国友村には国友学校（明治九年開校）、開成学校（明治一八年学校名を改名）があった。学区は国友村、橋本村、中沢村の三カ村のみであったが、明治一九年の学区拡大に伴って開成学校を本校とし、正式校名も尋常科国友小学校になって、この時期から今村の児童は国友村へ通学した。

しかし、口分田村、南方村、相撲村はそれぞれ独自に学校を開設してきた経緯があり、また、通学距離の問題も絡んで前記の国友小学校を本校とすることに大きな不満を持った。今村と保田村以外の村々の児童（親たち）は登校拒否を続けたそうである。

この問題は、明治二〇年六月に口分田村、南方村、相撲村の学校を国友小学校の支校とすることで解決した。すなわち国友小学校口分田仮教場、国友小学校相撲仮教場となったが、南方村の学校のみ国友学校支校となった。この頃の生徒たちは授業料を払い、教科書も有償であったから親の負担も大きかった。

なお、明治二〇年から二二年にかけて、尋常科を終えた女子生徒を対象に裁縫科、補修科を設立した。さらに後年になるが、日露戦争後には農業発展強化、食糧増産の施策のため各校には実業補習学校が開設された。

先にもふれたように、明治二二年に町村制が施行されたことで、尋常科国友小学校は、六月に尋常科神照小学校と改称された。しかし、旧の支校はそのままの分割学校であった。明治二三年一〇月、小学校令が改正され、小学校は道徳教育、国家教育に基礎を置いた。さらに教育勅語が発布され、国民の道徳概念の根本が示された。小学校では教育勅語の奉読、御真影の拝戴が三大節（新年拝賀式、紀元節、天長節）毎に奉安された。

神照村議会は明治二五年一一月、前記の支校を次のように改名する決議を行った。すなわち、本校は神照第一尋常小学校として国友村に置き、口分田村の仮教場は神照第二尋常小学校、南方村の支校は神照第三尋常小学校、相撲村の仮教場は神照第四尋常小学校の四校とする決議であった。

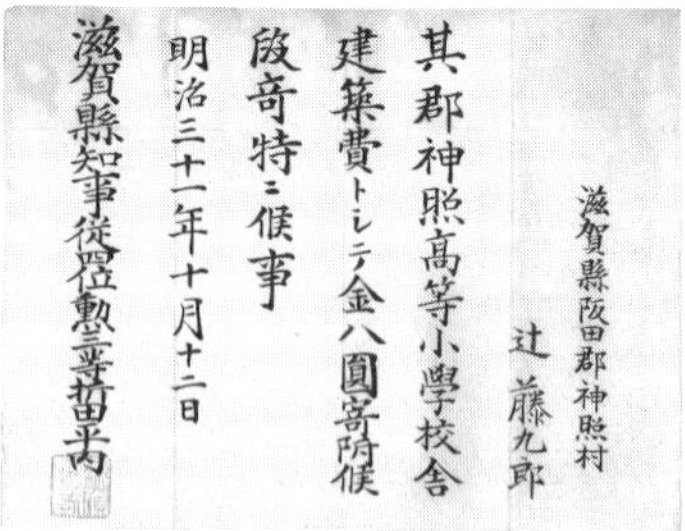
滋賀縣阪田郡神照村
辻　藤九郎
其郡神照高等小學校舎
建築費トシテ金八圓寄附候
段奇特ニ候事
明治三十一年十月十二日
滋賀縣知事従四位勲三等

写4－4　神照高等小学校寄附金への感謝状（個人蔵）

義務教育制と校舎新築

これらの学校はその後着実な教育効果をあげて、児童の就学率も年々向上していった。明治三八年時点の神照村の就学率は九六%余、全国平均と同率であった。

明治三八年八月、小学校令の改正によって小学校は一律四年制の義務教育となり、授業料も徴収しなくなった。さらに、明治四〇年には義務教育年限を六カ年に延長した。義務教育六年の上には高等小学二年の課程（非義務教育）も加わって、明治四一年四月には神照尋常高等小学校となった。

義務教育が六年に延長されたことで、従来からの五校の学校運営が厳しくなってきた。そこで、五校の統合が図られることになり、ついに明治四一年四月、多くの変遷をみた学校が一校に統合されることになった。学区も神照村の全村一区となった。

具体的な統合策は、尋常科の高学年生は高等小学校校舎で、低学年生は旧尋常小学校の各校舎で学習を始めた。後者は第一から第四の分教場での教育であった。しかし、明治四三年には第三分教場（南方村）が、大正五年には第二分教場（口分田村）が廃止されて国友村と相撲村の分教場のみになった。この間、今村の低学年の児童は国友分教場に通学した。

学区統合によって児童数が一躍増加し教室が不足したため、新規校舎が必要になり、県は寄附を募った（写4－4）。現在の神照小学校校地になっている南方村三一一番地に、既に明治三〇、三三年の両年に落成していた二階建て二棟の旧校舎を統合の際に増改築することも含めて、明治四二年から新規校舎の建築工事が開始されて、明治四四年三月に落成した。

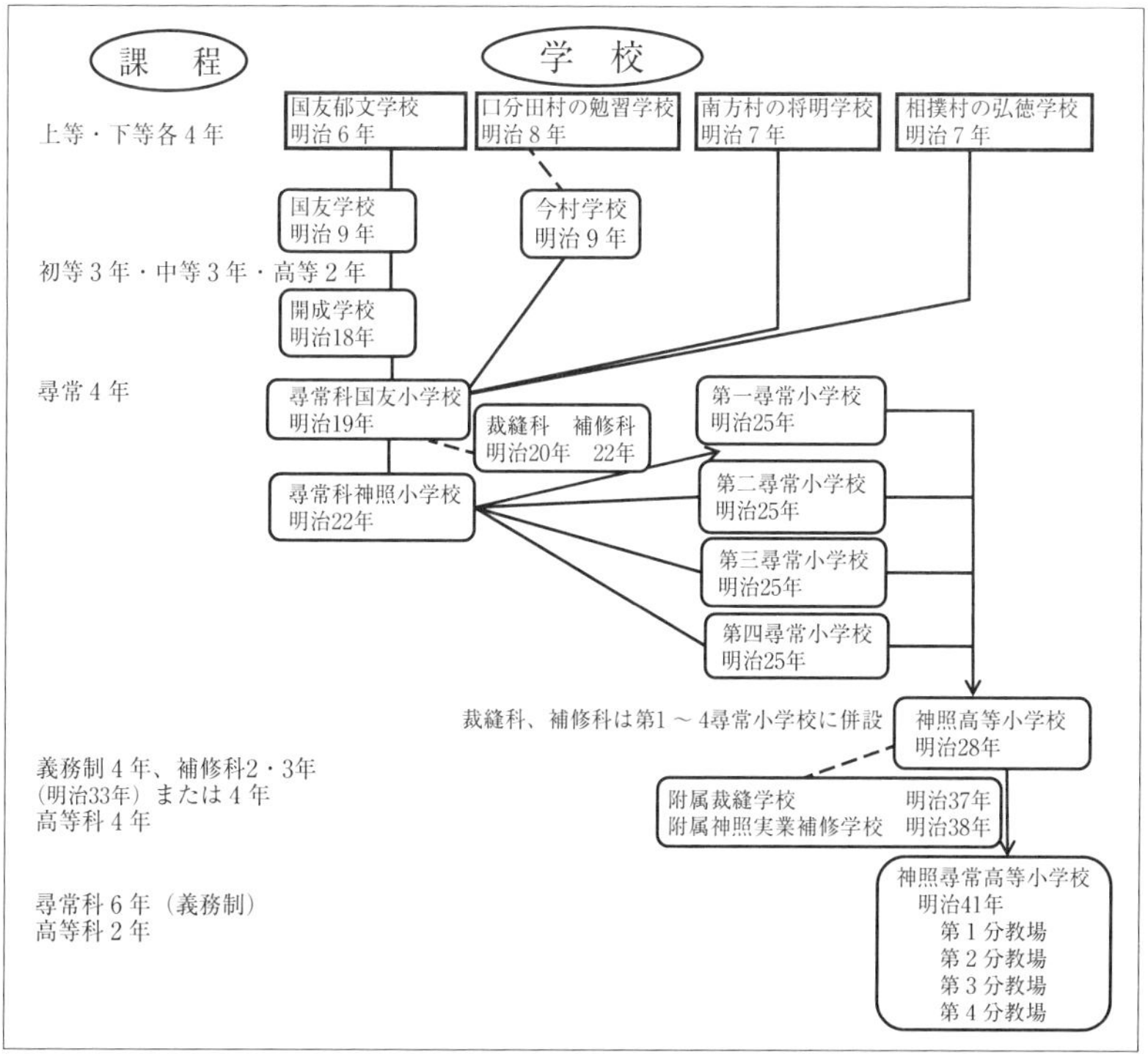

図４－４　明治時代の神照小学校の変遷（神照小学校百年史から）

以上のような明治六年から同四一年に至るまでの複雑な学校設立の変遷過程を図示したものが図４－４である。

大国民訓育と戦時教育

大正八年三月、小学校令施行規則の改正によって、科学教育の改善、地理、歴史教育の充実で国民精神の涵養が図られた。昭和に入ると、教科書の全面改定によって「臣民の道」、「愛国精神」が鼓吹されるようにもなり、軍国主義的色彩が色濃くなり始めた。昭和一一年からは、生活行事を中心に臣民、皇民的修身および道徳教育を図る訓育体系が大成し、実践された。

昭和七年時点で、児童数が千人近い大所帯になった神照高等小学校は、昭和一〇年に校舎の新築、改築計画が決定された。政府の低利資金の借入れ、村債発行など一八カ年償還で調達し、世界恐慌下で苦しい生活の農村地帯であったが、寄付金も集まって、翌一一年の八月に完成した。二階建て本館にはモダンな車回しのある玄関が象徴的な建築であった。

戦時体制下の学校は、昭和一六年三月に公布された国民学校令によると、「皇国民の道場」になった。明治四一年以来、長く親しまれてきた神照尋常高等小学校は神照国民学校と改称されることになった。また、昭和一八年の長浜市制の発足で長浜市立神照国民学校になった。

戦時下の学校教育は大和魂を育てる教育としての訓練、忠魂碑の祈願、墓参、奉安殿への敬礼、武勲室参拝を行い、戦地につながる教育として戦争遂行の教科学習や科学修練が行われた。また、戦時下の奉仕活動として、稲刈などの勤労奉仕にも児童が参加し、高等科女子生徒には軍需工場への勤労動員もあった。戦争が激しくなるにつれ、大阪からの疎開児童の受入れもあった。今町には縁を頼って、京都・大阪のような都会から大人の疎開もあった。なお、戦時下の一時期、今町の児童には現会館の前身、会議所で授業が行われたようである。

こうして日本の敗戦から戦後の教育への大転換が図られるようになるのは、昭和二〇年八月以降のことである。

戦後の教育

終戦の年には修身、国史、地理の教科が廃止になり、翌年からも戦時中の教科書は一切使用禁止になった。昭和二二年には教育基本法、学校教育法が公布されて、四月から新学制による小、中学校が発足した結果、長浜市立神照小学校および長浜市立中学校が四校誕生して、民主教育が始まった。国友町および相撲町にあった分教場は、昭和二九年度で廃止になったことから、全校生徒は一年生から本校へ通学することになった。しかし、今町は神照小学校からやや遠隔になるため、一、二年生に限ってバス通学が許可になった。昭和二八年には創立八〇周年を迎えて、講堂設備充実、校歌制定、完全給食実施など教育環境も一段と整えられることになった。明治六年、国友村に創設された郁文学校から数えて昭和四八年二月にはついに創立百周年を迎えた。

第四節　戦争

日本の近代は戦争で始まり、戦争で終わったと言えよう。明治元年の戊辰戦争、明治一〇年の西南戦争は内戦であったが、明治二七年の日清戦争、明治三七年の日露戦争は国際戦争であった。また、大正七年の第一世界大戦には日本はシベリア出兵を行った。昭和になると六年の満州事変、七年の第一次上海事変、昭和一二年の日中戦争と第二次上海事変、さらに昭和一六年からの太平洋戦争（第二次世界大戦）と合計三回の事変、七回の戦争を日本人は経験してきた。それぞれの戦争や事変が国の歴史に刻んだ転換点やその結果は、国の進路に大きな影響を与えた。とくに太平洋戦争では敗戦国としての日本に試練と同時に平和憲法の制定と民主主義発展の機会を与えたとも言えよう。

ひるがえって、当町からも事変や戦争の戦地に赴き、無事に郷里へ帰国できた人びと、また戦死して帰国できなかった人びと、それぞれ明暗を分けることになった。当町には第二次大戦後シベリアで四年間も抑留された人がいて、その抑留回想記（中谷、二〇一二）の贈呈を受けたのでこれを要約して以下に紹介したい。抑留中の日記は、ナホトカから引揚げる前に全て没収されながらも鮮明に記憶されており、九一歳の折に綴られたものである。

中谷勇司氏（平成二九年没）は、長浜農学校卒業後に釜山、奉天で四年間を民間勤務したが、昭和一七年三月、二一歳の時に京都第四〇部隊に入隊した。昭和二〇年五月頃、旧満州の阿城（現、ハルピン）へ派遣された。ソ連が侵攻してきた頃、八月七日に国境警備のために北へと向かった。列車で移動し始めて間もなく、ソ連軍機からの爆撃を受けて機関車が爆破された。この時、氏は丸腰で湿地に飛び降りて山中に逃げていた。ソ連機は引き返し機銃掃射したので、列車内や外にいた多数の人が死んだ。戦友四人と七日間、原隊目指して野宿をしながら、また、ソ連兵に追われ続けながら歩いた。途中、頭を剃り、顔に炭を塗った子供連れの婦人らに幾度となく会ったが、どうすることも出来なかった。木の葉っぱを食べ、露をすすって飢えを凌ぐが、目がかすみ始めた。足を引きずりながらも、意を決して満人集落の老夫婦二人きりの家に辿りついたところ、食事を出して貰った上に風呂にまで入れた。ところが、ぐっすり寝入ったところをソ連兵に起されて、とうとう捕虜になってしまった。この頃は、日本は既に無条件降伏していた。

捕虜になって、はじめ北安（現、黒竜江省北安市）の元日本軍飛行場跡の格納庫に収容されたが、これまで肌身離さず持っていた万年筆と時計を没収されてしまい、本当に悔しかったと述懐している。収容された日本兵は千名を越えていた。暑くて不衛生な格納庫にしばらくいたが、そこから今度は黒河まで一六日間の歩行を強いられた。途中で脱走した憲兵と下士官の三名が捕まって銃殺された時に、恐怖と共に何としても帰国するとの信念が湧いたのも事実だった。ようやく黒河に到着したのは一〇月下旬。出発した当初、約三〇〇名いた中隊は落後者が三〇名余も出ていた。船で黒竜江（アムール河）を下ったので、日本に帰れる（ダモイ）と言われたが、これは真っ赤な嘘であった。一〇月下旬に上陸した所はソ連領のブラゴエ、そこから連行されて列車で五日間ほど移動したが、移動中は寒さとシラミによる苦痛の連続であった。列車が到着した所は一面が銀世界の山中。夏物衣服のまま震えながら、皆が倒れる寸前まで二時間も歩いた先が収容所であった。

収容所には鉄条網が張り巡らされ、四ヵ所に監視用の望楼があった。一棟に一五〇人ほど収容されたが、通路にストーブ一台、電灯はなく窓の明かりだけ、出入口は一カ所のみ。冬場の零下三五度でも毛布二枚の支給で寒さは酷いものだった。一日当たり黒パン二〇〇グラム、塩味のスープで、皆け餓鬼地獄の中にいた。収容所での強制労働は、原生林で樹木の伐採労働。直径二メートルもある大木一本を四メートルの長さに伐り分けた。一日、三本がノルマだった。鋸は二人で挽いたが、二人の呼吸が合わず、一本伐るのに三時間はかかった。倒木で事故に遭う戦友もいた。枝は斧で伐って燃やした。冬は零下四〇度の上に重労働、食料は少なく皆が栄養失調だった。労働は警備兵と監督付きだった。幸い鋸の目立てをする日本兵がいたので、能率が上がった。伐採に慣れてくると、上着も脱ぐほどになった。伐採の成績が良いとの報告が収容所長の耳にも届いていたようだ。

翌年の五月頃、伐採が終了して貨物車への積み込みが始まった頃に収容所長のカマスノフ大尉から呼び出しがあって、いきなり所長官舎の当番を云いつけられた。仕事は水汲み、薪の調達、子供の見張りなどの雑用であったが、所長夫妻は親切に配給以外のパン、タバコも呉れた。所長が、イブキ、イブキ（中谷氏の旧姓）と親しく呼んでくれたのが嬉しかった。軽作業で約二年間働けたが、所長が転勤になったので作業隊に戻ることになった。しかし、収容所の中の日本人捕虜は、もう天皇制打倒、ソ同盟強化を唱え、インターナショナルを歌っていたので驚いた。憲兵、警察官が前職だった軍人あるいは将校は摘発されて毎夜吊し上げられた。自分は、旧階級を隠し通した。

収容所に入った当初は一日二、三人が死に、身ぐるみ剥がれた身体は、まるでボウダラのようになって、皆な山中に捨てられたが、この頃になると少ないながらも賃金が支給されたので、買い物にも出られ、ロシア語も少し話せるようになった。

収容所では、伐採、草刈り、建築、貨車への木材積み込み、荷降ろし、鉄道工事、馬鈴薯やキャベツの播種、収穫など劣悪な環境で各種の労働をやらされ、よく体力がもったものと述懐している。

抑留中、多くの戦友の死を目の当たりに見、また飢えや寒さの極限状態に遭いながらも、無事に生きて帰国し、舞鶴港に引揚げて来た時は昭和二四年一〇月、二八歳であった。農学校卒業以来民間勤務も入れて、二十歳台の九年間を郷里の両親と離れ、しかも絶望的だったシベリア抑留から無事に帰国できた上、舞鶴港で両親の出迎えを受けた時の感動は、筆舌に尽くせなかったと記している。父母を大切に思い、父母を偲んだ文も抑留記に併せて綴られている。


本書の意図は、今村あるいは今町出身者で戦争や事変で戦死された人は当然のこと、戦地に赴き復員できた人も、全員を均しく記録したかった。しかし、戦後七十余年の年月は長く、この間に法律によって個人情報保護の壁が一段と厚くなった。とくに戦没者には次のような事情があり、作業は困難である。

現在、百パーセントでないが、滋賀県（健康福祉政策課担当）は県内戦没者の記録を有する。しかし、戦没者の出身地あるいは戦没地を含む詳細な情報を誰にでも公開できないという。個人情報が優先し、原則として遺族の人たちに限定しての公開とのことである。しかも旧陸軍関係者限定の情報であり、旧海軍関係者は別機関で収集しているようである。また、特定の地域や集落を指定しての情報開示はできない（整理できていない）し、戦後七十年以上を経るなかで、今後整理できるか否かも不明であるとの説明であった。

幸い、諸先輩のご努力によって今町会館には戦没者一二名の遺影額が氏名と共に掲げられている。しかし、遺族の紹介や戦没地までふれていなく、共同墓地の石碑面に彫られた情報のみである。また、これら町内の掲示や墓碑にも出ない人たちもいるし、直近遺族の世代交替も進んでいる状況である。

第五節　今村（町）の主な水害

今町は姉川沿いの集落であるため、弥生時代の先住民から現代人に至るまで、姉川の氾濫によって生じる水害は時代を超えて避けられない課題である。姉川の水利で生活しながらも、水が制御不能になると水は集落や人を襲って水害を起こす。堤防決壊（注記）によって耕地への冠水による土砂あるいは漂流物の堆積、表土流出、住居への浸水、生活用品の流出や機能喪失、あるいは道路陥没、橋の流出などが起きる。狭い範囲ではあったが、損害程度によっては移住を強いられた時代もあった。

過去、姉川が氾濫したケースは、七月下旬に見られる集中豪雨や、九月中下旬に多発する台風通過や前線停滞などによる暴風雨によって生じる被害が多い。しかし、異常気象が頻発する現代では、過去の事例にあまり頼り過ぎることも危ないと思う。

以下、当町で過去に被害が顕著であった主な水害の公式記録を、古老の非公式話なども交えて記述したい。

（注記）堤防全部あるいは一部の損壊を意味するが、法面の浸食や崩れも決壊に含まれる。後述する明治二九年の堤防決壊は、堤防の完全決壊、破堤であった。

明治二八年（一八九五）水害

吉田（二〇一六）の資料によると、明治二八年七月二五日から八月五日にかけて連日の豪雨となり、殊に七月三〇日は激しい雨になった。一二日間で長浜五〇一ミリ、木之本七一一ミリを記録した。豪雨によって湖北山岳地での斜面崩壊が多く、このため川の堰止めや堤防決壊が生じた。余呉川および姉川沿いに被害が発生し、とくに伊香郡の余呉川沿いに集中したようであり、死者も出た。

同年八月一二日、山郡東浅井郡長から大越県知事宛の報告書によると（吉田の同調査資料）、今村では堤防嵩置一六間、同腹付一六間が各一カ所ずつ、乱杭箇所二〇間が三カ所、堤防腹付四〇間の一カ所、イノコ枠二十間など計一七カ所が破損したが、堤防決壊はなかったようである。下流の国友村でも堤防嵩置や腹付の他に蛇籠などの破損箇所数は今村よりも多く、延長二三間に亙って堤防の決壊があった。五百川、草野川による水量増が、今村よりも被害を大きくしたように思われる。なお、東浅井郡長が坂田郡内の被害を報告した理由について、報告書題目が「地方税経済ニ属スル堤防急破箇所」とあることから、課税対象区域となる被害箇所が左岸の坂田郡域、右岸の東浅井郡域に跨っていることが関連するようだが、詳細は不明である。

また、堤防の護岸用語中で不明なものも多い。嵩置は堤天端を嵩上げした盛土、腹付は堤の表法を腹付け盛土したものと解すると、ある区間について堤から川水が溢れ出し、また、堤防法面が水で浸食されて、それぞれ盛土が破損したと解される。乱杭や蛇籠は文字通りである。イノコ（猪の子）枠の詳細は不明だが、三角垂状に組んだ丸太の下に石や土嚢などを積んで、水流を減速させて堤防浸食を防ぐために作るが、後述する三つ又よりやや複雑な構造のようである。

明治二九年（一八九六）の大水害

二年連続の水害であった。しかし、二九年は未曾有の水害になった。九月七日に起きた今村の水害図を写4-5に示し、その時の状況を推測した。

図面によると、堤防の決壊箇所は今村橋、村寄り橋下から上流に向かう旧上井近くまでの内堤および霞堤の根元辺りであった。決壊した姉川の濁流は、先ず北西方向の低い地区に向っていっきに流れた様子が図面の筆使いで表現されている。水の余勢は村内大道に沿って西に向うと同時に多くの住宅地域に浸水した。このため、村内の大部分、とくに大道沿線の住居は床上まで浸水する大被害を生じた。

一方、霞堤（現在の県道今・本庄線、注記）に沿って南方面に渦巻いて逆流した濁水は、東側にある惣田町、才光、池田、上川原の水田や畑地全域に冠水した。このため、霞堤に守られた西側の杉ノ木、堀町の南側や喜楽堂の小高地、潜竹、的場の東側、神社域の小高地あるいは柳町の小域の小高地には冠水せず、一部の住宅地、水田や畑地には被害が生じなかった。なお、村の北側、百太郎川辺りでも冠水は多かったが、左岸堤に近いほど被害は軽度であった。右岸域では五百川沿いの冠水被害が甚大であったが、石塚周辺の被害は軽少であった。

上記の霞堤に沿って南流した濁水は、霞堤が途切れる辺りから鍛冶屋街道沿いに西南方向に流れて、柳町、六反田区域を冠水しながら榎木村、保田村、口分田村方面へ流れたものと思われる。

破堤当時、村の若い衆は今村橋下の破堤箇所の修復、止水作業や村内の水防に必死であった。霞堤南端方向へ

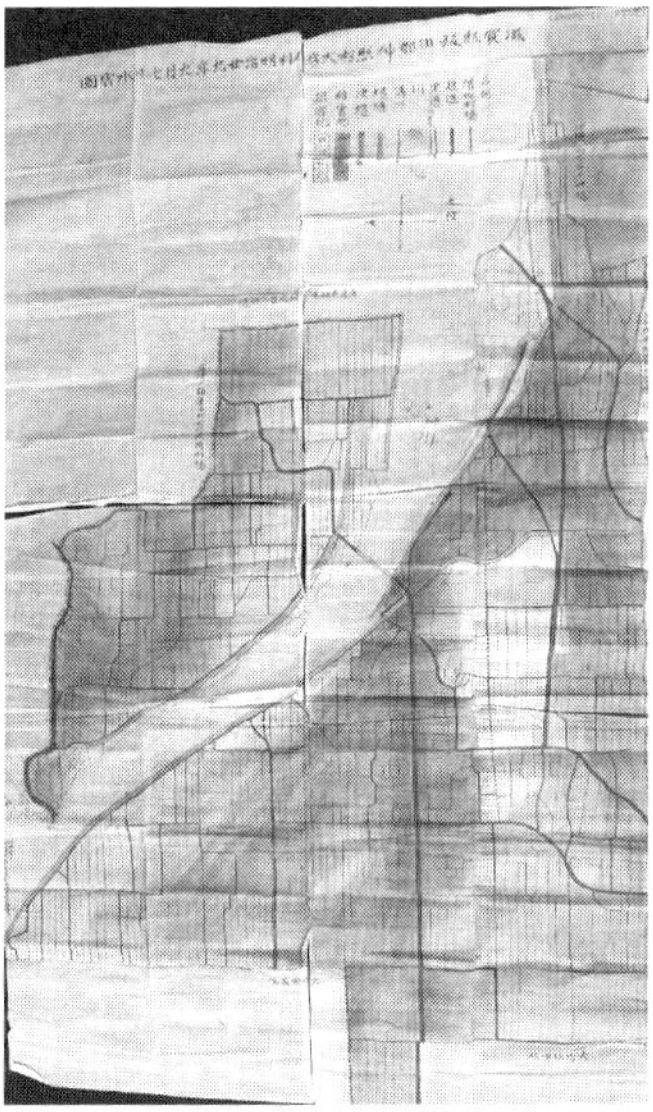

写４－５　明治二九年の洪水による村内被害図（今共文、56-２）

注）図題：滋賀縣坂田郡神照村大字今村、明治廿九年九月七日水害図

《水害図の概説》

１．原図の凡例は隣郡村境、県道、里道、川、溝、堤塘、決堤および被害地、無害地に分類され、地所は田、畑、林、宅地に区分けしている。しかし、ほとんどの地域は暗青色の被害地と白色の２色に大別できる。住宅地域は茶色で示している。

２．堤塘の破堤箇所は今村橋たもとの左岸堤。

堺塘図に明確な画線記入がない。

３．モノクロの本写真では灰黒色が原図の暗青色に相当する。灰黒色の濃淡によって被害程度も分かれ、濃いほど被害が大きかった。暗白色区域は無害地であった。

流れる水流の行方も心配だが、大海原になった惣田町、才光や池田には危なくて近寄れない。村びとは、この流れを榎木村との郷界にあった鬼川（通称、榎木川）に出来るだけ導水できるような水道を考えたようだ。当時の鬼川沿い南側の榎木村領は南北に約百メートルの長さで未だ桑畑であって、土地も低かった。しかし、鬼川のみでは流水を処理できず、水は溢れて榎木村の桑畑に流入し、榎木村北側域の住居域にも迫る勢いであった。この時、四〇歳頃だった今村の藤九郎が、水勢を榎木村方面に故意に仕向けたとの嫌疑を榎木村から懸けられ、同村へ拉致される事件が起きた。彼は危うくリンチに遭う寸前だったが、幸い長浜から駆け付けた巡査によって怪我もなく解かれたという話を聞いた。洪水が引いた後、若神子、五反切、市場地先の水田に大量に堆積したコス（砂土）をモッコに積んで人力で担ぎ、これら土地の上下側で堰堤（コス山）を築いたとも聞かされた。天秤棒の両端はモッコの紐で擦れて窪みができるほどであったというから、相当な重労働であったことが偲ばれる。また、村の北側、中ノ町でも堆積した砂土を集積盛土することで従前地の田を畑地にしたようである。

さて、これほどの水害を生じた気象条件や各地の被害はどのようであったか、幾つかの資料を参照してみる。

彦根地方気象台、大坪・伊藤の調査によると、この年は多雨年であって一月から八月までに一六三七ミリと平年の一年分の降水であった。九月に入って三日から一二日の僅か一〇日間で一〇〇八ミリと、平年降水量の六割強の降雨があった。当時の測候所長は「ちょうどロープのような太さの雨で、その上雷雨で、実に凄惨な光景だった」と述べているようだ。北海道から近畿中部を経て四国南部に達する寒冷前線が六日から九日にかけて停滞し、七日には非常に活発となって、滋賀県中心に豪雨をもたらした。

県内各地の被害をみると、とくに琵琶湖の水位が九日午前で三メートル余、一二日には四メートル余になったため、湖畔水田地帯は湖、村落は水没、市街地内は船で航行する有様であった。県内の死傷者は一一三人、堤防決壊は一九五四カ所、水田冠水、家屋浸水被害など極めて甚大であった。坂田、東浅井でも死者は四人あった。

東上坂～今村橋間の堤防は左岸で五カ所、右岸で二カ所が決壊した。これより上流域の堤防は、ほぼ連続的に決壊したという。直近の左岸上流では千草村の猿尾堤防が決壊した。

明治の大水害当時、今村橋は木橋だったので無惨にもあっけなく流出したものと思われる。公共の資金で修復されるまで、住民は「今村橋講」と称する頼母子講によって自前で木橋を造りなおす必要があった。

（注記）通常の霞堤とは形状を異にする。すなわち、本堤から離れて扇型に大きく開く形で築堤され、洪水から集落を緩衝的に囲み守るような形状になっている。現在はないが、国友村でも集落の北から東南側にかけて弧状の霞堤があった。

昭和三四年（一九五九）水害

筆者ほか町内現在住者の多くがこの水害を経験している。今町歴史保存会誌（二〇一一）には当時の写真とともに村びとの談話を集録している。

九月二六日（土）の一八時過ぎ、潮岬に上陸した風速四五メートル以上の強力な台風一五号（後に伊勢湾台風と命名される）は紀伊半島を縦断し伊勢湾上を北上した。今町内も同日夜には停電し、古い雨戸を必死で抑えた憶えがある。夜半頃には姉川の水位が上昇し始め、上川原地先の堤防が危険状態になると、風の影響以上に町内には緊張が走った。

翌朝からは地元民による必死の水防作業が始まり、自衛隊からの応援もあった。また、榎木町にも応援を要請したところ、古畳などの提供があったようである。当時、取られた水防法の概要は次のとおりである。

浸食されている堤防に番線で括った土嚢を下げながら古畳あるいは古莚を押え付けて法面を被せて垂らす。同時に水際には長い杭を打ち込んでいく。近くで伐採した樹木を水際に沈め、杭に留めて流されないように置く木流し工法を採る。少し上流域には土嚢で抑えた三つ叉を組んで、水勢を殺ぐ。これらの作業が同時並行して行わ

写４－６　伊勢湾台風時、浸食された堤防法面と水防活動

注）左岸堤、上川原地先
（写真は吉田一郎氏の提供）

写４－７　伊勢湾台風時の水防活動、三つ又組み

注）写４－６の上流域
（写真は吉田一郎氏の提供）

れた。川幅いっぱいに水流があると堤防の浸食は比較的少ないが、水の引き際は蛇行するためか、堤防にとっては危険な状態になるといわれる（写４－６）。

三つ又組み作業で濁流に入る時の着衣は、当時まだ一般的であった紐を外すと尻が割れる農作業用の半股引を付け、つま先半分のトンボ草履を履くと水圧を下げ、足元を堅固にできるといわれた。急流中での三つ又組みは人が流されやすく、目標地点に着き難いから、設置場所の五〇メートルほど上流で入水するよう指導されたともいう。市・県関係機関の応援者はただ見守る程度、地元民でないと作業は進まなかった（写４－７）。

幸いに破堤による洪水にまで至らなかったが、水害の状況は次のようであった。

まず、今村橋が二カ所で陥没した。橋は流出こそしなかったが、橋脚が折損し大型車輌は通行不能になった。これは、上流の山林で木材の伐採が盛んに行われたところへ台風が来襲し、大量の木材や樹木が姉川に流れ落ちた。流木は橋脚部で引っ掛かり、川を堰止めるために橋脚の基部が洗われ、橋が陥没する結果になった。

一方、明治二九年の水害時と同様に、霞堤に沿って逆流した水は惣田町、才光あるいは池田の水田に冠水した。収穫間際だった水稲は冠水のため収穫作業を非常に困難にしたうえ、穂発芽もあって収量や品質を著しく低下させた。また、鬼川を経由した水が溢れて、榎木町北西の市道に冠水して通行の障害になった。町内では洪水を心配して衣類、食糧を二階に上げる家もあった。

台風一五号は紀伊半島をほぼ縦断した後、東海地方の西を北上して岐阜県西部から富山県を通って日本海に抜けた。しかし、伊勢湾を北上する過程で、満潮時ではなかったが、強風と低気圧による海面の吸い上げで記録的な高潮が起きたため、愛知県、三重県沿岸地帯の被害が極めて甚大になった。名古屋港の貯木場にあった木材の大群が高波と風で住宅地を破壊したことで、多くの人命も失われた。さらに三重県、愛知県の干拓地の堤防のほとんどが破壊されたことも被害を大きくしたといわれている。

その他の水害と将来

昭和二五年、九月三日に近畿、四国を襲ったジェーン台風（台風二八号）は姉川筋の二〇ヵ所の井堰に大きな被害を与え、上流の出雲井堰が決壊した。今町では藩政時代から小規模だった井のうち、堀越井、深溝井、柳原井の改修が完全でなく、やがて使われなくなった。

昭和二八年九月に襲来した台風一三号は、昭和三四年の水害で生じた堤防の浸食箇所の近辺で同様の浸食を起こしていた。なお、この台風一三号による暴風雨は国友橋の橋脚を沈下させたが、今村橋は無事であった。

昭和四十年代になって今村橋の架橋位置を下流側へ若干移動する新工事が行われた。さらに、霞堤外の堀越につながる今村橋下の旧水路を埋立て遮断し、底樋からの用水が通じる水路は細くした上に水門を設置した。また、水門周辺は護岸を強化し高水敷となるように施工された。旧堀越域南半分は水田に残し北側を盛土した。なおまた、近年、堀越開発と称して旧堀越域の全てを盛土する工事を実施した。これら一連の工事によって、県道となった霞堤は大幅な拡幅と補強がされて頑強な治水工事にもなった。このため、明治二九年水害と同じ場所の堤防決壊は再び起きないだろう。今後は今村橋の下流域、とくに百太郎井近辺の左岸堤が、姉川増水時に常時浸潤・飽和し、漏水が顕著であるため強固な堤防補強が必要となろう。

第六節　今村の文化

今村の文化は近代になって華を開いたようである。もっとも幕末の安政、慶応頃から明治に至るまで発句を楽しむ今村社中の人たちがいて、村内外に同志を求めて研鑽を積んでいたようである。大正時代には情歌が、戦前の昭和時代には情歌、冠句が盛んとなり、冠句は第二次大戦中にも詠まれた。また、発句が盛んに詠まれた明治の中頃には、社中の人が宗匠を招いて俳句の指導を受け、松尾芭蕉の二百回忌に句碑を建立した。句碑建立の際に宗匠から贈呈された風羅器木魚が町有の文化財として現存する。風羅器木魚は、元来、松尾芭蕉が所持していたが、蕉門十哲の一人ともされる美濃国、関出身の廣瀬惟然がこれを受継ぎ、芭蕉の追善行脚の風羅念仏に用いたといわれる。

また、華道は明治、大正、昭和時代と盛んに行われ、近隣でも有名な師匠が出るほどであった。戦後も続いたが、現代ではごく限られた人が楽しむ程度になっている。

もう一つの文化に、花火陣屋の屋形を組み、花火を打上げて腕を競うものがあった。村などが記念すべき年、あるいは他町村との競技大会にも出品した。しかし、誰でも打上げることは法律で禁じられる時代になって、免許を持つ専門業者に限定されている。花火陣屋のみが遺産として現存する状況であり、これの処遇法が課題になっている。

（一）文芸

まず、文芸のうち村びとが古くから詠んでいた発句を、辻（二〇〇九）から紹介してみよう。

発句合

安政四年（一八五七）、今村の牛頭天王社に奉納した、一一三句を数える発句集が残っている。奉納額にして神社に飾ったのであろうが、幸い句集として遺されていた。三〇句余りを解読したが、最初に十位内の優秀句五句を紹介してみよう。

第一　身の哀れ見せつつ鳴くや秋の蝶　美遊
第二　飛びしなの身の甲斐〴〵し溝三才《みそさざい》　トウメ　弓月
第三　柚味噌する勝手や窓へ香がもれる　棋情
鶏もほこりかぶるや麦の秋　如風
よくきけばやはり滅多の時鳥《ほととぎす》　上坂　碩ヤ

以下は十撰内もれ発句の幾つかである。

妻の来つかがしに鹿が月の松　美遊
（下から読んでも同じ音読みの回文句）
御登城や素袍《すほう》の裡《うち》に風薫る　美遊
田刈りする鎌にも月の光るかな　棋情
この暑さ妻は厭わず田草取り　里交
賑はしき穂の出る前や虫送り　上坂　碩ヤ

（ニホムの折句）

留守もりも長閑な門のもりもする　嫩一（回文句）

今村へは上坂村、主計村、當目村、中沢村などからの参加者もあった。なお、前記の今村の美遊中心に社中を作っていたようで、慶応四年（一八六八）、世情喧しい時節であったが、顔戸村の日撫社の奉納発句会（題、四季の部）に今邨《むら》社中として参加していることが『近江町史』に記録されている。

明治初年にも今村の牛頭天王社の奉納句合があって、七三句が詠まれた。巻頭、軸の順位が付き、当時の農村風景を読んだ句が多かった。すでに養蚕業が入っていたことも判る。

巻頭　起臥《おきふし》のなかで蚕の行義かな　如風
軸　六月の山見てたてる朝茶かな　兎角
撰もれ　若水となして明けりや鳰の湖　湖秀

情歌・冠句

大正一四年の情歌集には九〇首があり、読込は「フタリ、クロウ、ベンリ」であった。

天　親子二人の忠義の花は四条畷か桜井か　月山
地　覚へないのに浮名がたちて云ふに云われぬ苦労する　如参
人　苦労するのも目的つけて心楽しい新世帯　李鶴

同じく昭和二年には社中五〇年を記念した情歌輯の一三九首が残されている。読込は、「楽に、君に、苦労」など八語があった。

一位　楽に五十を迎えし門え鼓打込む五万歳　所　月山

二位　　楽に定命越えたと神へお礼参りにはなし亀　所　雪山
三位　　五十年間苦労の汗が光ますぞへ歳の壁　　榎木　文正

昭和八年には三田村俳友社主催冠句大会があり、今村の人が巻頭秀逸を取り、二六三首の句集を残している。題は句頭の一〜五文字の各語であった。

巻頭秀逸　華が散る是非に及ばぬ鐘を撞く　　今村　勇月
地位　　多賀《たか》ら御即位式に三つ出る　　下八木　琵水
人位　　未年五十二段のエレベータ　　安福寺　山鳥

昭和十九年には風羅器祭冠句会が行われた。題は句頭の二〜五文字各語であった。戦時下の冠句会であったせいか、作品は参加者少なく三七句であった。

巻頭　　祈願して叡慮安んじ奉る　　月山
地　　うらおもてひとつの山が二度笑ふ　　勇月
人　　考へて南瓜の屋根の防空壕　　雀遊
追声　　考へて俳祖を偲ぶ雅の集ひ　　撰者　春水亭山鳥

以上の発句、冠句、情歌は巻《まき》となって社中の子孫に遺されていた。発句の技法として回文、折り句のほか、国名断入と称して句中に当時の国名、若狭などを入れる技法もあった。しかし、題四季と称すると、季語をいれる規則になっていた。

幕末であったが、当時の農村の生活や世相あるいは自然を反映した発句が興味深い。明治初年の発句には四季折々の花鳥風月を詠む句が多くなった。大正から昭和になると、情歌が盛んになった。冠句は題を付けるが、季語は不要であった。なお、風羅器祭は四月二五日に行われ、村の春祭翌日に当たった。

風羅器木魚

本節冒頭に風羅器の概略を述べたが、これを社中に贈呈した宗匠の名は、寂静院九々鱗山石という。生年不詳、没年は明治三七年であった。真言宗豊山派、神護山醍醐寺（長浜市醍醐町）の元住職であり、法名は同寺三十二世、覚宥法院であった。山石宗匠は京都芭蕉堂の五世、九々鱗九起宗匠に俳諧を師事したという。山石宗匠が風羅器木魚と共に今村社中に伝えた風羅器念仏伝が共有文書として遺されているので、これの解読文、読み下し文を第五章の史料編に掲載した。併せて幕末頃、木魚を持ち、念仏する俳諧僧の絵を口絵に掲載した。

明治二九年に今村社中が芭蕉の句碑を建立した理由は、同年が芭蕉の二百回忌であったからというが、当たり年は明治二六年が正しいであろう。句碑にある俳句は芭蕉の作であって、宗匠がこの句を選んだ詳しい経緯が念仏伝に書かれている。風羅器は瓢箪の形をした木魚であり、これが芭蕉の滞在した大津義仲寺の無明庵あるいは幻住庵を経て山石宗匠の手に渡ったようである。宗匠は木魚を句碑の下に埋めるようにと社中に伝えたが、実際のところ埋められずに今日に伝わっている。木魚の瓢箪に懸けて、芭蕉がふくべ（瓢箪）を詠んだ句を選定したようだ。建碑は明治二八年から計画されていたが、村に大水害が起きた年に建立された次第である。

（二）華道

華道は既に幕末頃から村びとの間に広まっていた。安政三年没の辻伊右衛門には村内外に多くの弟子がいたため、町内共同墓地には明治時代に門人が建立した顕彰の墓碑がある。同じく辻家で、伊右衛門の甥になるが、明治三四年没の猪右衛門も華道を熱心に究めようとし、春靄堂清泉、春靄堂天香の雅号を持った。両人とも池坊の流儀であった。また、昭和二年寂の藤元法継も村内数名の弟子以外に長浜高等女学校でも華道を教授し、遠州の古流であった。

以上のような先達の影響もあって、町内外に大きな足跡を遺した人は紅葉館清流翁であろう。昭和二二年没の中川市太郎の雅号（花号）である。大正一二年には池坊立華、大日本総会頭の栄誉を受けた。華道を究めた結果、家元に代り真宗大谷派本山の代華も務めたようである。氏は華道のみならず茶道、香道、謡曲あるいは冠句も嗜んだ。なお、総会頭は現代の総家督（名誉職）に相当する。

紅葉館清流には、同じ村内に高弟がいた。紅晴軒嶺華を号した寺田順一であった。氏は町内外で三百名以上の弟子を持ったという。町内では報恩講の仏華活けの指導も行った。昭和四八年には池坊家元から総会頭、総師範の栄誉を授与され、これの記念石碑が門下生によって建立された。昭和五三年の没であった。

（三）煙火と花火陣屋

長浜の煙火（花火）文化は花火陣屋に象徴される。（口絵参照）。煙火は國友村の火縄銃製造と無縁でなく、江戸時代後期に鉄砲生産が斜陽化した頃、火薬調合技術に精通した人たちが、町人文化の隆盛と共に当地域に煙火を普及したことがはじまりであった。國友村の煙火師は関西一円から遠く岡山、広島県あたりにまで巡業したという（湯次、一九九六）。

煙火を個人あるいは集団で打上げる際に、これを司令する場所が陣屋であった。煙火打上げグループが打上げの安全を祈願し、観賞あるいは交流するための場でもあった。陣屋は約二間四方で三層屋根を有し、正面から見ると城門をかたどった独特の組立てがなされている。屋形外部を旗、吹流し、高張り提灯、幔幕などで飾り、入口には御簾を懸け、内部には御幣やほら貝を備えつけた。国友町の四基を中心に近隣の町々で三〜一基を共有しているが、現代ではその保存、伝承が課題になっている。当町にも、かつて「清歓」があったが老朽化したために廃棄され、現在は「巴連陣」一基のみとなった（注記）。

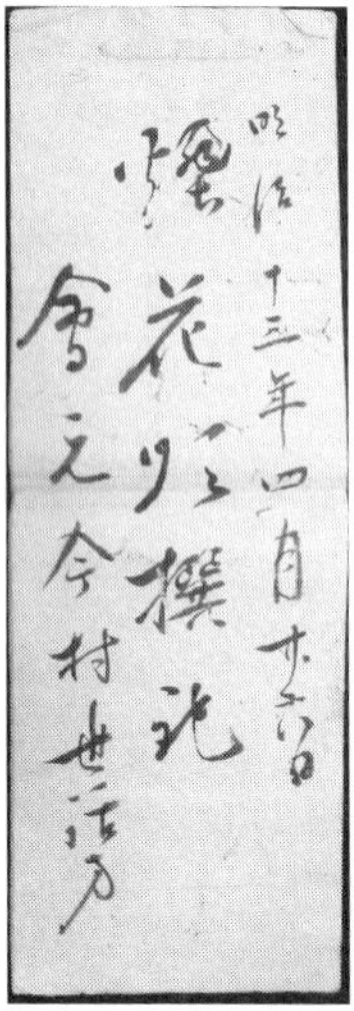

明治十三年四月廿六日
煙花順撰記
會元　今村世話方

写４－８　今村煙火大会帳面の表紙（個人蔵）

村びとは橋や神社社殿再建、小学校落成などの竣工記念祝賀祭あるいは出征兵士の壮行などに煙火を打上げた。明治三九年には國友村で行われた日露戦争凱旋祝賀会あるいは愛知川祇園祭典余興煙火大会にも参加している。古くは今村で明治一三年に煙火大会を開催し（写4‐8）、この時の煙火の種類と打上げ順および参加者の出身村が解説されている（辻、二〇〇七）。

大正八年三月、國友村神社の郷社昇格記念のため奉祝煙火会が盛大に行われた際、今村は陣屋二基の名義、村の自治会全五組の名義および七名の個人が打上げに参加しており、近隣村々の間でも出色の参加ぶりであった。昭和二年一〇月の今村橋架橋記念にも煙火大会を開催したが、参加者など明確な記録は残されていない。昭和三年の平方村潤徳安民の建碑記念あるいは昭和五年の長浜鐘淵紡績工場完成記念には、それぞれ陣屋を組んで煙火大会を盛り上げ、これらの史料は残されている（長浜城歴史博物館、一九九一）。とくに、平方村の潤徳安民碑竣工記念大会には地元、平方村をはじめ永久寺村、四ツ塚村、八幡東村、勝村がそれぞれ陣屋を組んでの煙火大会であったので、陣屋が國友村周辺以上の広がりを持っていたことも判る。米原市の長沢町、宇賀野町にも陣屋があったという（近江町史、一九八九）。両町には火薬を調合し、打上げる個人もいたようである。

現代の花火打上げは、例年八月上旬に長浜市の花火協賛会が中心になって湖辺で花火大会を開催するが、専門業者による花火であり、各町の陣屋も無関係になっている。

（注記）大正時代の史料によると、今村の陣屋名が、「静観」は「清歓」に、「巴連陣」は「巴」になっており、それぞれ清歓組、巴組であった。「巴連陣」はこれら二基の陣屋を総称して、後年改名されたように思われる。

第七節　馬井底樋の大改修工事

江戸時代、馬井底樋や上井からの「養水」を守った村びとの弛まぬ努力や苦労は、第三章、第五節の「用水と水論」の歴史で詳しく述べたとおりである。本節では昭和四十年代前半、現代工法によって行われた底樋の大改修工事についての記事（辻、二〇一六）を要約した。

十七世紀末の元禄年間、彦根藩によって築造された坂田郡今村の底樋は明治以降の近代も含めて二七〇年近くを経過すると、施設の老朽化が進んだ上に昭和三〇年代には骨材に使う川砂利採取が影響して河床が低下したため、十分な集水ができなくなった。昭和三十四年の伊勢湾台風による河床への影響も大きいとされた。

今町の米作農家にとって昭和四二年は米の大豊作年となり、やがて米作に対する農政が大きく舵を切る直前の頃でもあったが、前記のような実態にあった底樋に対する町民の改修要望には極めて大きいものがあった。

町民協議と関係機関への協力要請・陳情

昭和四十一年、町内に姉川改修を要望する姉川対策委員会を設置し、今村橋下流域の帯工の施工と併せ、上流域の底樋改修の機運が高まった。関係機関への底樋改修の協力要請のため、昭和四十三年の年頭、まず地元県議、県事務所耕地課への挨拶と陳情を行った。同年、自治会の初総会において底樋改修工事の決議を行っている。同年二月初めには、長浜市長、市土木課長に陳情した。同月中旬、底樋古文書の複写物を携えて県庁にも陳情した。その結果、市農産課による農業水路仮測量を初めとし、県土木事務所と市役所による町内説明会が開かれるようになった。

写4－9　旧引川と才光、池田方面への旧樋門
樋門右手の奥は堀越への用悪水路であった。工事ではベンチフリューム管を新設した。

また、同年六月中旬には県、市担当課長の馬井底樋の現地視察があり、十一月初めには市による工事説明会が開かれた。引き続き、同月上旬に町内の代議員会、臨時総会を開催し、底樋改修に併せて、町内北部地域の農業水路と一部の生活水路の改修を決議した。幸い、底樋口からの水路、引川（古文書による名称、馬井川原あるいは底樋川原ともいう）の改修予備工事が四十三会計年度末予算で執行されることになった（写4-9）。

なお、姉川下流域、とくに国友町への協力要請のため、昭和四十三年末、自治会長、対策委員長は国友町自治会長を訪問して工事の説明を行い、同町の協力要請を行った。しかし、簡単には了解が得られる問題ではないと双方に解されて、以後何回となく協議・要請を重ねることになった。

河川内の新底樋設置工事

明けて昭和四十四年一月の初総会では、新底樋工事に要する町民の個人負担額が提案された結果、町民の了承も得られ、いよいよ本格的な工事年となった。

また、昨年末からの国友町への協力要請を二月下旬から再開した。その結果、これまでの協議結果を集約し、地元県議三名を入れて県土木への陳情も行い、三月初めには、県土木事務所長あてに工事認可申請などの手続を行った。工事の正式名称は「団体営土地改良事業（湛がい排水）、今地区」であった。工事の総予算、約千五百万円の資金は滋賀県が五十％、長浜市が二五％の補助を行い、残り二五％は地元負担であった。今町はこれを十年間で支払い、一戸当たり三〇％の均等割に加え反別割四六％、協議費割二四％で償還することになった。

四十四年三月中旬には、国友町との最終協議・調整を経て、両町とも大よそ話合いの妥結をみた。なお、国友町以外にも泉町、保田町、榎木町ともに各自治会からの了解が得られた。

以後、関係行政機関による工事計画の設計および予算確保などの事務手続きのために日数を要し、工事着工は四十四年の冬場に入ることになった。

昭和四十四年十二月五日から姉川の現流を瀬替えした区域の河床掘削工事が始まった。重機によって河床を二〜二・五メートル掘削する工事であった。

河床には集水ヒューム管を置く基礎を施工し、内径六〇センチ、厚さ五センチ、長さ二・四メートル、重さ六六キログラムの集水ヒューム管を順次、接合して行く。ヒューム管には一管当たり孔径二・五センチの穴が六〇個開いている。集水管の巻立て保護工は杉皮を用いて巻き、その上に栗石を置くていねいな工法であった（写4−10）。

写4−10　ヒューム管ソケット部へのカラー接合

厳冬中、作業する今町役員ら。

文政二年の底樋絵図面（写3−8）によると、底樋は左岸堤防から六十〜七十メートル迫り出し、そこから東北方向へ曲がり上流に向っている。昭和の設計では左岸堤とは約五十メートル離した位置から左岸堤と平行に百メートル伸び、そこから江戸時代同様に東北方向の上流に伸びているが、曲がり角度は江戸期に比べ小さくなっている。しかし、水路長の設計は文政二年に継足し完成した百二十間（一間は六尺三寸にしてあり、約二百二十七メートル）に合せて同じ距離で設計された（写4−11）。河床工事の概略は以下のような方法であった。

工事は冬季の真最中、短い日照時間でもあり、寒さによる作業能率低下の上に水を相手の難工事で担当者泣かせであった。

写４-11　埋設ヒューム管
手前は堤防方向への屈曲点。止水壁は未施工。後方は七尾山系。

昭和四十五年の初仕事は一月六日、吹雪の最中と記録されている。一月三十日には姉川が大増水し、瀬替えして掘削を始めた工事現場も大水でかなりの区域が堪水した。このため自警団が夜中に出動して土のうを積むなど工事の行く末が案じられたようだが、大事には至らなかった。

同年二月三日には市役所による会計検査があり、とくに問題はなかった。二月中旬には工事現場を町内の小学生に見学させたと記録されている。

工事完了近い三月二十九日に新底樋の通水試験が行われたところ、毎分〇・一トンの水量が確保された。集水ヒューム管の埋設距離二二七メートル、使用した管数九三本であった。四月六日には市による工事中間検査が行われ、同月中旬からは改修工事の記念碑建立準備のため、現在でいう第二樋門近くで、碑の石組・植樹が役員によって行われた。石組は、旧底樋の標識のために間数が刻まれた石など多数を再利用した。

工事の竣工式は四月二十八日、晴天のもと慣例どおりに挙行され、県議・市議が多数列席された。また、市長はじめ、県・市の関係者と地元関係者、工事関係者ら約百名が出席し、一同、難工事の無事完成を大いに喜んだ。

第八節　圃場整備事業および関連事業

弥生時代の先住民から現代人に至るまで、ムラ、上之郷、今村あるいは今町の住民が生きた大よそ一九〇〇年の歴史は、極言すれば、住民が食料を確保するため水を使い、土地を耕した歴史であったといえよう。この間、人びとは為政者によって時には使役を課せられ、あるいは金銭や食糧、とくに米を搾取された時代もあった。

先人の努力によって、あるいは多くの犠牲を払って歴史が進展し、民主主義が確立された現代では、人びとは水を自由に使えるようになり、土地は個人の財産になった。しかし、過去に人びとが水や土地と共存してきた時代は、いろんな面で変わってしまったといえよう。上下水道の完備、琵琶湖逆水によるパイプライン滝がいと基盤整備した水田などのインフラ改革である。

戦争も含めて、ここに至る過程をあまり体験していない現在の高齢者から、ほとんど聞いていない、よく知らない、あるいは教えられていない、等々の「ないない」づくしの世代間で交代が始まると、先人の努力や犠牲も無に帰しかねない。世代交代によって、生活基盤になる田畑、滝がい水、生活用水あるいは環境施設を、これからも益々変動する社会情勢、例えば食料自給率の問題、農村の担い手問題、農地保全あるいは少子高齢化による社会問題等々にどのように対処するのか、負担にならないのか、どのように有効に使うかと、多くの課題を生じることであろう。

旧今町歴史保存会の諸氏のご努力によって刊行した『今町農地と環境の整備記録』（二〇一六）は、このような課題を考える一助になることを期待し、同冊子の概要紹介を以って本章終結の節としたい。

（一）圃場整備事業

圃場整備事業は姉川右岸、同左岸の二地区に分けて実施された。上川原地区で昭和三四年に桑畑を開墾して開田した「小規模土地改良事業」に続く、大規模な圃場整備事業であった。

右岸圃場整備事業

右岸地区は左岸地区に先行し、「県営姉川地区圃場整備事業」によって昭和五三年に実施された。右岸地区の面積、一三・七ヘクタールが、総事業費一億四千万円で整備された。

本地区は姉川、草野川、五百川の氾濫原であって、浅耕土のうえに湧水による湿田が多いことなど、従前地の耕地条件は不良であった。事業は、県道小室・大路路線の改良工事、五百川改修工事ならびに湖北用水末端地域の改善工事に併せる形で、さらには県立養護学校の新設に伴う用地提供の要もあるなど、同時施工が並行するものであった。浅耕土対策として公共事業の残土利用による客土や湧水対策の暗渠排水による効果は大きかった。さらに従前の田および畦畔による今町、大路町、三田町間の各境界は道路および水路によって明確にされたことも大きな利点であった。

以上の圃場整備によって二五八筆、一三・九ヘクタールの従前地は八七筆、一三・六ヘクタールに換地された。その後も「経営体育成基盤事業」等によって、老朽化した用水路の改修、暗渠排水補修、揚水機改修の各工事が遂次実施されて、現在に至る。

左岸圃場整備事業

滋賀県主体に県営神照東地区今工区として昭和六一年度から平成三年度にかけ通年施工で実施され、主な区画整理工事は昭和六二、六三の二カ年であった。総事業費は三億八三九一万円、この八七％は工事費で占め、その他、調査費、換地費、用地補償費を含めて一〇アール当たり約九三六千円を要した。整備された区画は四一・〇ヘクタール、この内、田が三七・八ヘクタール、畑は三・二ヘクタールであった。田の標準的区画は三〇アールであり、用水路は主にパイプライン、排水路はU型アーム、農道幅四メートルの整備であった。

換地配分作業は換地委員会、評価委員会中心に行い、右岸地区同様に全て事前換地であった。

受益者（従前権利者）数は一一九名に上った。従前地の面積四一・七ヘクタールが換地によって道路、水路を除外して四一・八ヘクタールになった。また、従前地の筆数九〇五筆が換地によって三三七筆に整理された。以上の事業は国庫五〇％、県・市四〇％の補助を受け、地元負担は一〇％であった。

左岸地区整備の特長

昭和五八年度、姉川左岸土地改良区の団体営事業による鬼川排水路改修工事が先行した。工事に必要な用地は榎木町、今町の折半であったが、今町側は共同減歩とし、後発の整備事業に対応させた。

圃場整備事業は原則として農業振興地域を対象とする。しかし、農業振興地域内での白地地区の編入には特別管理がなされていて、転用希望者の申請受付が行われていた。当町でも多くの希望があったが、道路・水路計画を優先し、事業に支障ない範囲で一部の土地が認められた。

当地区の施工計画上、とくに検討された点は（一）集落周辺農地の扱い、（二）集落周辺の支障物件の扱い、（三）姉川霞堤の地区編入であった。中でも（三）の姉川霞堤沿いには国有地、町共有地および私有地があって、当初、圃場整備地区内への編入には県側から難色が示された。しかし、ついに当局の理解も得られて地区編入が実現した結果、国有地五二〇〇㎡は無償払い下げとなり、農道への換地に充てられた。

なお、前記の姉川霞堤は、馬井底樋出水口から堀越方向に架かる二重堤南側にあった堤防を指している。この堤防と北側の内堤との間に、前節で述べた底樋の引川（底樋川原）があって、底樋出水口のすぐ上流側で両堤防は連結していた。従って、霞堤先端が開口している通常の形状とは非常に異なっている。馬井底樋の開発以前の中世末か近世初期から施工され、霞堤を変形した一種の水利法とみられる。

次に、農道・水路以外の共同減歩には、施設用地として草の根広場、農業集落排水施設用地、共同墓地、ＪＡ施設（カントリー）、農作業場用地、県道佐野・長浜線の拡幅などに要する土地が確保された。

実際の工事施工法の一部をみると、例えば、用水の計画でパイプライン方式とオープン水路方式の二つが採られ、後者の方式は主に竹林坊、中の町地先の百太郎川用水と杉ノ木および柳町地先の底樋用水に限り、他はパイプライン（管網）方式になった。このように、圃場整備によって当町の伝統的水利施設であった馬井底樋と上井の用水は主として生活用水に切替わった。

その他、旧鍛冶屋街道沿いの景観を復元・形成するため、底樋からの流水を利用する石積み水路と親水域の形成、水路沿いの芭蕉句碑の復元建立と植栽や植樹がなされて、今町の景観形成に寄与した。

(二) 関連事業

前述のように、左岸地区の圃場整備事業で共同墓地拡幅用地が確保され、さらに県・市による墓地整備パイロット事業の補助を受ける好機も到来した。

同様に確保された草の根広場と農業集落排水施設の用地を使い、当町には農村総合整備モデル事業の一環としての農村下水道整備事業が市内でもいち早く実施された。

墓地整備事業

近世からあった村中墓地の大改修が行われたのは、平成九年であった。確保された用地に旧墓地を合せると、新墓地の面積が旧の約二・三倍にもなる広大な敷地になった。「今浄苑」と命名された新墓地は敷地全体を約一メートル嵩上げし、周囲を練石積みにして植栽による垣根で囲う外観となった。改修によって墓地区画は整然と分けられ、一区画二一〇×一八〇平方センチメートルが各戸に抽選のうえ割当てられた。区画数は全部で九九箇所になったが、現在も若干の空き区画がある。

敷地内の東端、向って右から左へ日中戦争と太平洋戦争時の戦没者の碑が横一列に置かれ、中央には六字名号の碑が置かれた。入口付近には六地蔵石仏も東面して置かれた。また、駐車場、あずまや、洗い場、ごみ処理など用具置場の共用付属施設も併せて設置された。

造成費用は各戸の永代使用料（墓地管理費）に県・市からの補助、非農用地売却金（圃場整備関連）を充当し、総額で約三千六七六万円の事業であった。なお、当墓地は宗教法人、岩隆寺の名義になっている。

農業集落排水事業

農村部で遅れていた下水道整備が、いよいよ今町でも検討されるようになったのは、左岸地区の圃場整備事業が始まりかけた昭和五九年頃であった。自治会主導で環境整備あるいは農村モデル事業のための対策委員会が設置され、長浜市との協議、町民説明、先進地視察など鋭意、事業の推進を図ってきた。起工は圃場整備の最中、昭和六二年であった。平成二年には下水管路および処理場の設備が整い、施設全体が竣工できるようになった。

事業実施に伴う町民一律の共通経費の負担は、管路施設整備費の一〇％、公共枡整備費、その他今町会館の設備負担等、各戸当たり二六～二七万円であった。なお、処理場建設に係る総事業費は二億一六八〇万円であって、これは全て国、県、市からの補助事業によって建設された。

管路施設工事には約三カ年を要し、町内の全戸が漏れなく管路に接続できるようになった。また、処理場施設工事は管路工事と切り離して実施されたが、平成二年度末には完成した。こうして施設は平成三年四月から供用開始が可能になった。

しかし、問題は各戸の設備改修法とその費用であった。トイレ、風呂、勝手場と水に関わる設備の改修には、各戸とも全て異なる住宅事情があって出費も嵩んだが、平成五年頃には完成できる家が多かったようである。

付表　関連年表

近世編を今町歴史との関連で年表にしたものが左表である。

年　表（近代・現代）

時代区分・年号		西暦	今町の行政区画、校区の変遷と町内の主な事業の変遷	地域、国内事項
明治時代	明治元年	1868		鳥羽・伏見の戦い（戊辰戦争）
	明治５年	1872	今村は坂田郡第13区に編成（～明治12年）	戸籍法公布（明治４年） 学制発布（明治５年）
	明治８年	1875	今村の改正野取り図完成	地租改正法、徴兵令（明治６年）
	明治９年	1876	**今村学校開校**（～明治18年）	西南戦争（明治10年）
	明治12年	1879	今村は坂田郡第13区となる（～明治18年）	滋賀県は郡制を施行 連合戸長役場制（明治18年）
	明治22年	1889	町村制編成で坂田郡神照村大字今村となる	大日本帝国憲法発布（明治22年） 日清戦争開戦（明治27年）
	明治29年	1896	姉川の破堤で**今村大洪水**	長浜生糸・米穀取引所開所（27年） 米原―福井間の鉄道開通（29年）
	明治32年	1899	関ヶ原線の廃線	日露戦争開戦（明治37年）
	明治41年	1908	**神照尋常高等小学校**（６年間の義務教育と高等科）	姉川地震（明治42年８月）
大正時代	大正元年	1911	江北銀行が国友村に支店設置	
	大正３年	1914		第一次世界大戦（～大正７年）
	大正７年	1918	養蚕業が隆盛になる 縮緬製織工場設立（大正６年）	米騒動、日本はシベリア出兵
	大正10年	1921		市制・町村制改正公布、郡制廃止法公布
	大正12年	1923		関東大震災（９月）
	大正13年	1924	鐘淵紡績株式会社が長浜乾繭場の営業開始	長浜生糸・米穀取引所廃止
昭和時代	昭和２年	1927	**今村橋工事竣工**	
	昭和４年	1929	湖北銀行国友出張所開設	
	昭和５年	1930	養蚕農家数・桑園面積・収繭量が最大になる　鐘紡工場完成	世界大恐慌が日本に波及
	昭和６年	1931		満州事変
	昭和７年	1932		第一次上海事変 五・一五事件
	昭和12年	1937		日中戦争（盧溝橋事件） 第二次上海事変
	昭和14年	1939	浜縮緬休機と操業短縮で養蚕業に打撃。以後、衰退が顕著	第二次世界大戦始まる
	昭和16年	1941		日本は太平洋戦争を始める
	昭和18年	1943	町村合併・市制施行で**長浜市今町になる**。**神照国民学校**	
	昭和20年	1945	第一次農地改革 第二次農地改革（昭和21年）	太平洋戦争で日本は降伏 日本国憲法公布（昭和21年）
	昭和22年	1947	食糧確保臨時措置法（昭和23年）	教育基本法、学校教育法の公布
	昭和44年	1969	米の全国的大豊作（昭和42年） **馬井底樋大改修**（昭和44年）	稲作転換始まる
平成時代	昭和53～ 平成９年	1978 1996	右岸、左岸の**圃場整備事業** 農業集落排水・墓地整備事業	阪神淡路大震災（平成７年１月）
	平成22年	2009	特例法により米原市を除く湖北地域が長浜市に広域合併	
	平成23年	2011		東日本大震災（３月11日）

第五章　史料編

第三章、第一節　太閤検地と国政への影響

浅井郡之内落村掟條々（長浜城歴史博物館資料、一九九九から引用）

当郷家数百八間之内

一　弐拾七間　　うば・後家

　　　　　　　寺庵其ノ外役ニたたず

一　拾間　　　奉公人物つくらず

一　壱間　　　庄屋

一　七拾間　　夫役人

　以上

右、用にたたず引、此七拾間として
つめ夫拾五人あひつめ可申候、此外か
つて出すべからず、此村へ他郷より
出作又ハ地下ニ田作リ候ハバ、夫不仕者
よりいたす夫米ハ右之十五人の
つめ夫の入用ニ可仕候、出作分お
　ほく候て、あまり候ハバ、地下の
　とく用たるべし

一　ねんぐのおさめやうの事、田からざるまへに田かしらにて見はからい、めんの儀あひさだむへし、もしきう人百姓ねんちがひの田あらば、升づきいたし、めんさだめ可申候、なお其上給人・百姓ねんちかいあらば、其田をみなかり候て、いね三ツにつみわけ、くじ取いたし、二ぶんきう人、一ぶん百姓さくとくにとり可申候、壱石ニ弐升のくち米あげにはかり、ひとへたハらにし、其ぬし〳〵はかり申候か、又その身はかり申事ならぬ者ハ、中のはかりてをやとひ、はからせ可申候、升ハ只今つかわす判の升にてはかり可申候、さいぜんけんち衆の升、ふときほそき候間、中を取ためあわせつかハすなり、五里ハ百姓もち出し可申候、五里の外二・三里ハ百姓隙の

すきに、はんまいをきう人つかハしもた
せ可申候、此外むつかしき儀あるましき事
一　此村定夫の事、今度家をつけ、夫やく
仕候ものかきぬき、如此つめ夫さだめ候、
このほか、給人申とて出し候ハバ、百姓もくせ事、
又給人もくせ事に候間、きゝつけ次第
百姓の儀ハ申におよばず、給人其人〱
により、それ〱にくせ事にいたすへき事
一　此村の田、よの村よりつくり候ハバ、壱石に
弐升の夫米とり可申候、当郷よりよの
村の田つくり候ハバ、壱石に弐升つゝつか
わすへし、又われら蔵入の田を当村より
つくり候ハバ、壱石ニ壱升づゝつかハし可
申候、しせん此村へ入作おほく候て、夫米つ
め夫のざう用にあまり候ハバ、此地下の
とく用にいたすべき也、又此地下のうち
に田はたつくり候て、其身夫ニ出候事
ならぬものあらば、夫米出作なミたるべき事
一　出作の儀にいたつてハ、他郷よりあげ候儀も
無用たるべし、又他郷のをつくり来り
候をあげ候儀もたがいにちやうじの事
一　当村の百姓の内、さんぬる小田原御陣
の後、奉公人・町人・しよく人になり、よそへ
まいり候ハバ、返し候へと御はつとに候間、聞
たてきう人に可申候、たとひよの里へま
いり田をつくり候とも、もとの村へめし
返し可申候、又よその村の百姓能越、ゐ候
とも、地下中にかかへ申ましく候、しぜんかか
へ申者候ハバ、其ものゝ事ハ申におよばず
地下中くせ事たるべき事
一　何事によらず百姓めいわくの事候ハバ、めや
すにてそうしやなしに、そせう可申候、又
如此申とて、すちなき事を申たきまゝ
に申候ハバ、きうめいのうへけつくその身
くせ事たるべき間、かねてよく〱下にて
せんさくせしめ可申上事
一　定夫の外にも、地下中又ハ里となりあり
きなどにハ、給人につかハれ可申候事
一　此村もしわれら蔵入に成候ハバ、まへかど
より蔵入の村へつかハしおき候法度かき
をもちい、是ハほんごたるべき事
一　さくしきの儀にいたつてハ、此さき御けん
ちの時、けんち帳にかきのり申候ものゝさ
ばきにつかまつり、人にとられ候事も
又むかしわがさくしきと候て、人のを取
申事もちやうじせしむる也、付給

人に見せず、かりとり田ハ免つかわし
申ましき事
右九ヶ條如件、
文禄五年
三月朔日
治部少

史料中の用語注釈

地下人（じげにん）・・農民を中心にする庶民を指す。

夫米、分米（ふまい、ぶまい）・・検地面積に石盛を乗じた各耕地の石高。

口米（くちまい）・・本年貢に対する付加税、三成の掟は壱石につき弐升。

つめ夫（詰夫）・・年貢米を所定の升で計量し俵詰する役の十五人の百姓。夫役（労役）のことを指す。

めん（免）・・年貢率を指すが、自然災害など凶・不作時には年貢減免あり、免の決定は毛見（検見）によった。

給人（きゅうにん）・・家臣。所領の保障を受けて領地を支配する。

さくしき（作職）・・耕作権。

小田原御陣・・秀吉の北條氏攻め出陣のこと。

くせ事・・曲事、不正行為。

治部少・・石田治部少輔三成のこと。

大路村掟の概要

浅井郡大路村の三成掟書は九カ条からなり、三成家臣への年貢米上納に関して定めたもの。後世の写し文のためか、やや丁寧な字句にした箇所も見られ、農民向けの平仮名、片仮名混交文だが、他村の原文とほぼ同じになっている。なお、大路村を知行地にした給人（家臣）の名は不明。

大路村の戸数、一〇八軒に対して用に立たない姥・後家・寺庵など三八軒を除き、残り七〇軒について詰夫一五人を課した。八条村・黒田村・河毛村など他村の例からみて夫役は五〜六軒に一人の割合で課したが、決められた村の限度人数を勝手に超えることを禁じた。

年貢の減免を受ける場合、田頭で検分し、給人、百姓双方の毛見が不一致時の方法、一重俵の形状取決め、計量する者、公定升の使用、年貢米運搬費用の負担法を細かく決めている。

詰夫のような定夫は家を決めて登録・記載し、給人や百姓が勝手に決めることを禁じた。田地を耕作しながら夫役に出ない者、他の給人村からの入作者には一石につき二升の夫米を課し、逆に他の給人村への出作者には、その村で夫米が課せられるので、同量の夫米を大路村から与える。

三成の蔵入地の田に出作した場合、そこでは一石に一升の夫米が課せられるので大路村は同量を与える。大路村への入作者が多くなり過ぎ、夫米が詰夫の雑費以上に余ることがあれば、大路村の得用米（収入）に充てることができた。

　また、他郷へ出作して耕作放棄すること、あるいは他郷から入作して耕作放棄することを禁止した。村の百姓が奉公人・町人・職人になって出て行くことも禁止。たとえ他村で田を耕作しても村に戻し、また他村から入作していても村に置くことは禁止した。

　何事も迷惑事は目安（訴訟）で訴えるよう、筋の通らぬ事を云い張ることも禁止。当村は給人の領地だが、もし蔵入地になればその掟に従うように。

　全て検地帳に記載された百姓にのみ作職を認める。昔、耕作した田を盗られたとか、自分が耕作していた田などと主張することも差止める。なお、付給人に見せない検見は無効とし、免も与えない。

　以上が大路村に対する三成掟の概要である。

第三章、第三節　慶安検地と村の貢租

元文二年の本途物成
巳の年御物成極目録（個人蔵）

高　七百七石弐斗六升　　坂田郡今村
一　三百四石壱斗弐升二合　　御物成　四ツ三分
一　八斗　　定納河原麦代
一　弐拾四石八斗五升二合　　右指口米
一　拾八石四斗一升八合　　千石夫米
　　御中間米
合　三百四拾八石壱斗九升二合　　京枡数
一　弐石五斗七升八合　　御中間米
一　六斗三升八合　　掃除米
一　九斗七升　　人足米
一　四石六斗九升四合八勺　　村引かへ
一　弐石七斗五升六合三勺　　舟ちん
一　□□□□□□□五勺　　公方米
・・・・・・・つなぎ文書の破れ・・・・・・・
　百六拾五石二斗六升壱合八勺　　上り米
高　弐百七拾六石六斗壱升一合三勺九才　　■口
此取

百五拾壱石五斗八升三合四勺　出作より入
三拾四石四斗九合九勺三才　定納入
五斗壱升弐合四勺
三口〆　百八拾六石五斗五合三勺七才
　内はらい
　九斗五升壱合八勺　公方に引
　弐石六斗壱升一合四勺　村引かへ
引残テ
　百八拾弐石九斗四升二合三勺七才　上り米
納り米
〆　三百四拾八石壱斗九升三合二勺壱才
外に　壱升過有
今村　役人中
元文弐年
巳　閏十一月　日　惣百姓中

第三章、第五節　用水と水論

(注) 第三章、第五節に関連する諸史料は概ね本文記載順に掲載しているが、一部史料を重複して本文に引用するため、掲載順位に前後するものがある。

（一）馬井・上井用水の築造と維持管理

乍恐埋樋目録　今共文、四三の二

一、當村馬井先年より亥之年迄渇水之時分、従　御公儀様御堀被為候得共、大水一水ニ而押潰シ、迷惑仕、元禄九年子之年御訴訟申上、御了簡被為成、子之霜月川御奉行　直江作右衛門様下御役人久保田笹右衛門殿・矢嶋九郎右衛門殿御越被成、埋樋三拾間御伏せ被下、残ル四拾八間、明ル丑之七月・八月両月ニ川御奉行安藤㐂左衛門様下御役人子之御両人共御越被成、両年ニ埋樋七拾八間御伏セ被下、底水定水ニ出、難有奉存候御事

埋樋道具
　板之儀ハ、小谷御山より被為下置候、材木弐間木七拾本、杭木四百三拾弐本、八嶋小依論所上リ御山よ里被為下置候、御筋方御役人成宮加左衛門殿、御普請方御役人冨田曾平殿・吉田甚右衛門殿、御吟味方御

證人坂田彦七殿

钁九拾六挟、五本釘五拾八杷彦
根御鍛冶方江被為仰付、被
下置候、木挽賃被下置候

右之通出来仕、難有奉存候、渇水之
年者、三拾ケ村余、堀越人足被下置候
處、向後近郷之難儀も無之、後々末
代迄難有奉存候、為其、乍恐如件

元禄十丑之九月

坂田郡國友今村
庄屋　孫助　㊞
惣右衛門　㊞
横目　宗助　㊞
組頭　次郎右衛門　㊞
八郎左衛門　㊞
源太夫　㊞
茂左衛門　㊞
権左衛門　㊞
㐂左衛門　㊞
仁右衛門　㊞

御奉行様

表書之趣、相違無之、
底樋把損候之節、
年数為考裏書、
如件

元禄十丑九月二日
大猪右衛門　㊞　花押

解読上の注意点

八嶋小依論所とは、現代の地元民によれば八嶋村と大依村との山の境界論争地のようである。なお、本史料の写し(今共文、五八の六二)では、钁(くわ)の員数、挟は挺に、村役員の八郎左衛門は八左衛門になっている。五本釘の表現や小依の地名は、夫々、五寸釘、大依村の誤記のように思われる。

覺　　今共文、五八の一

一、長　四間壱尺　草槙樋　但シ　高サ　壱尺三寸
　　　　　　　　　　　　横弐尺九寸　厚サ弐寸板
一、鳥居　壱口　長八尺五寸五分角　笠木長　六尺
　　　　　　　　ふとさ六寸ニ四寸五分　樋蓋共ニ栗

右者坂田郡國友今村字馬井堤之内埋樋、慶安
弐丑之年ニ御公儀より御樋被下置候由、然所右之樋
杷損シ申候ニ付、當春願書指出シ、則當御筋

奉行今村源之進殿、湯本弥五郎殿江遂相談候處、
御救米被下置候様ニ可致との事にニ而、村方に而
入札致シ、代銀四百九拾七匁ニ而仕候由、庄屋・横目
書付出シ御筋方江毛、右之趣申達、當夏御普請
樋替させ候ニ付、當七月御救米拾表被下置候、裏書
杷損之節、年数為相考事ニ付、願候に付、遣シ置者也
正徳四甲午年
九月二十三日　田邉四郎右衛門　御印
今村源之進組
関　友左衛門　印
湯本弥五郎組
北村仁左衛門　印
坂田郡國友今村
庄屋
横目
組頭中

上井埋樋目録

今共文、五六の一

一、水道　長五間　高サ　外法　壱尺四寸
但草槇　横巾　弐尺四寸　弐寸板
一、鏡板　右同　高サ　壱尺六寸
巾　三尺六寸　右同断
一、引手木　右同　長　七尺　但四寸ニ三寸角
一、鳥居木　栗　長　八尺ニ五寸五分角
一、鋪木　右同断　長　弐尺九寸　巾六寸
一、笠木　右同断　長　六尺　巾六寸　高四寸五分
一、鑁　八挺　長　四寸

右ハ先規より被下置候所、杷損シ申ニ付、此度
目録指出シ、相願候ニ付、被下置候
一、字横井樋、先規より被下置候樋ニ御座候
處、杷損シ、此度一度ニ新ニ願候儀、難為ニ付、
件之上井古樋取詰入申度御願候ニ付、
被下置候
右之通相違無之、則此度御普請致
遣シ候、重而朽損シ候沐節、年数相考
申ため書付願候ニ付、遣之者也
元禄十七甲申年
三月二十日　山下平八郎　㊞
仙原為惣左衛門組
山羽数兵衛　㊞
同　吉原武右衛門　㊞
坂田郡國友今村
庄屋　惣兵衛殿

同　孫助殿
横目　惣助殿
組頭　聞右衛門殿
同　権左衛門殿

覺　今共文、五八の一二

一、底樋七拾八間　巾三尺
高サ　八寸五分
上板　松弐寸板也

右者坂田郡國友今村底樋元禄十丑之歳ニ出来、御公儀より被下置候也、然所右之底樋七拾八間之内、上板三拾五間杷損シ申候ニ付、當夏御普請前ニ願書指出シ、當御筋奉行一瀬九左衛門殿、丸山市太夫殿へ遂相談候處、先格も有之ニ付、小谷御山より松材木相渡リ、上板取替板之儀ハ、村方ニ而木挽ニひかせ、五寸釘千百弐拾本村方へ申付、うたせ候、木挽代・釘代共ニ御救米ニ而被下置候、重而杷損シ、之節為相考、證文遣シ置者也

享保二丁酉年　八月二十五日
田邉四郎右衛門　㊞

一瀬九左衛門組
辰巳十右衛門　㊞
丸山市太夫組
吉野加十郎　㊞

坂田郡國友今村
庄屋
横目
組頭中

覺　今共文、六〇の二

一、當村馬井堤表埋樋長七十八間　巾　三尺
高　八寸五分
但シ内法、両輪蓋共板厚サ弐寸松板也、内堤五間
底道四方指

右之埋樋元禄十丑之年御普請被仰付、出来之由、件之樋七拾八間之内三拾五間杷損シ候ニ付、享保二酉之年御修覆被仰付候、然所三拾五間之残リ四拾三間之分悉朽埋リ、依之取替御普請村方より相願、則願書見分之上、先奉行衆より之證文も有之間、先規ニ従ひ、當御筋方江も遂相続、御老中方へ御願申上候得者、四拾三間之分不残取

替、御普請被仰付候、板之儀ハ彦根より取寄せ、則御作事方ニ而請取候、両輪ニハ松長弐間、板巾八寸五分、蓋板ハ長三尺五寸、巾八寸より壱尺迄」厚サ弐寸之板相渡リ、不残取替御普請致出来候、杷杭木ハ小谷山ニ而相渡リ、釘・钁ハ入札ニ被仰付、御買上ケニ被成候、重而朽損シ候節、年数相考為、可申證文相渡シ置候者也

享保八癸卯年六月

宇津木小左衛門 ㊞

丸山八郎左衛門組

北村甚兵衛 ㊞

高橋新五左衛門組

中村又左衛門 ㊞

坂田郡國友今村

庄屋

横目

組頭

證文之事

今共文、五八の五

一、樋蓋　高サ壱尺壱寸　横巾　三尺弐寸

厚サ二寸五分

一、引手木　長五尺壱寸　栗四寸角

右者坂田郡今村字馬井と申所之御田地用水之樋蓋朽損致、替度旨、村中願之趣聞届ケ、筋方対談之上、當春川除御普請之節、出来致者也、右為雑用代、先規之通、當夏御救米壱表㊞被下置候處実正也、以後年数為考、證文仍如件

延亨三丙寅年八月

亀岡吉右衛門 ㊞

湯本弥五介組

伊藤拓右衛門 ㊞

清江彦之右衛門組

松山敬左衛門 ㊞

坂田郡今村

庄屋

横目

惣御百姓中

證文之事

今共文、五三の四

一、壱本　松指樋　長五間　大サ　弐尺九寸ニ壱尺四寸

何茂外法續同壱分

玉縁付但　板厚弐寸

一、壱組　栗鳥居　高八尺幅三尺五寸指敷木

五寸五分角笠木五寸五分ニ
六寸　長六尺何もせん指鏡板
壱枚上ケ落シ引手木付
渡リ四寸
一、八丁　平钁
右者坂田郡今村字上井と申所之埋樋朽損シ、
御田地養水不通ニ付、伏替申度旨、村中願之趣
聞届ケ、筋方致対談、先規之通、御作事方ニ而
出来請取、當十月伏替御普請致者也、以後、年数
為考、證文仍如件
延亨三丙寅年十月
亀岡吉右衛門㊞
清江彦之右衛門組
松山敬左衛門㊞
小野田小介組
浅野猪左衛門㊞
坂田郡今村
庄屋
横目
惣御百姓中

乍恐書付を以御願奉申上候　坂田今村

今共文、五八の三一

一、當村馬井堤表底樋掛リ六拾壱年以前元禄
十丑之年御願申上、御憐愍を以御吟味之上、底樋
七拾八間御普請出来被成下置、難有奉存候、然処
四十壱年以前、享保二酉年、右之底樋杷損申シ候
ニ付、御願申上候所、委細御吟味ト を以右七拾八間之内
三拾五間御普請被為下置候、相残ル四拾三間モト
三拾五年以前、享保八卯之年、御普請被成下置候、是
迄無滞水通而難有仕合奉存候、尤年久敷罷成
右之七拾八間之内、三拾五間殊之外杷損シ申候処
此度之永雨ニ而、以外ニ砂底ニ埋リ、難甚至極と奉
存候間、御憐愍と御慈悲ヲ以、御吟味之上、右
七拾八間之内三十五間之分、先規之通御普請被
為仰付被下置候様ニ奉明候、則先年御普
請御内録之写、乍恐奉入御請上ニ付、願之通、御
普請被仰付被下置候ハハ、難有忝仕合可奉
存候、以上
宝暦七年丑九月
坂田今村
庄屋　五藤治
〃　源九郎
横目　角左衛門
組頭　朝右衛門
御奉行様

覚　今共文、五八の六〇

一、長　三拾五間　底樋　堤下五間
　　　　　　　　　四方指

右者坂田今村字馬井底樋七拾八間
之内三拾五間杷損、村方より願出候ニ付
致見分、當筋方へ対談之上、御救米
三拾表頂戴致させ、先規證文面之通
寸法無相違、致出来候、依之後々
年数為考、仍如件

宝暦八戊寅年八月　高宮清次　㊞
　　　　　　　　　中山太次兵衛　㊞

坂田今村
　庄屋
　横目
　組頭

乍恐出来目證文之事　今共文、五八の六七

字馬井
一、樋口五間　両輪大石垣　高サ　壱尺五寸

大船壱艘幷運賃共
代　百目

同所
一、弐拾五間両輪　高サ壱尺五寸　松板厚弐寸
　代　百六拾五匁

同所
一、六尺杭百五拾本
　代　弐拾匁弐分五文

（写文のため捨て二字、朔・万あり）

右者、當村御田地底樋養水引川筋
年久敷罷成、伏板杷損シ申候ニ付、御願申上
候所、此度取替御普請丈夫ニ付、被遊被下置
一統難有仕合ニ奉存候、尤右御普請場所
大切ニ仕、麁抹無之様ニ急度相守可申候、
為後日證文指上申所、仍而如件

坂田郡坂田今村
天明五年　庄屋　五藤治
巳六月　〃　甚八
　横目　傳内
　組頭　八左衛門
川方　惣左衛門
　源五郎

御奉行様

字馬井・上井埋樋普請之儀ニ付申渡

今共文、五八の四八

一、其村　字馬井水門　戸板代銀　拾四匁
壱ヶ所　□□□□□□（用紙糊継ぎで不明）
樋囲ひ石代　拾五匁
右堀埋川方是役人夫を弐升秋普請申付ル

一、同所　字上井引川　両側ニ而長四拾八間余板囲ひ
筋　松板坪数拾六坪幷杭木百六拾本
但厚弐寸板高サ壱尺此代弐百拾匁
右堀埋同所辰秋申付ル

一、同所　字馬井埋樋吹出シ　両側石垣五間与
板囲ひ　右石代弐百目
幷引川筋両側板囲ひ
長弐拾五間板数
高壱尺五寸余厚弐寸
杭木百五拾本
此代百八拾五匁弐分
右堀埋同所巳秋普請申付ル

合、三ヶ所

件之場所、年久敷相成悉朽腐、養水不流行ニ而御田地相続難渋之趣、毎度出願見分遂吟味候、則三ヶ年ニ普請申付、件入用代銀」幷堀埋川方給米を付、為救申付候、今般格別厚被仰出、」直候、元来川方之儀ハ右川筋勿論之事ニ而、農民居を安」からしめ、為救危難之儀ニ候らへハ、心境右体候場所ニ、内囲之義ニ」直候間、存意古来より仕来の芸、以来格例成間敷候、元来」両役所存候義ハ、其年之豊凶又ハ村柄ニも寄リ、或ハ大」業之普請間、一村之自力ニ難及、勿論之事ニ候へハ、其時救と」云所候も相當リ可申歟、心境右躰之義一村之自力ニもと可」成義ニ相聞候得共、全体近年郷方困窮ニ及、其上去秋之」不作一統庶民患候容子ニ相聞寄、　御仁憐之御趣」を以、舟間被　仰出も直候事ハ末々迄も　御甚澤之」冥加難有奉存、後以農業大切ニ相守可申巳、依而」此度弊風之積習を除キ、仕癖を省改申渡候、以来仕」来リ作法ニ不拘、御田畑相続筋ニ付而ハ、夫々糺之上可申付候間、」

（p.226に続く）

正直ニ可申出候、百姓之指出ハ日夜耕計而已、他事無之
事勿論ニ候へハ、以後本業忘却須間敷く候、以来心得違
無之様、少叩之義ハ於村方取締可申事ニ候、此度格別
農民御撫育候　御深意を以申付候間、能々
本業大切ニ末々迄も冥加奉存為ニ相守申渡置
もの也

天明五乙巳暦
孟秋吉日

川除奉行
川七記　㊞
児玉喜右衛門　㊞
石居貞兵衛　㊞
小野㐂太郎　㊞

坂田郡坂田今村
役人
小百姓中

そ田町引川付證文

覺　今共文、五八の六五

一、替池　弐ケ所　但　壱ヶ所
巾三尺ニ長サ四尺五寸
松板厚サ壱寸深サ六尺

右者、其村方字馬井底樋引川筋ニ有之候處、
當夏旱魃ニ付、右替池年久敷相成リ、朽腐リ
難儀之趣、段々相願、遂吟味、當筋方江対談
之上、御救米を以取替申付、後半為見合、書付
請置度相願、任先例遣置者也

寛政九年
巳九月

柏原惣左衛門　㊞
村瀬津右衛門　㊞
北村松右衛門　㊞

坂田郡今村
庄屋　源五郎
同　清五郎
横目　六左衛門
組頭　長五郎

（二）馬井底樋の継足工事、底樋を巡る隣村との水論

乍恐書付を以御願奉申上候　坂田郡坂田今村

今共文、五六の三の四

字馬井底樋
一、八拾間　継足樋場所

内
五拾間　当時御願
代　壱日てマ　七百三拾五日
金拾五両　先願手當
又
金五両　役人中ニ而相働何卒
取賄仕度ヲ奉存候
右御賢考之上、御憐愍ヲ以御普請
御救免被下置候ハヽ、難有忝可奉存候
以上

坂田今村
文政元年　庄や　長五郎㊞
寅九月十日　横目　惣九郎㊞
〃　五平㊞
組頭　惣介㊞
御奉行様

指上申御請證文之事　坂田郡今村

今共文、五六の三の一

一、當村新樋継足之義、毎々御願
奉申上候処、此度莫太之御憐愍
を以、為様自普請ニ御救免被
仰付被下置、村方一統冥加至極難
有仕合ニ奉存候、猶又、近郷姉川筋ニ
おゐて底樋御願被申上候共、聊
故障筋も申立間敷候、万一不埒之
趣御座候ハヽ、新継足樋御取拂
可被　仰付候、依之為後日之御請書
指上申候、以上

坂田郡今村
文政二年　庄や　長五郎
卯十月十日　横目　五平
同　惣介
組頭　弥惣次
同　長右衛門
御代官所
佐藤隼太様
御元〆
藤居孫八郎様

右、新樋御救免ニ付、如此指上申候

今共文、五六の三の五

指上申御請書之事

一、當村御田地養水字馬井底樋、旱魃之
節者、毎度減水仕、何分行届キ兼、難渋
仕候ニ付、再応継足之義、御願申上候所、
近郷故障筋も無之哉、御吟味之上、
此度莫太之御憐愍ヲ以、長サ三拾
五間継足樋御赦免、尤為自普
請ニ被　仰付被下置、冥加金有難仕合ニ
奉存候、猶又新規之儀ニ而御座候へハ、
此末故障筋御座候ハヽ、何時ニ而も取払
可被仰付候段、夫々被仰聞委細奉畏候、
其節一言之御断申上間敷候、依之御請
書指上申所、依而如件

坂田今村

文政二年
卯十月十日

庄や　長五郎
横目　五平
同　惣介
組頭　弥惣次
同　長右衛門

御奉行様

御代官様

今共文、四八

文政二己卯年　底樋出来目證文
底樋證文之事

一、新底樋壱箇所
長サ　三拾五間、但シ六尺三寸棹
巾三尺　高サ八寸五歩、但シ内法也
樋先ニ大七間籠弐本〆切ニ返リ、栗石詰上而埋

右者坂田郡國友今村大旱魃所ニ而御田地
養水自昔少キニ付元禄九子年、同十丑年
両歳ニ當村領字馬井与申候所ニ底樋出来、是を以
大体之旱ニ者御田地ヲ養ひ候得共、右場所堤
外とハ乍申、元来芝草之内ニ而流水通行之所ニ
無之ゆへ、旱魃ニ至ハ忽絶水ニ及ひ、難渋之由、
仍之、其後者不相替、継足之義被相願、則
宝暦十三未年浅井郡三田村領ニ新底樋出来之
節、當村方ニ者引續キ可出来之所、隣村より故障
申立、終ニ不成就、銀子ニ而其後當年迄五十
七年之間、毎々被相願候得共、不容易事ゆへ
是迄御免者無之所、此度格別之御思召を以
為當村御田地養水、則字馬井底樋ニ指継キ
前文之通、新規ニ底樋継足為様自普請
被仰付候、尚又右一件ニ而彼是御吟味者為之、

且懸合之義も被仰出、不得心之村方者御用懸ノ
三者を以御内意ヲ相合シ、渝解被仰付候所、此度者
隣村五ヶ村者納得致シ、其外何之障觸者
無之ニ而、右請書者御取盡之上、去ル十三日より今
十九日迄普請悉く致成就候、誠ニ莫太之御憐
愍故、此後前々野業出精可致様ニと被仰出候間、
其旨相心得、小前之者共江相励シ可被申候、且為
以来、永ニ出来目證文頂戴仕度趣願出候間、
願之通遣之候様被仰渡候ニ而、印方書仍而如件

田中市郎　㊞
文政二己卯年十月十九日
藤居孫八郎　㊞
野田七郎　㊞

坂田郡今村
庄屋
横目
組頭
惣百姓中

前書ニ申出し候通、當村至而水懸り乏敷
土地ニ而、既ニ元禄年中出来候底樋も、長サ
流水之際ニ不至、宝暦之末年ニ継足
殆可成懸之處、是又空敷成候ニ而、其
後ハ頻ニ願立参、當役ニ被
命而後、當時迄纔半年餘之内ニも願書幷
渇水絶後之趣、度々訴出候ニ而書面之通
新樋卜なし、誠村中百餘年之宿望
若斯指免し候上ハ、此冥加を存知候ハハ第一
村之治リを能し、一統無歳餘相励ミ、
農業出精致遍く候、尤自普請ニ他足卜なし
例、先ハ無之候得共、元来大普請ニ當村
人少ニ而村受定ては、耕水入之仕業
可致艱苦ニ而、憐愍ヲ以、他村人足五百人
為取之候、併先頃三田、大路新底樋卜なし
節も他足ハ一人も不申旨候て、全右故之様
心得違致間敷候、仍而為後日自筆奥
書為取置もの也

文政二卯
十月十九日　佐隼　花押
発願人
庄屋　長五郎
横目
惣介

同
　五平
組頭
　弥惣次
同
　長右衛門

史料中用語の注釈

故障・・・差し支え
渝解・・・ゆかい、態度を変えて仲直りする
無歳餘相励・・・年余りなく、農閑期も励む
発願人、長五郎・・・改訂近江国坂田郡志が、本文書の長五郎を七五郎と誤読した結果、各方面に悪影響を及ぼした。長のくずし字が七に酷似のため。

乍恐以書付申上候　坂田郡坂田今村

今共文、五八の二五

一、當村馬井と申處、往古より堀切之湯筋御座候處、満水度毎ニ御川除方御普請御奉行様江奉惣御苦労、別而近在三拾四五ケ村余も大分之御普請人足様出し、及難儀被申候故、四拾六年以前御當筋御奉行様江御願奉申上、御吟味之上七拾八間之間、御公儀様より底樋ニ被仰付被下置様ニ申候節ハ、御普請等被成下置難有仕合ニ奉存候、然處三拾年以前、榎木村より字高柳と申所、當村湯水之上ニ致堀切、底樋之水横ニ取可申由ニ御座候而、堀切ニ榎木村より罷出被申候ニ付、村中極丈早速御奉行様江御注進奉申上候所、當村養水と申者、右底樋之外ニ御田地養申水筋一口も無御座、其上新法之義、猶以今村領養水之妨ニ罷成候義、難相成段、被仰付、早速埋させ申候様ニ被仰付、當村之者共も埋ニ罷出申候間、其後今年迄、何之申分無御座候所、當年冬湯筋先三町斗上ニ新底樋ヲ榎木村より御願被申上候段、水難堪至極ニ奉存候、右新底樋榎木村より願之通、御赦免被下置候而ハ、外に湯水筋無御座、今村領七百石余之場所、六百石余之御田地養申湯水格別ニ気兼申候故、先達而も御願申上候御義御座候、尤榎木村指障リニ罷成候ハハ、早速埋樋掘出し可申趣、先願之通御赦免可被下置段、御願被申上候御義ニ御座候由、私共指障ニ罷成申義ハ、旱之節西上坂村

領ニつり池数ヶ所御座候、西上坂村昼夜共かへ
被申候節、早速當村底樋之水気兼、夜
之内ハ水かへ申義不そく御座候、昼之内ハ
かへやう厳敷御座候故、以之外水気兼申候
得ハ、新底樋被致候而ハ深以水、格別ニ気兼
當村御田地過年も其所指障リ罷成申候義
相違無御座候、新底樋被致、又々掘出し被
申候義、乍恐気之毒ニ奉存候、一村同事
之榎木村ノ義ニ御座候得ハ、障リニ罷成不申
候ハヽ、無及腹蔵申合御願申上度、乍恐奉存候得共
右之訳、聊偽リ之無御座候、是迄榎木村
之儀、旱之節ワ、御田地同様も不仕無意取
上ケ被申候御義ニ御座候、此度又々御尋ニ付
乍恐書付ヲ以、奉申上候、以上
寛保元年酉八月七日
御代官　奥村孫兵衛殿
庄や　五藤治
次左衛門
横目　甚六
組頭　次右衛門
孫左衛門
仲右衛門
儀右衛門
三郎左衛門

一札之事　今共文、五三の五

一、此度、當村新底樋継足御願
御赦免ニ付、普請出来之上ニハ、其
御村方ニ底樋御願被成候とも、
右ニ當村差支無御座候ニ付
一札仍而如件
坂田今村
文政二年
卯十月
庄や　長五郎
横目　五平
惣介
榎木村　御役人衆中
右者新樋願御赦免ニ付榎木村方
納得之手直、如此一札遣候事

證文之事　坂田今村　今共文、五八の二一

一、此度當村字馬井底樋引川筋内堤ニ而長四間壱尺
埋樋有之候所ニ先年御伏替等成被下置候得共、又々年久敷
相成損シ所出来仕、當五月植付最中之砌□ニ養水相滞御

田地植付難相成様ニ罷成、則先達而以書付ヲ御願奉申上候、然ル處ニ件之損シ場所掘割、両分取繕申、養水通行為致可申段委細ニ被仰付、奉畏村方人足を以取繕見申候處ニ、存之外木之根張リ廻シ取組罷有、惣指ニ指こたゑ有之」候所ニ盡ク木之根共伐拂、損シ場所漸々砂壱尺斗ニ相成候節、」一時ニ惣方より潰シ懸リ、何分ニも手當ヲ難相成必至と潰切申候間、」如何可仕様も無御座、殊更其節植付最中之砌、養水相滞」罷有候而ハ、忽御田地旱被可申義不得止事、朽損シ有之候」上ハ板不残取拂、水通シ置、御注進奉申上候、依之早速御」見分成被下置、御伏替御普請御慈悲を以願之通被為、」仰付被下置、難有仕合ニ奉存候、然ル處、其節未御見分無御座」候内ニ、御普請場所、御大切之御道具、御所を茂不申上、衆」伮ニ取拂候段、村勝手之仕形、御役所難相立由ニ而重々不届ニ」被思召上、急度御咎をも可被仰付趣、御尤至極、奉恐入」不調法之段、先悲を悔、至極奉誤入候得共、今更可仕様も」無御座、村中共恐入相慎罷有候、依之隣向三田村庄屋、長太夫大路村庄屋竹惣相頼、何分不調法之趣、幾重ニも御詫申上被呉候所ニ御慈悲を以御聞届成被下置、早速御報免被下置、重々難有仕合ニ奉存候、然ル上者毎日被為仰付候通、御普請場所、御道具者勿論古杭壱本ニ而も衆伮ニ□指仕間敷趣被仰付、奉畏上候、則此段村中小百姓末々迄委細申聞セ、向後、麁抹、衆伮之仕形仕間敷候、」万一相背申者有之候ハハ、本人者不及申ニ、村役人共如何様之越度」ニも可被仰付候、為後日両村庄屋加判仕、證文指上申処仍如件

明和元年申七月

坂田郡今村
五藤治
八郎左衛門
孫助
清介

浅井郡三田村
長太夫

同郡大路村
竹惣

川方御奉行様

指上申御請事之事　坂田郡坂田今村

今共文、五六の三の九

右者、此度三田村・大路村底樋継足之儀、御願被申上候ニ付、指障ノ筋無之哉、御念被入御尋被　仰出奉畏候、此義ハ両村よりも懸合被申候間、故障之筋無之段、及返答候通リ、當村におゐて故障申分毛頭無御座候、右御尋ニ付御答書指上申候、以上

坂田郡今村
庄や　長五郎
横目　五平
同　惣介
組頭　弥惣次
同　長右衛門

文政二年
卯十月十日

御代官所
佐藤隼太様
御元〆
藤居孫八郎様

右、新樋御赦免ニ付如此指上申候

為取替一札之事

今共文、五六の三の三

一、此度、其村方ニ底樋継足し之義御願被成候ニ付、指障リ筋も無之哉と御尋被成、承知致し候、水ニおゐてハ指障リ候筋無之候得共、右場所之義ハ、前々論所ニ付、既ニ御繪図面も有之候へハ、私共之了簡として不苦与申筋、何共　御上様江恐多奉存候ニ付、一札被遣被下候ハヽ、無構候間御勝手ニ御願可被成候、尤右一件ニ付、其御村方より被遣候書付ヲ以、以後申分等致間敷候間、此義ハ兼而御安心可被下候、為後日仍而如件

坂田郡西上坂村
庄屋　丈右衛門㊞
同　新十郎㊞
横目　又太郎㊞
同　庄三郎㊞

文政二年
己卯
九月晦日

坂田今村
御役人衆中

為取替一札之事

今共文、五三の六

一、此度、底樋継足之儀御願申上候ニ付
其村ニ指問之筋、無之哉与御尋
申候所、水ニハ障リ無御座候得共、右之
場所者御繪図面ニ懸リ有之候ニ付、
一札認呉候ハハ御承知可被下、尤右一札
を以、後日御申分被成下間敷段、被入
御念被仰下、忝奉存候、依之村方
相談之上、一札仍而如件

坂田今村
庄や　長五郎
横目　五平
同　惣介

文政二年
己卯九月晦日

西上坂村
御役人衆中

右之通新底樋普請ニ付、右村方より彼是と
筋ケ敷被申候、依之御用掛リ榎木村瀬右エ門取曖被呉、
西上坂村役人方へ右之通取替セ、一札遣シ置申候様也

（六）　百太郎川の水争い

包紙　為取替證文　坂田郡今村
為取替申一札之事

今共文、三八ノ三

一、江州坂田郡國友村奉訴訟候者、當村養水
字百太郎井与申埋樋者、井伊掃部頭様
御領分相手今村郷之内ニ有之、往古より
御公儀様御入用を以樋普請仕来候、
依之拾六年以前未年御代官竹田
㐂右衛門様より御伏替被下候、國友村惣高
八百八拾六石八斗六升五合之内七百石余ハ
百太郎井懸養水ニ御座候、姉川筋流水
絶候節者村中罷出、川原表弐町余茂
堀越水を請、田地養ひ来候、然處相手
今村昨年六月、百太郎井樋口より弐拾
七間下リ、新法ニ井口を明ケ横水盗取候、
此場所ニ懸樋有之候を便ニ仕、莚菰ニ而
張切一切下江水通シ不申候ニ付、早速國友村
罷越、井口を埋、番人等附置候処、同月六日・
十五日両夜今村中罷出、石礫を打懸候故
怪我人等茂有之候、國友村人数多ク

有之候得者、致方茂（無）御座候得共、双方
御地頭を憚、一切手向ひ不仕候、早速
地頭役人江相届、翌十六日掃部頭様御代官江
御改申候ニ付相鎮リ候故、御見分被下候而
今村新法ニ明候井口を塞キ給候様ニ申候処、
追而御沙汰可有之由ニ付、相待罷在候内、右
御代官御差図之由ニ而、下郷村、中澤村、橋本村
榎木村庄屋中取曖度由ニ而数度被
参候故、場所見分之上了簡致給候様ニ
及挨拶候處、取曖引被申候、然共右水論
何分下ニ而相済度由、今村より私共地頭役人江
相願候、取曖之儀同領上野村、能登瀬村、
勝村庄屋江被申渡候、今村御同領曖人者
先達而之四ケ村相除、北方村、中野村、
三田村庄屋三人被罷出、双方曖村通相談
候得共埒明不申候、今村御田地養水者
埋樋壱ケ所、掛樋弐ケ所有之、御田地相續
仕来候處、國友村養水押留メ新規ニ
井口を明、迷惑至極仕候、右百太郎井ハ
國友村一分ノ井水ニ御座候處、今村之内ニ
弐町六反古来國友村出作有之、此分計
割水遣申候、此井口四ケ所者川中ニ井疇を
附置候ニ付、水横留ニハ不仕候、右及異論候
場所者新規ニ掘明ケ候故、井疇者無
御座候旨申上候、

一、同國同郡今村返答ニ申上候者、姉川筋より
水取候字百太郎井関者、當村領ニ有之
右井川筋両頰ニ枝川八ケ所御座候、
此川筋ニ百姓銘々持分木疇有之候、
去年四月廿二日夜國友村より人数弐百人
余来、古木疇之立木理不尽ニ伐倒候（ニ）付、
當村より茂三拾人程罷出子細相尋候
得共、一応之挨拶茂無之、石礫を打懸ケ
斧なた等打付可申様子ニ候故、夜中之儀
大勢ニ無勢無是非引取申候、翌朝見
申候得者、右川筋両頰ニ長延凡弐白
三拾間余之所ニ而、四寸廻リ迄三尺廻リ之
立木九百五本伐倒、其外鎌なた等ニ而
伐候木数者員数相知不申に、今其場所ニ
差置申候、右木疇ノ儀者姉川満水之節
堤川除用害之為ニ古来より在之銘々
百姓持之木ニ候共、私ニ伐取申間敷旨
地頭より被申付置候處、國友村甚狼藉之
仕形早速御訴訟申上度奉存候処、耕作
最中ニ付、植付仕廻次第御願可申上与

見合居候間内、同六月十五日夜國友村より又候
人数百五、六拾人来、當村竹林坊井口を
理不尽ニかき落シ養水見廻リニ来候者共江
石礫を打懸、疵付候者之内、團七、九右衛門与
申者九死一生ニ付、其場所ニ而國友村年寄
傳内与申者江見セ置、旁不得心事を
金堂村ニ而國友村御役人中江右之段
願書絵図差上候處、御吟味立上急度
可被仰付之旨御役人中被仰渡候、然處
扈而國友村より水論之儀相願迷惑仕候、
當村総高七百石余之所ニ而内八拾弐石
余之養水者百太郎井川筋ニ枝川八ケ所
有之候、内五ケ所者當村右養水ニ御座候、
三ケ所者國友村養水筋ニ御座候付、領内
限リニ川修復仕、田地番者是迄何之
申分茂無之候處、當村井筋五ケ所之内
字竹林坊川筋者横通リニ御座候（ニ）付
新規ニ掘明ケ候様ニ申成シ埋させ候、手立ニ
不差構立木を夥敷理不尽ニ伐倒
支配内之様ニ申掠メ候、夫故木之儀者
不申上候段謀之第一ニ奉存候、且又百太郎
井者國友村一分之井水ニ候處、今村之内ニ
弐町六反古来國友村より出作有之ニ付
割水差越候故、井口四ケ所者井疇を
附置、竹林坊川筋者横通ニ新法ニ掘
明ケ候与紛敷申上候、國友村申候通古来
出作無之候ハヽ、右之田地ニ養水無之候而
相済可申候哉、不埒成申分与奉存候、古来
之通非法之儀不仕候様ニ奉願候旨申上候

一、國友村曖、上野村、能登瀬村、勝村申上候者、
百太郎井筋ニ有之候木之儀者古来より
勝手次第伐拂来候得共、向後者年数を
限り今村江案内いたし伐拂可申候、今村
本田弐町余之養水井口四ケ所之儀者
是迄之通差構無之候、竹林坊田地
養水者埋樋、懸ケ樋有之候得者竹林坊
論所之井口常者塞キ置、渇水之節ハ
井口を明ケ、水可遣之由國友村了簡
仕候旨曖三ケ村申上候、今村曖北方村、
中野村、三田村申上候者、今村領之立木
夥敷國友村より理不尽ニ伐拂候故今村
心外ニ存、百太郎井筋弐拾七間下り
竹林坊井口之際ニ而関切水下ケ不申候故、
竹林坊之水論出来仕候儀与奉存候、然共
百太郎井同水を以養来候今村田地之

井口論所より下ニ而四ケ所井口茂有之候
得者、強而関留可申存理者有之間敷与
奉存候、百太郎井筋今村領立木之儀者
姉川満水之節要害之木ニ候間、百太郎
井筋ニ不差構木者其侭差置、井水妨ニ
相成候木者向後國友村より今村江相対
仕候ハヽ、伐拂候様ニ可仕候、将亦竹林坊田地
高弐拾石余養ひ来候百太郎井水之儀
常者入不申候得共、渇水之節中川原樋、
上之町樋弐ケ所之樋より水一滴茂下リ不
申候（二）付、百太郎井水ニ而田地養ひ来候處、
竹林坊井口新規に掘明候様ニ申成、井口
塞キ可申旨國友村申候得共、古来より有之
井口ニ候得者、塞き候儀者不罷成候、竹林坊
井筋川床高ク候間、渇水之節者國友村江
相対を以弐分、八分之割合ニ成共百太郎井
関上ケ仕、水取申度由今村申候由嗳三ケ村
申上候

右國友村、今村幷双方嗳六ケ村度々
御吟味被成下候處、最初國友村より百太郎
井筋之立木今村江断茂無之理不尽ニ
大分伐拂候ニ付今村者鬱憤、百太郎
井筋水上ニ而関留候由、國友村仕形不届候ハヽ
何分ニ茂御訴訟申上、御下知可奉請候處
是亦理不尽之儀、双方共致形不届ニ
被思食候、國友村より申立候竹林坊養水ハ
外ニ有之、百太郎井筋ニ井口明ケ候儀者
新規之事何分ニ茂迷惑仕候、右竹林坊
井口塞候而立毛損亡仕候て、高弐拾石余之
御年貢米國友村相弁可申旨申上候處、
今村より茂渇水之節百太郎井水取
来候儀相違無御座候得者、今度井口
塞候儀難儀仕候、井口明ケ置、若國友村
百太郎養水懸リ田地損毛仕候而、今村より
是又年貢相弁可申由申上候、竹林坊者
少高之儀、如何様ニ茂相弁可罷成候、
國友村百太郎井水懸リハ大高ニ而
御年貢米容易ニ者難弁事ニ候、彼是
御考被遊候得者、今村迷惑之筋無
余儀相聞江、其上双方共慥成證拠茂
無之候、畢竟御裁許之上者如何様ニ被
仰付候共違背仕間敷旨國友村、今村
幷嗳六ケ村書付差上候付、此度被
仰渡候者、百太郎井筋者元来今村
地内を致流行、尤今村領田地養水

四筋之井口有之候得者、竹林坊江水取
申間敷道理無之儀与被思召候、向後
百太郎井疇ニ有之立木水行之障ニ
罷成候節者、國友村より今村江相達伐拂
可申候、且又竹林坊井口之儀常ニ明ケ置
候而茂、竹林坊田地高纔弐拾石余之
養水迄ニ候得者、弐分八分之分水曖村
了簡之筋不相応ニ候、畢竟小高無益
之水取可申儀ニ無之、國友村養水障ニ
可罷成様不相聞候条、姉川及渇水上之町、
中川原水絶候節者國友村江相達、百太郎
井水関上ケ、竹林坊養水種引之可申候、
尤國友村養水障無之様ニ可仕候、惣而
在々用水懸引井路之儀両度迄
御書付を以被　仰出、互ニ相対ニ而可相済儀
意地を立申募リ及争論候、如此之類
其事を申掠〆及出入、村々困窮ニ成リ
不届ニ思食候、御詮議之上巧之訳相知候に
おゐてハ、其御咎〆可被仰付訳故再應
取曖之儀被　仰出候處ニ、御憐愍を破リ押而
國友村より奉願候儀、公儀を軽〆不届ニ
思召候、依之庄屋三郎左衛門御吟味之内
入牢被　仰付候、此者江者子細御吟味茂
可被遊處ニ、無程書付を以御裁許之上者、
違背仕間敷旨双方より書付差上候ハヽ、
今村より茂、三郎左衛門牢舎御免被下候様ニ
奉願候ニ付、御吟味御差止被遊、此度
出牢被　仰付難有仕合奉存候、此以後
竹林坊養水之外、少ニ而茂今村領外
養水ニ一切取申間敷候、若不埒之儀仕候ハヽ
井口御差塞、其上急度越度ニ可被
仰付候、勿論國友村ニ茂強儀成儀不仕
互ニ申合候様ニ可仕旨被　仰渡、双方奉畏
難有仕合奉存候、為後日為取替證文
奉差上候所、仍而如件

松平甲斐守下
江州坂田郡國友村

庄屋　三郎左衛門　印

享保十五年庚戌年六月五日

同　清左衛門　印
同　四郎左衛門　印
年寄　又左衛門　印
組頭　藤左衛門　印
村中

右同断

同国同郡上野村

右同断
國友村曖人　庄屋　源太夫　印
同国同郡能登瀬村
同断　庄屋　甚右衛門　印
右同断
同国同郡勝村
同断　庄屋　十蔵　印
井伊掃部頭下
江州坂田郡今村
庄屋　孫助　印
同　沖右衛門　印
年寄　文右衛門　印
組頭　左平次　印
村中
右同断
同国同郡北方村
今村曖人　庄屋　林右衛門　印
右同断
同国浅井郡中野村
同断　庄屋　佐右衛門　印
右同断
同国同郡三田村
同断　庄屋　彦太郎　印

御奉行様

乍恐以口上書を奉申上候

今共文、三八の五

井伊掃部頭下
江州坂田郡北方村
曖人　林右衛門
同国浅井郡中野村
曖人　佐右衛門
同国同郡三田村
曖人　彦太郎

一、松平甲斐守様御下江州坂田郡國友村与井伊掃部頭殿下同国同郡今村出入之儀、取曖仕候ニ付去十九日私共幷ニ國友方曖三ケ村、御前へ被為召出様子　御尋被存遊候ニ付取曖之趣奉申上候処、被存遊　御聞届、此上和順仕候様ニ曖村々双方異見可仕候旨　御意被為成下難有奉畏候、依之去廿二日より曖村々即寄相談之上、両村へ段々異見仕候へ共、國友村何分承引無之候、其子細ハ竹林坊井筋へ水遣候儀ハ一滴も不罷成候旨被申候、左候て右井筋埋可申より外ハ無御座候、右之訳ニ而ハ

今村聊以了簡之沙汰ニ肯及不申候、國友村
右之通強被申候儀ハ、乍憚私共奉察候ハ、國
友村去年此出入被取請候砌より竹林坊井筋ハ
新規ニ掘明候様ニ被申上候由、去秋双方御前へ
被為召出候節強面に而通リ、被為遊　御
尋候処、竹林坊田地ニハ上ノ町樋、中川樋懸樋
在之候ニ付、竹林坊井筋ハ國友村申上候通、新規ニ
掘明候様ニ肯相見得候由ニ被存　思召候段、御意
被存為候而承知奉候、此儀を國友村願望之
本意ニ存請居被申候哉、竹林坊井筋之儀ハ
一向取畦不被申候、依之國友村噯衆中
私共トハ同意不仕、噯之儀相調不申候、先達而
申上候通、竹林坊井筋常々ハ指構ニ不相成場所ニ
御座候へ共、渇水之節ハ田地床と井川床之高下
御座候ニ付、竹林坊井筋より養水取不申候而ハ
水出了無之所故、國友村被申候通ニ而者
田地亡所暦（歴）然と奉存候、況哉古来より有
来之井川筋ニ相違無御座候、右之通國友村
無躰被申候而ハ私共了簡ニ肯難及奉存候、
即私共噯之趣左ニ奉申上候、

一、今村領々内字百太郎井此川筋ニ枝川八ケ所
在之、今村領之井畦之立木去四月國友村より
伐拂候儀不宜仕方ニ而御座候、依之噯人為
挨拶与向後國友村より我侭之儀申間敷候、尤
養水之指構ニ罷成候木出来仕候ハヽ、両村立会
伐拂、養水無滞様ニ可仕候事、附、井川浚
之節、件之木畦者人懸リ、井溝へ鋤、鍬入
兼、修覆難成候ハヽ、両村申合養水無滞様ニ
可仕事、

一、右井川筋枝川八ケ所之内、五ケ所ハ今村田地
養水川、三ケ所ハ國友村養水川ニ御座候、今
村養水川五ケ所之内、竹林坊井口去六月渇
水之時節、今村かけひ迄セキ上ケ候儀、不宜
仕方ニ御座候、依之噯人為挨拶上ノ町樋、
中川原樋、懸樋修覆仕、養水口を取り
可申候、尤姉川水瀬切仕、百太郎堀越仕節、
右弐ケ所之樋水浚申候節ハ竹林坊井口少々
セキ上ケ、百太郎樋表へ水込上ケ不申候様ニ向後
両村立合、相互ニ田地同様無之様ニ可仕事、
右之通取噯仕候得共、國友村不得心ニ而可仕様も
無御座候、御慈悲ニ如何様共被為　仰付
被下置候様ニ奉願候　以上

北方村　　林右衛門
中野村　　佐右衛門

三田村　彦太郎
享保十五年戌　二月廿五日
御奉行様

第三章、第六節　百姓一揆の企て

（注）以下の史料三点は第三章、第五節（一）「馬井・上井用水の築造と維持管理」とも関連するが、事件前後の長五郎消息を知るための史料として掲載した。

出来目證文　今共文、五五の八

柱高サ四尺五寸、但シ五寸角
笠木長サ七尺五寸、但シ五寸角
扣木長サ六尺、但シ三寸ニ四寸角
敷木四寸角
一　水門壱ヶ所
板惣張栗、厚壱寸五分板、但シ
引手木付

右者、其村郷字杉ノ木与申所、大水之節囲ひ水門ニ在之処、年久敷相成朽損シ、此度取替之儀致出願、遂見分相違無之間、先例之通、川方立替銀を以、當秋願通普請令出来處、後々年数為考、書付請置度相願、依之遣シ置者也、仍而如件

植田　初　御印
廣嶋義三太　印
松本菱介　印

天保七丙申　八月

坂田郡今村
庄屋　長五郎
横目　由右衛門
〃　平太郎
組頭　惣右衛門
〃　浅右衛門

写證文　今共文、五八の一八

一　松板弐拾坪　但シ厚サ弐寸挽立
代銀二百八拾匁
一　松木六尺杭　但シ数百五拾本
代銀三拾匁

右者、其村方字馬井、上ハ井与申両處之川囲ひ板、天明五乙巳年、川奉行川手七左衛門殿新ニ普請被申付候処、年久敷相成、養水不通ニ而、御田地相続難之趣毎々願出、遂見分則當筋奉行へ致対談、御救米を以、當夏

取替御普請申付候、尤堀埋之儀ハ川方足役人夫ヲ以令出来者也、後々年数為考、書付相願、任先例遣申所仍而如件

天保十年乙亥六月
青木津右衛門　御印
廣嶋義三太　印
加藤織右衛門　印

坂田今村
庄屋　長五郎
横目　五藤次
同　平太郎
組頭　庄太郎
同　彦太夫

包紙　天保十一子年　馬井鳥居木、水門出来目
御代官所　植田　初様

覚
今共文、五八の五七

一鳥居木
壱口
柱長サ九尺、但シ五寸五分角、笠木長サ六尺、但シ六寸ニ四寸五分角、扣木弐本、但シ四寸角、敷木三寸ニ五寸角、
蓋板松弐寸、板高サ壱尺弐寸、引手木付

一水門
壱組
柱長サ七尺五寸、但シ五寸ニ五寸五分角、
笠木長サ壱丈三尺六寸ニ四寸五分角、
敷木長サ壱丈三尺、但シ三寸ニ五寸角、扣木長サ八尺弐本、但シ四寸角、
はり板栗壱寸五分板
戸板斗松弐寸板、高サ壱尺弐寸、但シ引手木付

右者、其村方鳥居木・水門、年久敷相成朽損シ、此度仕替之儀願出候、則見分遂、吟味候処、相違無之間、先格通、當筋方江対談之上為致入札、代銀百六十六匁、御救米ヲ以被下置、堀埋之儀者、川方足役ヲ以」當春普請申付令出来者也、且張板之儀ハ是迄松ニ而候處、今度栗板相願、為方として願之通指免シ遣候、」於後年為考書付請置度願出任先例遣之置處、如件

天保十一年子三月
植田　初　御印
廣嶋義三太　印

早水市次　　印

坂田今村
　庄ヤ　長五郎
横目　平太郎
〃　由右衛門
組頭　彦太夫

第三章、第八節　浜蚊帳製造と今村の関わり

約定一札之事

辻　家文書

一　貴殿従先年鯖江　御領分御産物纑糸賣捌方、於　御役所御免被成置候ニ付、追々手廣買取来候処、郷方一統蚊帳商賣仕候者共、右御領分御産物纑糸を以、永々渡世致度、郷方一統此度示談之上取極候處実正也、然ル上者情々実意を以買取、御産物纑糸代銀等、聊不滞御互ニ永久相續仕度候、依之此度為惣代私共御當地江出張仕候間、乍恐當　御役所様江茂郷方一統願之趣御執成被下、御産物纑糸他向江不相洩、永久相續相成候様、幾重ニ茂御願申入候、尤　御領分纑糸を以銘々渡世仕度趣意、拙者共　御地頭様江茂御達申上、御聞済被成下候間、以来如何様之儀有之候共、郷方一統不実之義致間敷候、万一組内之者心得違ニ而他向之纑買取候ハバ、私共急度相糺、貴殿御迷惑ニ不相成様取締可仕候、其上一統申合相背候者有之候ハバ、鯖江　御役所様江御達之上、如何様之御掛合相成候共、一言之御断申間敷、勿論後年ニ到リ違乱之儀不致、永々約定通リ一統相守可申候、為後日一札仍而如件

文政十三庚寅十月

江州北之郡郷方惣代
彦根御領
　今村　　藤九郎
同断
　寺田村　喜八
吉田御領
　高畑村　七兵衛
淀御領
　瓜生村　忠蔵
大岡御領
　湯次村　嘉右衛門
彦根御領

山ノ脇村　忠蔵

河内屋　重左衛門殿
小松屋　甚兵衛殿

史料中の用語注釈

纑糸・・麻糸のこと。纑の一字でぬのいと、あさいとを表す。

地頭様・・その地で知行を取る鯖江藩家臣を指す。

蚊帳地染紺屋職に関する仕法

中村尚家文書
（彦根市史、中冊より引用）

以書付相達候、然ハ産物浜蚊帳此度依頼御仕法相建、別紙名前之者共いへ懸り申渡候ニ付、蚊帳取扱致候者共、右年寄ニ而壱張毎ニ印請致し売買可致候、尤白地染地等ニ而他所へ売出し候者も有之所相聞、已来八人之名被指出可申也、其上同地ニ而売捌き候品ハ直様印押、染下地之向者懸り之者より紺屋へ遣し染上出来之上印押相渡し、不都合指問等無之様厚世話可致段申付置候間、其旨相心得、白地染下地共無相違年寄江指出可申候、向後無印之品取扱致候儀急度不相成候、尤印料之儀下方依頼壱張ニ付壱分五厘ツヽ上納申渡候、其旨相心得可申候、右申出候条相背者於有之ハ過料咎カ等可申付候間、其旨相心得可申事
件之趣不洩様相達可申候事

（嘉永二年）六月二日　四手幷長濱預り
町廻り中江

右之通被仰出候間不洩様夫々相達可申候　以上　當年町廻り中

蚊帳懸り之者名前
長濱十軒町　市郎兵衛
同　南伊部町　甚兵衛
同　神戸町　吉兵衛
坂田郡三ツ矢村　久次郎
同郡　田村　庄兵衛
五兵衛
同郡　寺田村　利兵衛
同郡　今村　藤九郎

一札之事

辻　家文書

一　貴家、當方先代より訳柄も御座候得共、従来同職同商賣之義ニ御座候得ハ、末々心得違仕候而者不宜敷存候ニ付、御互ニ実意ヲ以貴家之御得意場へせり賣等仕間敷候、万一先方より注文之処

有之、自然運送仕候共、仕切直段之義ハ御互ニ内実御相談可申候、依之為後日一札仍而如件

嘉永三年　　坂本屋
戌十一月　　　久次郎 ㊞

辻　藤九郎殿

第四章、第二節　農業、土地制度の変革

（一）近代化と農業、土地制度の変革

某小規模地主の農地改革述懐録（昭和四四年）

　農地改革以来、従来の小作料は紆余曲折した。土地持ちが諸税、公課の対象になるのは変わらないが、当集落の慣習で神社、寺等に関する経費は依然として負担の対象となり、その他寄付も全てが田畑所有者の負担であった。現在、村の諸々の等級制に対する考え方が平準化し、徐々に大衆化しつつあるが、その態様は遅々として変わっていない。

　終戦後の農地改革による農地買収後の小作料は大変動し、従来、一反歩の普通小作米は三俵～四俵（一俵一六貫目）であったものが、これが金納制になった。法律を以って小作料が制約され、僅か一反歩百円足らずであった。当時のヤミ米価格は玄米一升で一五〇円、大豆一升七〇円程度であったから、一反歩の小作料は畦畔の豆代で充分であった。加えて小作地は七反歩以上を小作できず、すべて超過分は小作者（耕作者）の申出により農地買収の対象になった。父祖より汗を流した勤勉の結果、買求めてきた農地も極端な耕作者保護となり、土地所有者を寄生虫視し、あるいは小作勤労者を搾取するがごとき偏見を持たれたことで買収対象にされた。

　農地改革の結果、ヤミ小作、または代耕（実際は小作と同様だが、名目のみの耕作者であって、従来の小作料に近い二俵から三俵の小作料）と、種々矛盾する形態に変化してきた。近年は土地所有者と耕作者の両者が協議して、金納小作料も追々増額になりつつある。ヤミ小作で耕作を依頼し、個人の経済力、経営内容、昔からの恩愛（つき合い）の関係で小作料は全て区々まちまちにもなった。社会経済情勢の変化に伴い、いろいろ勘案の末、小作料を両者協議、納得の上で円満に決めたが、今後も、なお変化がある時は両者協議の上、変更することを約束した。

　水利費、川浚え労力、耕作に必要な諸資材（恒久設備費は除外）は全て耕作者持ちとし、金納法は玄米四等の価格を以って計算することとした。

第四章、第六節　今村の文化

（一）文芸

風羅器念仏の伝（今町共有文化財、風羅器念仏伝巻子）

「解読文」
芭蕉庵桃青翁、延宝の頃東都深川の庵より小石川水道端に居して風羅坊と称せしなり、道の辺の木槿ハ清に咲きケリ、又、枯枝に鴉のとまりケリ秋の暮、など吟じて古流俳諧の作を改め、花実姿情をわかち正風体を見届、貞享式中興の開祖たる徳の風雅に富る夷俗ひとへに合信する、因て縁との不可思議なるをバおもての姿見にして、情の裏の籠かなる心の謙の人も見ぬ春や、かゞミのうらの櫻雲とへだつ友かや、雁の生別れとの一句を残し、遁世の志を起こせしハ二十三歳の後なり歟、小河原町鯉屋市兵衛俳号松風が日記に松尾忠左衛門殿伊賀より始て此方へ落着し剃髪し宗旨と改め、如月の送りし十徳を召して芭蕉桃青と改むとあり、常に佛頂和尚に参禅し心を空の一路に遊ばし稲妻や顔の処が芒の穂、浮世の果ハミな小町なり、と無常迅速有為転変の三界火宅を離れ、応無所在の観を凝し夜座静かに丸窓の月に向ひて図両に是非を正せるとある、鏡の山もさゞなミや鳰湖の幻住庵に腰をあゝためるよし、野にて花を見せうぞ、檜笠の常同行二人乾坤無住、風羅坊万菊丸と書とめられしも苔の露おほふ塚に祭りて生涯の句ニミな辞世なるを示し、願はくバ花の本は寸居しなん、そのきざしさの望の日のころに西行ひしるし哥の意をしたひ、その望の日をこふも同じくて、挙句の花のかげに附給へるを思へば至心信樂欲生我白三心即一の南無阿弥陀仏を奉戴し、用ひられたる木魚の瓢形は空也市上人の俤ならん、この信をばこの器を惟然に伝へ押てる浪華の仮寓の床の、旅に病んで夢は枯野をかけ巡るの終吟五十一歳元禄七甲戌十月十二日浮世の月を見果つるかな、かくのごとくのごときハ

余が推知せし趣なり、

祖翁二百回忌にあたり、
有志之かた〳〵碑をいとなむのゆかりに応じて、
夕顔や秋ハいろ〳〵の瓢哉
ぞと記し念仏塚となれバ
生前死後の祈祷菩提の為
にもならん歟と申合し、予が
心をこめし所有、別折紙
附の器物を贈り納めて、
翁の碑の魂をよびむかふる
事ハ生遂善のおこがましけれバ
辞するにセめをふさぐのミ、

是ハ洋灯のもとにて草稿
なれバ後日認直さんことを

明治二十八年十月

予を者
故芭蕉堂九起宗匠
江州長浜開庵九々鱗相續
許了　九々鱗　山石　印

印章

神照村大字今
御社中大雅丈

史料中の用語注釈

桃青・・芭蕉の俳号
木槿・・むくげ
鴉　・・からす
夷俗・・外国の風俗
如月・・誰かの号
図両・・世間の常、仕組み
莟　・・つぼみ
丈　・・芸人への敬称

「同前意訳読み下し文」

芭蕉庵の桃青翁は、延宝の頃江戸の深川の庵より小石川水道端に居住して風羅坊と称していた。道のほとりの木槿は清らかに咲いていた。また枯枝に鴉のとまりケリ秋の暮、などと句を吟じて、古流な俳諧の作品を改めて、花実の姿情を解りやすく正直に見届け、貞享式の中興の開祖であり、徳のある風雅に富める異国の人のこころに合うようにした。

それに因んで、不可思議なることを表面から見て、その情景の裏に籠もる心の控えめな人か見る春の情景や、鏡のうらの彫刻の櫻雲の関係や、雁の生別れとの一句を残して遁世の志を起こしたのは二十三歳だったか。河原町鯉屋市兵衛は俳号を松風と言い、彼の日記に松尾忠左衛門殿が伊賀より始めてここへ落ち着いて剃髪して宗宜と改め、如月が送ってきた十徳と言う僧侶の服を着て芭蕉は名を桃青と改めた。常に佛頂和尚に参禅して、心を空の一路にして、稲妻や顔の処が芒の穂、浮世の果てはみな小町なり、と人生のはかなさを説いた「無常迅速有為転変の三界火宅」を離れて居住の人生観に凝り、夜は静かに座して丸窓の月に向かって図両（世の仕組み）について是非を正したとある。鏡の山もさざなみや鳰湖（琵琶湖）の幻住庵に腰をあゝためていた（ゆっくり暮らしていた）らしい。野にて花を眺めていると、檜笠をかぶって「同行二人の乾坤無住風羅坊万菊丸」と書きとめたのも苔に露がおおうような風情の塚に祀って、生涯の句の全部に辞世であることを示している。

　願わくば花の本願は「寸時しかこの世に居られないのだ」として、十五夜の満月に西行の句意を慕いて、その満月の日を恋うるも同じくして、挙句の花のかげに付け給まへることを思えば「至心信楽欲生我白三心即一」の南無阿弥陀仏を奉戴して、用ひられた木魚の瓢形は空也市上人の面影である。芭蕉がこの木魚の器を伝えて、浪華の旅に病んで「夢は枯野をかけ巡る」と詠んだ終吟は五十一歳の元禄七年甲戌十月十二日で、浮世の月を見果てたのであろうか、とこのように私は推測している。

祖翁の二百回忌にあたり、有志の方々が碑を建立する営みに応じて、

「夕顔や秋はいろ〳〵の瓢哉」と記して念仏塚にするのならば、生前死後の祈祷菩提のためにもなるだろうと申し合わせて心を込めた訳である。別に折紙付きの器物を贈り納めて翁の碑の魂を呼び迎えることは、追善といえばおこがましいが、これを辞退することは責任逃れになるのみである。

　これは電灯の下で書いた草稿なので、後日に書き直そうと思っている。

明治二十八年十月

私は　故芭蕉堂九起宗匠
江州長浜開庵九々鱗相續
許了　九々鱗　山石
印章

山石宗匠の書簡（前記の風羅器念仏伝巻子内に表装して収蔵）

「解読文」
今村御社中様
今般之厚意黙止がたく御社中方之両人
先立被遊主人も報謝之心得幸ニ翁二百年

之折ニ出会、拙者生遂善として実者、芭蕉塚之
転模シ御社中様方ト合力可被成覚悟ト遠慮仕候、
過日翁之句表案内申入候ニ附而者、拙者
魂ヲ籠置候一品、世に二トなき風羅器
其当日諸風子拝覧を経て碑之下へ埋メ
後世念仏塚トカ瓢塚トカ唱へ、くせになれバ
全国無二芭蕉翁所持ニテ関惟然坊へ附
属之宝器俳士におゐて諸書物ニ散在
明カナル粟津義仲寺より幻住庵山郎衆
ヲ相伝之品物ナレバ後世、翁塚　発句塚　時雨塚
短尺塚　笠塚之類よりも俳士の尊師
可在之ト心得、御社中之面目へ御報謝之
焼香ト扱候余ハ、拙者不本意ニ存じ、酢村
長浜ニ近年造立之体ニ而諸事御執計
無之候而者、無所詮ニ御座候、故ニ　はせを
句ハ　夕顔や秋ハいろ〳〵の瓢かな
たるべく存じ候、是ハ風羅器ト申候品ハ瓢形
之木魚にて念仏ヲ唱被申
美濃関惟然へ附属之世に
風羅念仏之ものなり、
風羅器の由来思へども
即席急にて調はず
世にハいろ〳〵の瓢あれども寒夜の
炭入ばかり活きなり、旗印の千なりにハ
朝鮮も伏し、長良の人柱にハ水神も
屈す、顔子の一瓢を楽めども評由の水
呑ハ姦しと捨たり、空也堂の経机にハ
塗物にてうるわし、風羅坊の遺器にハ質朴
にてつたなく、されども一念帰命の信
の上に用られし木魚なれバ、尊き
風羅器なれども今村社中芭蕉二百年
にあたりて塚を営るの懇意を
憶念して魂を止めんと納むるのミ

手向

二百年しられし松野此あたり
玉の声鶯ふるへ花供養　九々鱗　山石

書簡中の用語注釈
山郎衆・・やまおとこしゅう　姦し・・かしまし

「同前意訳読み下し文」

今村御社中様

今般の厚意は黙視できなく、御社中の二人が率先して報恩感謝の心得をもっておられます。幸いにも芭蕉翁の二百年の時期に出会い、拙者たちは追善供養として芭蕉塚を倣って建造し、御社中様方と力を合わせる覚悟です。このことについて、過日申し入れましたとおり、拙者が心をこ

めた一品を提供致します。これは世に二つと無い風羅器で、当日、皆様方にご覧に入れてから碑の下へ埋め、この塚が後世になって念仏塚とか瓢塚とか言って世間の評判になり風習になれば幸いです。この品は全国に二つと無い芭蕉翁の所持品で、関の惟然坊附属の宝器であり、俳士仲間において諸書物に見られることは明らかで、粟津の義仲寺より幻住庵山郎衆へ相伝の品物であるので、後世になって「翁塚」、「発句塚」、「時雨塚」、「短尺塚」、「笠塚」と呼ぶよりも、俳士の尊師であると心得、御社中の方々の御報謝の焼香とすることは当然ながら、私事では不本意に存じますので、酢村と長浜に近年造立の計画がございますので、ご協力のお取り計らい無くては意味がなくなります。

句は、夕顔や秋はいろ〳〵の瓢かな

と考えています。これは、風羅器と申す品で瓢形の木魚で念仏を唱えます。美濃の関、惟然へ附属した時代の風羅念仏の品物でありました。

風羅器の由来を思えども即席の急には手に入らない（調べられない）。世にはいろいろな形の瓢があるけれど、寒い夜に使用する炭入れは粋である。旗印の千成り瓢箪には朝鮮も降伏し、長良の人柱には水神も屈しました。顔子の一瓢を楽しめども評由の水呑みは姦しと捨たり（この意味知らず）、空也堂の経机は塗物で美しい。風羅坊の遺器は質朴で稚拙な作だが、されども一念帰命の信仰の上に用いられた木魚であるので、尊き風羅器であって、今村社中が芭蕉没後二百年にあたり塚を営む懇意を念願して私の心を込めて納めます。

手向

二百年しられし松野此のあたり
玉の声鶯ふるへ花供養

九々鱗　山石

謝辞ならびに覚

九々鱗山石宗匠筆による風羅器念仏伝巻子ならびに書簡の解読と読み下し文は、平成二〇年当時、長浜城歴史博物館の嘱託員、故中島孝治先生によって執筆されたものです。再度発表できたことに際し、改めて深謝申し上げます。なお、風羅器木魚ならびに巻子の二品は、往時の社中子孫から今町自治会に寄贈されたことを付記します。

本書出版に際して、その他古文書類の解読には山階町、野口元一氏から多くの助言を得たことも付記し、お礼申し上げます。

引用・参考文献および資料

第一章　古代編

1. 滋賀県教育委員会・滋賀県文化財保護協会『北陸自動車道関連遺跡発掘調査報告書 X　—長浜市国友遺跡—』、(1988)
2. 滋賀県教育委員会・滋賀県文化財保護協会『ほ場整備関係遺跡発掘調査報告書 XV-1　—長浜市森前遺跡・国友遺跡・小沢城遺跡・坂田郡近江町正恩寺遺跡—』、(1988)
3. 滋賀県教育委員会・滋賀県文化財保護協会『ほ場整備関係遺跡発掘調査報告書XVI-1　—長沢・西火打遺跡・正恩寺遺跡—坂田郡近江町所在—、国友遺跡・寺田遺跡—長浜市所在—』、(1989)
4. 塩見　浩、『図解　技術の考古学(改定版)』、有斐閣選書、(2000)
5. 安藤政雄・小林達雄・岡本孝之・笹森健一・河野眞知郎、『住まいの考古学』、学生社、(2007)
6. 田中勝弘、「国友遺跡と湖北地方の集落—集落論研究ノート—」、『北陸自動車道関連遺跡発掘調査報告書X—長浜市国友遺跡—』、pp.135-143、(1988)
7. 高橋　誠、「開発と条里」、『長浜市史1、湖北の古代』、(1996)
8. 小笠原好彦、「古墳から寺院へ」、『長浜市史1、湖北の古代』、(1996)
9. 農業土木歴史研究会編纂、ⓒ農業農村整備情報総合センター、「条里の計画と技術」、http://suido-ishi

zue.jp/daichi/part3（2016）

第二章　中世編

1. 原田信男、『中世の村のかたちと暮らし』、角川選書425、（2008）
2. 滋賀県教育委員会・滋賀県文化財保護協会、『ほ場整備関係遺跡発掘調査報告書　XV-1―長浜市森前遺跡・国友遺跡・小沢城遺跡・坂田郡近江町正恩寺遺跡―』、（1988）
3. 滋賀県教育委員会、『滋賀県中世城郭分布調査6（旧坂田郡の城）』、（1989）
4. 中井　均、居館と村落―近江地域を中心とした分類の試み―、琵琶湖博物館研究調査報告、21号、（2004）
5. 辻　藤吾、今村氏、特に今村掃部助の史実考証、―今村氏は昔の当町出身だったのか―、今町歴史保存会誌　第10の別号、（2014）
6. 『改訂近江国坂田郡志』、第3巻上、（1975）
7. 網野善彦、石井進、稲垣康彦、永原慶二編、福田榮次郎、「近江国」、『講座、日本荘園史6、北陸地方の荘園、近畿地方の荘園Ⅰ』、吉川弘文館、（1993）
8. 久野修義、高橋昌明、「近江国内古代・中世山門関係所領一覧」、『角川日本地名大辞典』、25滋賀県、角川書店、（1991）
9. 福川一徳、「国友」、下中 弘編集・発行人、『日本史大事典』、平凡社、（1993）
10. 『改訂近江国坂田郡志』、第5巻、（1975）
11. 日本地名大辞典編纂委員会、『角川日本地名大辞典』、25滋賀県、角川書店、（1991）
12. 水野章二、「荘園の展開」、『長浜市史2、秀吉の登場』、（1988）

13.『改訂近江国坂田郡志』、第2巻、(1975)
14. 湯次行孝、『国友鉄砲の歴史』、サンライズ印刷出版部、(1996)
15. 高橋昌明、『湖の国の中世史』、平凡社、(1987)
16. 小和田哲男、『近江浅井氏の研究』、清文堂、(2005)
17. 太田浩司、岸　妙子、野本景子、橋本道範、「神照寺所蔵中世簿冊」、琵琶湖博物館研究調査報告、21号、(2004)
18. 辻　藤吾、今町の小字名、今町歴史保存会誌、第10号、(2014)
19. 橋本道範、「序論―なぜいま「中世村落」を取り上げるのか―」、「琵琶湖集水域における中世村落確立過程の研究」、琵琶湖博物館研究調査報告、21号、(2004)
20. 小山靖憲、『講座日本史2』、東京大学出版会、(1970)
21. 田畑泰子、『中世村落の構造と領主制』、法制大学出版局、(1986)
22. 清水三男著、大山恭平・馬田綾子校注、『日本中世の村落』、岩波文庫、(1996)
23. 久留島典子、「土豪と村落―蒲生郡橋本左右神社文書にみる林村村田氏―」、琵琶湖博物館研究調査報告、21号、(2004)
24. 佐藤和彦、『中世の民衆、教養の日本史』、東京堂出版、(1997)
25. 高田陽介、「民衆の闘争・生活・信仰、葬送・墓地」、佐藤ら編、『日本中世史研究事典』、東京堂出版、(1997)
26. 蒲池勢至、『真宗民俗史論』、法蔵館、(2013)
27. 柏原裕泉、「戦国の湖北」、『長浜市史2、秀吉の登場』、(1998)

28. 長浜市教育委員会編、仲村　研、『国友源右衛門家文書』、史料の部、（1989）
29. 太田浩司、「戦国期真宗の展開と一向一揆―湖北の事例から―」、『湖北真宗の至宝と文化』、同特別展実行委員会、（2011）

第三章　近世編

1. 安良城盛昭、『太閤検地と石高制』、ＮＨＫブックス、（1969）
2. 小和田哲男、『近江浅井氏の研究』、清文堂、（2005）
3. 今井林太郎、『石田三成』、吉川弘文館、人物叢書、（1967）
4. 長浜市立長浜城歴史博物館、『石田三成―秀吉を支えた知の参謀―』、（1999）
5. 同前、『石田三成　第2章―戦国を疾走した秀吉奉行―』、（2000）
6. 藤井譲治編、「支配のしくみ」、『日本の近世3』、中央公論社、（1991）
7. 藤井譲治、「長浜と彦根藩」、『長浜市史3、町人の時代』、（1999）
8. 児玉幸多、『近世農民生活史、新版』、吉川弘文館、（2006）
9. 江竜喜之、「北国街道と長浜宿」、『長浜市史3、町人の時代』、（1999）
10. 辻　藤吾、近世、今村の底樋・埋樋の歴史、今町歴史保存会誌、11号、（2016）
11. 川崎太源、『冨田今昔物語』、サンライズ印刷出版部、（2013）
12. 彦根城博物館編、彦根藩史料叢書、『侍中由緒帳』、11巻、（2010）
13. 彦根城博物館編、彦根藩史料叢書、『侍中由緒帳』、13巻、（2012）
14. 吉田美夫、「近世（安土・桃山～江戸時代）の麦作」、農業技術、27巻、319、（1972）

15. 水元邦彦、「水利・水論と入会山」、『長浜市史3、町人の時代』、(1999)
16. 藤野宗典、中村直勝編、『彦根市史、中冊』、彦根市役所、(1962)
17. 傳田　功、『滋賀県の百年、県民百年史25』、山川出版社、(1984)
18. 辻　藤吾、百姓一揆企て、今町歴史保存会誌、創刊号、(2007)
19. 滋賀県編、「中世・近世」、『滋賀縣史、第3巻』、名著出版、(1971)
20. 松好貞夫、『天保の義民』、岩波新書(青版)、(1993)
21. 川崎太源、『富田今昔物語』、サンライズ出版印刷部、(2013)
22. 高島幸次、「織物業の発展」、『長浜市史3、町人の時代』、(1999)
23. 辻　藤吾、狩野派絵師、中谷求馬伝、今町歴史保存会誌、5号、(2010)
24. 辻　藤吾、今村の文人僧侶、大田翠巌、同前、6号、(2011)
25. 辻　藤吾、今村の鉄砲鍛冶師、中谷佐吉・佐十郎父子、同前、7号、(2011)
26. 中川泉三編、「産業志」、『近江長濱町史』、三巻、本編下、泰山堂、(1988)
27. 江頭恒治、中村直勝編、『彦根市史、中冊』、彦根市役所、(1962)
28. 湯次行孝、『国友鉄砲の歴史』、サンライズ印刷出版部、(1996)

第四章　近代・現代編

1. 住友陽文、「市制施行」、『長浜市史4、市民の台頭』、(2000)
2. 門上光夫、「交通の変貌」、『長浜市史4、市民の台頭』、(2000)
3. 川崎太源、『富田今昔物語』、サンライズ印刷出版部、(2013)

4. 滋賀県農業試験場、『滋賀県農業試験場百年史』、(1995)
5. 滋賀県市町村沿革史編纂委員会編、『滋賀県市町村沿革史』、第4巻、各論、(1960)
6. 吉田一郎、「農業・養蚕・漁業」、『長浜市史5、暮しと生業』、(2001)
7. 森岡栄一ほか「工芸品とその技術」、『長浜市史5、暮しと生業』、(2001)
8. 滋賀食糧事務所、『滋賀食糧事務所の四五年』、(1993)
9. 神照小学校百年誌編集委員会編、『神照小学校百年誌』、(1974)
10. 中谷勇司、『父母を偲ぶ、私の歩んできた道を振り返りみて』、(2012)
11. 吉田一郎、明治29年(1986)大水害の惨状、続・国友地域学、vol. 35、(2016)
12. 今町水害体験談、今町歴史保存会誌、第6号、(2011)
13. 辻　藤吾、村人の文芸集、今町歴史保存会誌、第4号、(2009)
14. 近江町史編さん委員会、「文化と信仰」、『近江町史』、(1989)
15. 湯次行孝、『国友鉄砲の歴史』、サンライズ印刷出版部、(1996)
16. 辻　藤吾、煙花順撰記、今町歴史保存会誌、創刊号、(2007)
17. 長浜城歴史博物館、『図録、国友鉄砲鍛冶―その世界―』、改訂版(1991)
18. 近江町史編さん委員会、「文化と宗教の発達」、『近江町史』、(1989)
19. 辻　藤吾、近代工法による今村底樋の大改修、今町歴史保存会誌、第11号、(2016)
20. 今町歴史保存会編、『今町農地と環境の整備記録』、(2016)

索　引

索引利用上の注意

1）各行とも図表、写真を除く本文中の主要な事項、用語、人名、地名を年代順に配列した。但し、序文および第五章の史料編は省いた。

2）事項、用語、人名、地名は各章の同一節および同一亜節内で初出のものに限ってページを記載し、以後、繰り返されるものは省いた。

3）但し、異なる章は当然ながら、同一章にあっても異なる節、亜節間に記載した同一のものは再度配列し、それらの記載ページを示した。

〔ア行〕

〔カ行〕

〔サ行〕

〔タ行〕

〔ナ行〕

〔ハ行〕

〔マ行〕

〔ヤ行〕

【著者略歴】

辻　藤吾（つじ　とうご）

1941年、滋賀県長浜市今町生まれ
三重大学農学部農芸化学科卒業　農学博士（北海道大学）
畑地、草地、水田の土壌肥料分野試験研究に従事。技術士。
農林水産技官、総理府技官（海外留学）、滋賀県技術吏員、
国際協力事業団専門家（ザンビア共和国、技術協力）を歴任。

今町通史論考
――養水を守った湖北の農村――

二〇一八年三月二五日　第一刷発行

著　者　辻　藤吾
発行者　黒川美富子
発行所　図書出版　文理閣
京都市下京区七条河原町西南角
郵便番号　六〇〇-八一四六
電　話　〇七五-三五一-七五五三
FＡX　〇七五-三五一-七五六〇
http://www.bunrikaku.com

印刷・製本　亜細亜印刷株式会社

ISBN978-4-89259-822-7